कृति मूल्यांकन : आषाढ़ का एक दिन

कृति मूल्यांकन :
आषाढ़ का एक दिन

संपादक
आशीष त्रिपाठी

राजपाल

ISBN : 9789386534798

प्रथम संस्करण : 2019 © राजपाल एण्ड सन्ज़
KRITI MULYANKAN : AASHAD KA EK DIN (Literary Reference)
Edited by Ashish Tripathi

राजपाल एण्ड सन्ज़
1590, मदरसा रोड, कश्मीरी गेट, दिल्ली-110006
फोन : 011-23869812, 23865483, 23867791
e-mail : sales@rajpalpublishing.com
www.rajpalpublishing.com
www.facebook.com/rajpalandsons

क्रम

संपादकीय

महान नाटककारों की शृंखला में भास, कालिदास, शूद्रक, भवभूति, विशाखदत्त, भारतेन्दु, रवीन्द्रनाथ टैगोर एवं जयशंकर प्रसाद की अगली कड़ी में आज़ादी के बाद भारतीय भाषाओं में पाँच नये नाटककार उभरते हैं। विजय तेंदुलकर, बादल सरकार, गिरीश कर्नाड, हबीब तनवीर और मोहन राकेश—ये नाटककार भारतीय परम्परा और यूरोप की आधुनिक रंग परम्परा से एक साथ संवाद करते हैं। अनेक अर्थों में ये भारत के पहले आधुनिक नाटककार हैं। आधुनिकता इनकी संवेदना, दृष्टि, बोध, विचार का प्रभावशाली रचनात्मक अंग है। आधुनिकता के कारण प्राप्त एक नवीन दृष्टिकोण इन नाटककारों को अपने समय के अहम सवालों को नये ढंग से समझने के लिए प्रेरित-निर्देशित करता है। आधुनिक समाज, आधुनिक जीवन स्थितियाँ और आधुनिक व्यक्ति—सतत् इनकी दिलचस्पी का विषय रहे हैं। आधुनिक ढंग से व्यक्ति मन को समझने की कोशिश इनके यहाँ प्रमुखता प्राप्त करती है। हबीब तनवीर और बादल सरकार तो नहीं, परन्तु विजय तेंदुलकर और मोहन राकेश भारतीय रंगशैली की तुलना में यथार्थवादी रंगशिल्प को इसके लिए ज़्यादा उपयुक्त पाते हैं। ये दोनों नाटककार यथार्थवाद से गहरे प्रभावित हैं। अपने आस-पास की ज़िन्दगी के दृश्यों तथा रोज़मर्रा के जीवन से नाटकीय दृश्य, नाटकीय क्षण तथा नाटकीय भाषा ग्रहण करने की कोशिश साफ़ देखी जा सकती है। विजय तेंदुलकर ने आधुनिक मनुष्य की कथा आधुनिक जीवन दृश्यों के माध्यम से कही है, जबकि मोहन राकेश ने इसके लिए अतीत की कथाओं का भी सहारा लिया है और आधुनिक जीवन स्थितियों का भी। इन पाँचों नाटककारों ने अति प्राकृत शक्तियों से हीन साधारण 'मनुष्य' को नाटकों के केन्द्र में रखा। मोहन राकेश ने यथार्थवादी शिल्प में तीन अंकों की सीमा में हाड़-मांस के मनुष्य

के रोज़मर्रा के जीवन का नाटकीय दृश्यांकन करने में विजय तेंदुलकर की ही तरह सफलता प्राप्त की।

मोहन राकेश ने नाटक को रंगमंच के अनुकूल बनाने की कोशिश की। हम जानते हैं कि भारतेन्दु के बाद प्राय: समस्त हिन्दी नाटक सिर्फ़ पढ़े जाने के लिए लिखे जा रहे थे। रंगमंच अपने लिए अलग नाटक तैयार करवा रहा था, जो पढ़े नहीं जा रहे थे, एक तरह से 'नाटक' और 'रंगमंच' के बीच एक दूरी थी और दोनों अलग-अलग विकसित हो रहे थे। दोनों की सर्वोत्तम रचनात्मकता के लिए यह दूरी बाधक थी। मोहन राकेश ने इस अन्तराल को खत्म किया। इसके पीछे भारतीय रंगमंच में आ रहे परिवर्तन थे। उनके नाटकों के पूर्व जगदीश चन्द्र माथुर के *कोणार्क* तथा धर्मवीर भारती के *अन्धा युग* का प्रकाशन हो चुका था। परन्तु इन दोनों नाटकों को तत्कालीन रंगकर्मियों के बीच वह महत्त्व प्राप्त नहीं हुआ, जिसके ये हक़दार थे। वस्तुत: हिन्दी का रंगमंच भी अपने विकास की स्थिर सीढ़ी से निकल कर अगली मंज़िल की तरफ़ कदम बढ़ा रहा था। इन चारों नाटककारों के साथ भारतीय रंगमंच में शम्भू मित्र, हबीब तनवीर, उत्पल दत्त, आद्य रंगाचार्य, इब्राहीम अलकाज़ी, राजेन्द्र नाथ तथा ओम शिवपुरी जैसे रंग निर्देशक भारतीय रंग जगत को एक नई कल्पनाशीलता, रचनात्मकता और गतिशीलता दे रहे थे। इसके कारण नाटक के प्रति एक गम्भीर सोच का प्रारम्भ हुआ। नाटक को लिखित शब्द एवं साहित्य की गरिमा से बाहर निकालकर इन निर्देशकों ने उसे जीवित शब्द बनाने एवं रंगमंच की गरिमा के अनुकूल ढालने का महत्त्वपूर्ण कार्य किया। परिणामस्वरूप नाटककारों के एप्रोच में भी गहरा परिवर्तन दिखाई देने लगा। हिन्दी भाषा के उपेन्द्रनाथ 'अश्क', जगदीश चन्द्र माथुर, लक्ष्मी नारायण लाल और ज्ञानदेव अग्निहोत्री जैसे नाटककार अपने समकालीन रंगमंच से गहरे तक जुड़कर अपने नाटकों को रंगशिल्प के अनुकूल बनाने की कोशिश करने लगे। नाटकों ने रंगमंच के जीवित संसार की चुनौती को स्वीकार करना प्रारम्भ किया। नाटक अब सिर्फ़ लिखित शब्द न होकर अंतत: रंगमंच पर जीवित हो सकने वाले शब्द में रूपांतरित होने लगा। नाटक एवं रंगमंच के अंत:सम्बन्ध एक बार पुन: विकसित होने लगे तथा नाटककार एवं रंगकर्मी दोनों का सहभाव

नाट्य रचना एवं रंगमंच दोनों को एक नयी उठान देने लगा। मोहन राकेश ने हिन्दी नाटकों को भारतीय रंगमंच पर उच्चतम शिखर पर पहुँचाया।

मोहन राकेश स्वातंत्र्योत्तर युग के नाटककार हैं। उन्होंने *आषाढ़ का एक दिन, आधे अधूरे* तथा *लहरों के राजहंस* एवं *पैरों तले की ज़मीन* (अधूरा नाटक) कुल मिलाकर चार नाटक ही लिखे हैं, परन्तु आधुनिकता बोध और सामाजिक चेतना का जो समन्वित स्वर उनके नाटकों में मिलता है अन्यत्र प्राप्त नहीं होता। *लहरों के राजहंस* तथा *आषाढ़ का एक दिन* ऐतिहासिक पृष्ठभूमि लेकर पाठकों के सामने आते हैं तो *आधे-अधूरे* समसामयिक परिस्थितियों को।

मोहन राकेश ने अपने तीनों नाटकों में व्यक्ति की स्वतंत्रता और निजता के प्रश्न को उठाने का प्रयास किया है। उनके नाटक सामाजिक जीवन की तुलना में मनुष्य के व्यक्तिगत जीवन को केन्द्र में रखते हैं। एक विशिष्ट अर्थ में उनकी चेतना मूलत: रोमांटिक है। उन्होंने स्त्री-पुरुष सम्बन्धों की बारीकियों को भी व्यक्ति-स्वातन्त्र्य के विशेष परिप्रेक्ष्य में ही उभारा है। उनके नाटकों के मूल में जो द्वन्द्व है उसका केन्द्रीय सरोकार व्यक्ति है। व्यक्ति की निजता और स्वतंत्रता को स्थगित करने के लिए प्रस्तुत 'समाज' आलोचना के घेरे में है।

आषाढ़ का एक दिन भारतीय और यथार्थवादी नाट्य परम्परा के जीवन्त और सार्थक तत्त्वों का एक रचनात्मक यौगिक है। यह नाट्य कृति मौलिक रंगदृष्टि की खोज करने वाली हिन्दी की अत्यन्त महत्त्वपूर्ण रचना है। *आषाढ़ का एक दिन* पढ़कर मोहन राकेश की प्रतिभा के प्रति सम्मोहित होने वाले सुप्रसिद्ध सिने निर्देशक बासु भट्टाचार्य कहते हैं—अतीत के परिधान में से वर्तमान की आकांक्षा जिस तरह आषाढ़ के झरते दिन के माध्यम से व्यक्त हुई, उसके साथ ही व्यक्त हुआ, इस व्यक्ति मोहन राकेश का नाटककार रूप। मुझे लगा कि अतीत के बीच और वर्तमान के गर्भ से जन्म लेकर निष्कलंक भविष्य की देख-रेख में जिसका पालन हो, उस व्यक्ति को सार्थक कलाकार होने का सौभाग्य अनायास ही प्राप्त हो जाता है।

आषाढ़ का एक दिन से पूर्व हिन्दी नाटक, कथा का लचर, शिथिल और अव्यवस्थित दिशाहीन दृश्यात्मक रूपान्तरण मात्र होते थे। कथा भले ही मिथकों से ली गयी हो, ऐतिहासिक हो, लोकप्रसिद्ध हो या स्वरचित। अभिनेता

और रंगमंच की आन्तरिक आवश्यकताओं का ध्यान रखे बिना नाटककार उसे बस दृश्यों में बाँट कर लिख देने को ही नाटक मान लेते थे। सबसे ज्यादा नाटक इतिहास को आधार बनाकर लिखे जाते थे और उनसे नाटककार की रचनात्मक कल्पनाशीलता गायब थी।

आषाढ़ का एक दिन की ऐतिहासिकता को लेकर वाद-विवाद होता रहा है, परन्तु यह स्पष्ट है कि यह नाटक 'ऐतिहासिक कालिदास' का न होकर 'आधुनिक रचनाकार' का है। कालिदास जैसे चरित्र का उपयोग मोहन राकेश ने सिर्फ़ अपनी कल्पना को उकसाने और परिस्थितियों को नाटकीय बनाने के लिए किया है, इसलिए उसका आधुनिक सन्दर्भों में खुलने वाला अर्थ ही प्रमुख है। स्वयं मोहन राकेश के शब्दों में—नाटक की रचना एक समसामयिक परिस्थिति को उसकी अपनी नाटकीयता में अभिव्यक्त करने के लिए हुई है, इसलिए इसे इतिहासगत या संस्कारगत सन्दर्भ से अलग रखकर इसके साथ न्याय किया जा सकता है।

मोहन राकेश को *आषाढ़ का एक दिन* नाटक का विचार *मेघदूत* पढ़ते हुए प्राप्त हुआ। वे लिखते हैं, '*मेघदूत* पढ़ते हुए मुझे लगा था कि कहानी निर्वासित पक्ष की उतनी नहीं है जितनी स्वयं अपनी आत्मा से निर्वासित उस कवि की, जिसने अपनी ही एक अपराध अनुभूति को इस परिकल्पना में ढाल दिया है। उस अपराध अनुभूति के सम्बन्ध में सोचते हुए जो तीन चरित्र मुझे मिले, वे थे—मल्लिका, अम्बिका और विलोम। कालिदास का चरित्र तो केन्द्र में था ही। इनके अतिरिक्त शेष सब पूरक चरित्र हैं जिनकी सृष्टि नाटक पढ़ते समय हुई है।' स्पष्ट है कि नाटक की आधारकथा मोहन राकेश द्वारा कल्पित है। यह किसी इतिहासप्रसिद्ध कालिदास के बारे में नहीं है। मोहन राकेश कहते हैं—''कालिदास को केन्द्र में रखने और ऐतिहासिक, सांस्कृतिक परिवेश का इस्तेमाल करने के बावजूद यह नाटक कालिदास के बारे में नहीं है।'' कालिदास के माध्यम से मोहन राकेश प्रेम की निजता और समाज की नियमबद्धता के द्वन्द्व को उठाने के साथ ही रचनाकार, समाज और शासन-सत्ता के बीच उभरने वाले गतिरोध को चित्रित करते हैं। वे कहते हैं—मैं इस नाटक में आज के लेखक की दुविधा को चित्रित करना चाहता था, लेखक जो राज्य

या इसी प्रकार की अन्य संस्थाओं द्वारा प्रस्तावित लोभ के प्रति आकर्षित होता है और दूसरी ओर कहीं अपने प्रति प्रतिबद्ध भी होता है। नाटक में कालिदास अनिच्छा से राज्याश्रय का वरण करता है, परन्तु समय बीतने के साथ वह उसी का अंग बन जाता है। इस प्रक्रिया में वह अधिकाधिक प्रसिद्धि प्राप्त करता है, परन्तु राज्याधिकारी बनकर अंततः पराजय, टूटन और एकान्त का शिकार होता है। इस पूरी प्रक्रिया में उसका मूल व्यक्तित्व कहीं खो-सा जाता है। एक आधुनिक लेखक के रूप में मोहन राकेश इस निष्कर्ष पर पहुँचते हैं कि लेखक का व्यक्तित्व निस्संदेह उन सब सुविधाओं की अपेक्षा अधिक महत्त्वपूर्ण है, जो राज्य उसे दे सकता है।

मोहन राकेश की कालिदास के प्रति सहानुभूति अनेक अवसरों पर प्रकट हुई है, परन्तु यह भी स्पष्ट है कि नाटक, इस सहानुभूति के बावजूद, कालिदास की आलोचना के लिए उकसाता है। विडम्बना है कि लेखक की मूल धारणा को पुष्ट करने की बजाय चरित्र कालिदास न केवल राज्याश्रय ग्रहण करता है, बल्कि स्वयं सत्ताधारी भी बन बैठता है। एक रचनाकार का राज्याधिकारी बन कर सामने आना एक भिन्न स्थिति है, जो बहस को एक नयी दिशा में मोड़ती है। प्रश्न उठाते हुए विष्णुकान्त शास्त्री उचित ही कहते हैं—राज्याश्रय स्वीकार करना और राज्याधिकारी बनना एक ही चीज़ नहीं है। कालिदास न केवल राज्याश्रय स्वीकार करता है, बल्कि कश्मीर का शासक भी बनता है। दूसरी बात यह है कि कालिदास *कुमारसम्भव*, *मेघदूत*, *अभिज्ञान शाकुन्तलम्*, *रघुवंश* जैसी श्रेष्ठ कलाकृतियों की रचना करता है, तो यह किस प्रकार कहा जा सकता है कि राज्याश्रय ने उसके कलाकार जीवन को खण्डित कर दिया? ऐसा लगता है कि नाटककार ने अपने निष्कर्ष के लिए नाटक में यथेष्ट पृष्ठभूमि प्रस्तुत नहीं की है। वह छलाँग मारकर अपने पूर्व निश्चित निष्कर्ष पर पहुँच गया है। नाटक मोहन राकेश द्वारा नियोजित अर्थ छवियों का अतिक्रमण कर जाता है, यह क्या कम महत्त्वपूर्ण है।

मोहन राकेश के नियोजित अभिप्रायों से बाहर निकल कर नाटक *आषाढ़ का एक दिन* कालिदास की त्रासदी की तुलना में मल्लिका की त्रासदी के रूप में ज़्यादा पढ़ा गया है। मोहन राकेश का बुनियादी सरोकार कालिदास को

मूल में रखकर उसके रचनाकार व्यक्तित्व की स्वतंत्रता के प्रश्न को रेखांकित करना रहा है। स्वयं मोहन राकेश के शब्दों में—It was the main speech of Kalidas at the end of the third act that for me carried the meaning of the Play. Therefore, I felt astounded when the play was interpreted by some people just as the emotional tragedy of Mallika. अनेक समीक्षकों की व्याख्याओं के प्रत्युत्तर में मोहन राकेश ने यह स्पष्टीकरण दिया। इसके बावजूद इसे पाठकों ने अपने तरीके से पढ़ा। अभिनेता और निर्देशक राजगोपाल बजाज़ अवश्य मोहन राकेश से सहमत रहे हैं। वे कहते हैं—*आषाढ़ का एक दिन* न तो मल्लिका का नाटक है, न विलोम का, यह नाटक सिर्फ़ कालिदास का है। दरअसल तीसरे अंक में कालिदास का जो लम्बा एकालाप है वह इस नाटक का सबसे महत्त्वपूर्ण अंश है, जिसे आमतौर पर इसकी कमज़ोरी माना गया है। जिस दिन कालिदास का यह लम्बा एकालाप कोई निर्देशक और अभिनेता पूरी तरह उजागर कर देगा, उसी दिन *आषाढ़ का एक दिन* का वास्तविक अर्थ खुलेगा और इसका सही मूल्यांकन होगा।

आषाढ़ का एक दिन को मल्लिका का नाटक मान कर पढ़े जाने के पीछे अनेक कारण मौजूद हैं। *आषाढ़ का एक दिन* नाटक का सम्पूर्ण कार्य व्यापार मल्लिका के घर पर ही घटित होता है। मल्लिका और विलोम तीनों अंकों में विद्यमान हैं। इसके विपरीत दूसरे अंक में कालिदास की परोक्ष उपस्थिति के बावजूद कालिदास की उपस्थिति को दर्शाया नहीं गया। मल्लिका कालिदास के कवित्व पर अपने अटूट विश्वास, निश्छल और एकनिष्ठ प्रेम, प्रेम में अगाध समर्पण, विपरीत परिस्थितियों में घिरते जाने के बाद भी गैर शिकायती लहज़े तथा अटूट आस्था के कारण दर्शकों के हृदय को छू पाने में सफल रही। वह एक साधारण स्त्री की तरह साधारण जीवन जीते हुए भी असाधारण दिखाई देने लगती है।

मल्लिका नाटक में स्त्री की त्यागमयता, आस्था, भावनात्मकता, जिजीविषा, संघर्षशीलता और रागमयता का श्रेष्ठ उदाहरण बनकर उभरती है। अम्बिका द्वारा कालिदास की आत्मग्रस्तता की स्पष्ट व्याख्या के बावजूद वह उसे रचनात्मक शिखर पर पहुँचाने के लिए स्वयं से मुक्त रखती है। मल्लिका ही वह चरित्र है जिसके कारण *आषाढ़ का एक दिन* का स्त्री पाठ या कहें कि स्त्रीवादी पाठ सम्भव हो पाया है। पितृसत्तात्मक समाज में एक पुरुष की

रचनात्मकता के स्त्री के लिए क्या मायने हैं, यह प्रकट होता है। अम्बिका और प्रियंगुमंजरी जैसे विसदृश (कंट्रास्ट) स्त्री पात्रों के कारण पितृसत्ता के दबावों की व्याख्या ज्यादा सहजता से कर पाना सम्भव हुआ है। विलोम और कालिदास, मातुल और निक्षेप आदि पुरुष पात्र पितृसत्ता की उतनी सूक्ष्म परतों तक नहीं पहुँचाते, जितना कि मल्लिका, अम्बिका और प्रियंगुमंजरी आदि स्त्री पात्र।

आषाढ़ का एक दिन हिन्दी का अत्यन्त महत्त्वपूर्ण और लोकप्रिय नाटक है। अपने प्रकाशन के बाद से यह लगातार भारत के श्रेष्ठ रंगकर्मियों द्वारा रंगमंच पर खेला गया है। हिन्दी का नया से नया रंगकर्मी जिन नाटकों को सबसे पहले पढ़ता है, *आषाढ़ का एक दिन* उनमें प्रमुख है। भारत के विभिन्न विश्वविद्यालयों के स्नातक और स्नातकोत्तर पाठ्यक्रमों में यह शामिल है। हिन्दी नाटकों की रचनात्मक श्रेष्ठता को प्रमाणित करने के लिए इकलौता *आषाढ़ का एक दिन* पर्याप्त है। इस एक अकेले नाटक ने हिन्दी की श्रेष्ठ रचनात्मक प्रतिभाओं को नाटक की ओर आकर्षित किया है। प्रकाशन के छह दशक बीत जाने के बावजूद आज भी यह हमारी संवेदना का जीवित अंश बना हुआ है।

यह पुस्तक *आषाढ़ का एक दिन* के प्रकाशन के साठ साल बाद प्रकाशित हो रही है। इन साठ सालों के मूल्यांकन का श्रेष्ठ अंश यहाँ भले ही संकलित न हो, परन्तु उसका प्रतिनिधि अंश अवश्य ही यहाँ संकलित है। हमने कोशिश की है कि एक नाटक के रूप में *आषाढ़ का एक दिन* के कथ्य और रंग-शिल्प से जुड़े सभी पहलू पूरी तरह से व्याख्यायित हो सकें। अलग-अलग समय और अलग-अलग व्यक्तियों द्वारा लिखे जाने के कारण कुछ बिन्दु बार-बार विवेचन में आये हैं। पुनरावृत्ति लगने के बावजूद इसे रहने दिया गया है।

पुस्तक के संकलन और सम्पादन में युवा अध्येताओं प्रगति मिश्र, कृष्ण कुमार और विहाग वैभव के साथ ही मेरे मित्र पल्लव अनेक प्रकार से मेरे सहयोगी और संकटमोचक रहे हैं, इसलिए इन सभी को धन्यवाद देता हूँ।

उम्मीद करता हूँ इस पुस्तक से *आषाढ़ का एक दिन* को पूरी तरह से समझना सम्भव हो सकेगा।

—आशीष त्रिपाठी

ashishindibhu@gmail.com

समीक्षात्मक विश्लेषण

नेमिचन्द्र जैन[*]

हिन्दी नाटक की इस यात्रा में *आषाढ़ का एक दिन* कई प्रकार से एक महत्त्वपूर्ण पड़ाव तो है ही, इस दौर की नाटक लेखन की श्रेष्ठतम् उपलब्धियों में गिनने योग्य भी है। कुछ लेखकों ने नाटक में सहज स्वाभाविकता और नाटकीयता के यथार्थपरकता और काव्यात्मकता के जिस मिश्रण का सूत्रपात किया था उसकी महत्त्वपूर्ण परिणति *आषाढ़ का एक दिन* में हुई है।

इसके साथ समकालीन अनुभव के और भी कई आयाम इस नाटक में हैं, जो इसे एकाधिक स्तर पर सार्थक और रोचक बनाते हैं। उसका नाटकीय संघर्ष, कला और प्रेम, सर्जनशील व्यक्ति और परिवेश, भावना और कर्म, कलाकार और राज्य आदि कई स्तरों को छूता है। इसी प्रकार काल के आयाम को बड़ी रोचक तीव्रता के साथ नाटक में प्रस्तुत किया गया है।

आषाढ़ का एक दिन में कालिदास और मल्लिका के अतिरिक्त विलोम भी एक पात्र है। उसे खलनायक कहकर टाला नहीं जा सकता। वह कालिदास से भी अधिक विकसित पात्र है। उसके बिना यह नाटक भावुकतापूर्ण और शिथिल रह जाता। विलोम के तर्कों में ही नहीं, उसकी पूरी जीवनदृष्टि में एक ऐसी आवश्यकता और अनिवार्यता है कि उसकी गिनती हिन्दी नाटक के कुछ अविस्मरणीय पात्रों में होगी। कई प्रकार से विलोम मोहन राकेश की एक अनुपम नाटकीय चरित्र-सृष्टि है।

पात्रों में विसदृशता के दो अन्य रोचक रूप हैं, इस नाटक में मल्लिका की माँ अम्बिका और कालिदास का मामा मातुल, दोनों बुजुर्ग हैं, नाटक के

---

[*]दिल्ली तार सप्तक के कवि नेमिचन्द्र जैन ने नाट्यालोचना में महत्त्वपूर्ण काम किया है। मोहन राकेश के संपूर्ण नाटकों के संपादक।

दो प्रमुख तरुण पात्रों के अभिभावक। दोनों ही अपने-अपने प्रतिपालितों से असन्तुष्ट, बल्कि निराश हैं। फिर भी दोनों एक-दूसरे से एकदम भिन्न, बल्कि लगभग विपरीत हैं। दोनों के बीच यह भिन्नता संस्कार, जीवनदृष्टि, स्वभाव, व्यवहार, बोलचाल, भाषा आदि अनेक स्तरों पर उकेरी गयी है। इससे मल्लिका और कालिदास दोनों के चरित्र अधिक सूक्ष्मता और रोचकता के साथ रूपायित हो सके हैं। ऐसी ही दिलचस्प विसदृशता निक्षेप और कालिदास तथा मल्लिका और प्रियंगुमंजरी के बीच भी रची गयी है।

इसी तरह बहुत संयत और प्रभावी ढंग से, व्यंग्य और सूक्ष्म हास्य के साथ, समकालीन स्थितियों की अनुगूँज पैदा की गयी है, रंगिणी-संगिनी और अनुस्वार-अनुनासिक की दो जोड़ियों के द्वारा। यह थोड़ी ही देर के लिए आते हैं पर बड़ी कुशलता से कई बातें व्यंजित कर जाते हैं। वास्तव में *आषाढ़ का एक दिन* का लेखन और प्रदर्शन दोनों ही स्तरों पर व्यापक सफलता का आधार है उसकी बेहद सधी हुई, संयमित और सुचिंतित पात्र-योजना। इसमें कोई आश्चर्य की बात नहीं कि *आषाढ़ का एक दिन* पिछले तीस-बत्तीस वर्षों में देश की अनेक भाषाओं में, अनेक केन्द्रों में बार-बार खेला गया है और अब भी उसका आकर्षण चुका नहीं है।

नाट्यरूप की दृष्टि से *आषाढ़ का एक दिन* सुगठित, यथार्थवादी नाटक है जिसमें बाह्य ब्यौरे की बातों से अधिक परिस्थिति के काव्य को अभिव्यक्त करने का प्रयास है। शायद हिन्दी का यह पहला यथार्थवादी नाटक है जो बाह्य और आन्तरिक यथार्थ की समन्विति और अन्तर्द्वन्द्व को संवेदनशीलता के साथ देखता और प्रस्तुत करता है। नाटक में कार्य-व्यापार के संयोजन में गति पर्याप्त तीव्र ही नहीं है, उस तीव्रता के भीतर लय की विविधता भी है; विभिन्न भावों और स्थितियों को, विभिन्न पात्रों को, इस प्रकार आमने-सामने रखा गया है कि वे अपने आप में नाटकीय प्रभाव उत्पन्न करते हैं और परवर्ती परिणति को भी यथासंभव अनिवार्य और विश्वसनीय बनाते हैं। फिर भी तीसरे अंक में मल्लिका के स्वगत-भाषण और कालिदास के लम्बे एकालाप में गति का संयोजन ठीक नहीं रहता। बल्कि कालिदास का प्रवेश जितना नाटकीय है, उसका परवर्ती भाषण उतना ही उद्घाटनमूलक होने के कारण तीव्रता को

कम करता है। चरम-बिन्दु के इतने समीप पहुँचकर भाषण द्वारा स्थिति का उद्घाटन बहुत अच्छी नाटकीय युक्ति नहीं, विशेषकर जबकि बाकी नाटक में राकेश कार्य-व्यापार के द्वारा ही सफलतापूर्वक उद्घाटन करते रहे हैं। पर तीसरे अंक की यह दुर्बलता शीघ्र ही नियन्त्रण में आ जाती है और द्वार खटखटाये जाने के बाद से नाटक बड़ी दुर्दम्य और तीव्र गति से चरम परिणति की ओर अनिवार्यतापूर्वक चलता जाता है।

निस्संदेह, हिन्दी नाटक के परिप्रेक्ष्य में, और भाववस्तु और रूपबन्ध दोनों के स्तर पर, *आषाढ़ का एक दिन* ऐसा पर्याप्त सघन, तीव्र और भावोद्दीप्त लेखन प्रस्तुत करता है जैसा हिन्दी नाटक में बहुत कम ही हुआ है। उसमें भाव और स्थिति की गहराई में जाने का प्रयास है और पूरा नाटक एक साथ कई स्तरों पर प्रभावकारी है। बिम्बों के बड़े प्रभावी नाटकीय प्रयोग के साथ-साथ उसमें शब्दों की अपूर्व मितव्ययता भी है और भाषा में ऐसा नाटकीय काव्य है जो हिन्दी नाटकीय गद्य के लिए अभूतपूर्व है।

एक बात और। हिन्दी के ढेरों तथाकथित नाटकों से *आषाढ़ का एक दिन* इसलिए मौलिक रूप में भिन्न है कि उसमें अतीत का न तो तथाकथित विवरण है, न पुनरुत्थानवादी गौरव-गान, और न ही वह कोई भावुकतापूर्ण अतिनाटकीय स्थितियाँ रचने की कोशिश करता है। उसकी दृष्टि कहीं ज्यादा आधुनिक और सूक्ष्म है जिसके कारण वह सही अर्थ में आधुनिक हिन्दी नाटक की शुरुआत का सूचक है।

(*आषाढ़ का एक दिन*, राजपाल एण्ड सन्ज़, दिल्ली, संस्करण : 2007)

संवेदनशीलता की त्रासदी

जयदेव तनेजा[*]

कलाकार की सृजनात्मक प्रतिभा की समस्या को लेकर लिखा गया मोहन राकेश का नाटक *आषाढ़ का एक दिन* स्वातंत्र्योत्तर हिन्दी-नाट्य-साहित्य की एक महत्त्वपूर्ण उपलब्धि है। *आषाढ़ का एक दिन* की प्रत्यक्ष कथावस्तु तो कालिदास के अंतरंग जीवन से सम्बन्धित है परन्तु मूलत: वह कवि के प्रसिद्ध होने के पहले की प्रेयसी मल्लिका का नाटक है—एक ऐसी समर्पित नारी की नियति का चित्र जो कवि से अटूट प्रेम ही नहीं करती, किसी भी मूल्य पर उसे महान् होते भी देखना चाहती है। महान् वह बनता अवश्य है, पर इसका मूल्य मल्लिका को अपना सर्वस्व देकर चुकाना पड़ता है। ऐतिहासिक कालिदास के साथ ही समकालीन मनुष्य के और भी अनेक आयाम इसमें हैं, जो नाटक को एकाधिक स्तर पर सार्थक और रोचक बनाते हैं। उसका नाटकीय संघर्ष कला और प्रेम, सृजनशील व्यक्ति और परिवेश, भावना और कर्म, कलाकार और राज्य आदि कई स्तरों को छूता है। इसी प्रकार काल के आयाम को बड़ी रोचक तीव्रता के साथ नाटक में प्रस्तुत किया गया है—लगभग एक पात्र के रूप में। मल्लिका और उसके परिवेश और उसकी परिणति में तो वह मौजूद है ही, स्वयं कालिदास भी उसके विघटनकारी रूप का अनुभव करता है। अपनी समस्त आत्मकेन्द्रिता के बावजूद उसे लगता है कि अपने परिवेश से टूटकर वह स्वयं भी भीतर कहीं टूट गया है।[1]

कालिदास की साहित्यिक कृतियों को पढ़कर नाटककार के मन में

[*]जयदेव तनेजा आत्माराम सनातन धर्म कॉलेज से रीडर पद से सेवानिवृत्त। *मोहन राकेश : रंग-शिल्प और प्रदर्शन, हिन्दी नाटक : आजकल, आधुनिक भारतीय रंगलोक* इनकी प्रमुख पुस्तकें हैं।

1. नेमिचंद्र जैन : *आलोचना : जुलाई-सितम्बर, 67, पृ. 96*

कालिदास का जो चित्र उभरा, उसी को इसमें चित्रित किया गया है। उसकी ऐतिहासिकता की खोजबीन नाटक में आई रंगिणी-संगिनी के शोध के ही समान निरर्थक और हास्यास्पद होगी। आधुनिक प्रतीक के निर्वाह के लिए ऐतिहासिक कालिदास के चरित्र में थोड़ा परिवर्तन अवश्य किया गया है। नाटककार के शब्दों में—कालिदास मेरे लिए एक व्यक्ति नहीं, हमारी सृजनात्मक शक्तियों का प्रतीक है, नाटक में वह प्रतीक उस अन्तर्द्वन्द्व को संकेतित करने के लिए, जो किसी भी काल में सृजनशील प्रतिभा को आन्दोलित करता है। व्यक्ति कालिदास को उस अन्तर्द्वन्द्व में से गुज़रना पड़ा है, हम भी आज उसमें से गुज़र रहे हैं। हो सकता है कि व्यक्ति कालिदास का यह नाम भी, वास्तविक न हो, पर हमारी आज तक की सृजनात्मक प्रतिभा के लिए इससे अच्छा दूसरा नाम, दूसरा संकेत मुझे नहीं मिला।[2] लेखक ने कश्मीर के शासक मातृगुप्त और प्रसिद्ध कवि-नाटककार कालिदास को एक ही माना है।

नाटक में अनेक ऐसे प्रसंग हैं, जिनके आधार पर कालिदास को स्वार्थी, आत्मकेन्द्रित और क्षुद्र व्यक्ति समझा जा सकता है। उदाहरणार्थ, राज्य की ओर से सम्मान और आमंत्रण मिलने पर, अनिच्छा होते भी अन्तत: वह उज्जैन चला ही जाता है, कभी विवाह न करने का विचार रखते हुए और मल्लिका से हार्दिक प्रेम करके भी वह प्रियंगुमंजरी से चुपचाप विवाह कर लेता है, कश्मीर का शासक बनने पर गाँव में आकर भी मल्लिका से मिलने नहीं आता और अन्त में मल्लिका के जीवन की अत्यन्त करुण दु:खद परिणति देखकर भी उसे चुपचाप छोड़कर भाग जाता है—यह कालिदास के चरित्र का कमज़ोर पक्ष है। निस्संदेह उसके व्यक्तित्व के इस पक्ष का चित्रण नाटक में होना स्वाभाविक ही है परन्तु मात्र यही एक पहलू चित्रित करना और उसके महान पक्ष को एकदम अछूता छोड़ देना उसकी असाधारण सृजनशील प्रतिभा को अधिक विश्वसनीय बना पाना है। नाटककार का यह दावा है कि *आषाढ़ का एक दिन* का कालिदास दुर्बल नहीं है; कोमल, स्थिर और अन्तर्द्वन्द्व से पीड़ित है।[3] बहुतों को निस्सार जान पड़ता है। कालिदास के विषय में अम्बिका के ये कथन पूर्णत: सत्य हैं—

---

2. *लहरों के राजहंस* (पहली भूमिका), पृ. 8
3. *लहरों के राजहंस* (पहली भूमिका), पृ. 9

''वह व्यक्ति आत्म सीमित है। संसार में अपने अतिरिक्त उसे और किसी से मोह नहीं है।''

तथा

''...तुम्हारे (मल्लिका के) साथ उसका इतना ही सम्बन्ध है कि तुम एक उपादान हो, जिसके आश्रय से वह अपने से प्रेम कर सकता है, अपने पर गर्व कर सकता है।''

यही कालिदास का यथार्थ चरित्र है जो नाटक के आरम्भ से लेकर अन्त तक उभरता है। नाटक नाटककार के इस कथन की साक्षी नहीं देता कि कालिदास का चरित्र नाटक का केन्द्र है[4], नाटक में कालिदास नहीं मल्लिका ही वह केन्द्र है, जिसके चारों ओर नाटक के पात्र घूम रहे हैं।

आषाढ़ का एक दिन में कालिदास के अतिरिक्त ग्यारह पात्र और हैं, परन्तु उनमें से प्रमुख केवल तीन हैं—मल्लिका, अम्बिका और विलोम। शेष सब पूरक चरित्र हैं।

कालिदास के शैशवकाल की चिरसंगिनी मल्लिका भावना-लोक में विचरण करने वाली एक आदर्श प्रेमिका है। कालिदास से उसका अगाध प्रेम है और कैसी भी परिस्थिति में वह उसके विरुद्ध कोई बात नहीं सुनना चाहती। कालिदास को कालिदास बनाने में उसी का प्रमुख हाथ है। इसका व्यक्तित्व सर्वाधिक आकर्षक है और वही दर्शक-पाठक की समूची सहानुभूति का एकमात्र आलंबन बनती है। उसका प्रेम इतना महान् है कि वह उसके लिए व्यक्तिगत-स्वार्थ का बलिदान कर कालिदास को उज्जयिनी जाने पर विवश कर देती है। विपरीत परिस्थितियों का कोई भी दबाव उसे कालिदास से अलग नहीं कर पाता। गाँव में आकर कालिदास के स्थान पर प्रियंगुमंजरी का मल्लिका से मिलना तो नियति का ऐसा करुण-कोमल व्यंग्य है जो दर्शक के हृदय को बेध देता है। प्रियंगुमंजरी मल्लिका के जीवन के व्यंग्य को अत्यन्त तीक्ष्णता से व्यक्त करती है। उसका प्रत्येक सहयोग प्रस्ताव मल्लिका की जीवन-विडंबना को गहराता चलता है, जिसमें अनुस्वार और अनुनासिक जैसे मूर्ख अधिकारियों से विवाह का प्रस्ताव तो सर्वाधिक कटु है। मल्लिका

---

4. *लहरों के राजहंस* (नाटक का यह परिवर्तित रूप), पृ. 15

का प्रियंगुमंजरी के साथ कश्मीर जाने से इनकार और अपने टूट-फूटे घर के परिसंस्कार की अस्वीकृति उसके चरित्र को स्वाभिमान और गरिमा के उदात्त रंगों से भर देती है। वह अपने को अपने में न देखकर कालिदास में देखती है। कालिदास भी जैसे जीवन के किसी क्षण में उससे अलग नहीं हो पाता। स्वयं कालिदास का यह कथन प्रमाण है—

"...*कुमारसम्भव* की पृष्ठभूमि यह हिमालय है और तपस्विनी उमा तुम हो। *मेघदूत* के यक्ष की पीड़ा मेरी पीड़ा है और विरह-विमर्दिता यक्षिणी तुम, यद्यपि मैंने स्वयं यहाँ होने और तुम्हें उज्जयिनी में देखने की कल्पना की है। *अभिज्ञान शाकुन्तलम्* में शकुंतला के रूप में तुम्हीं मेरे सामने थीं...।"

भयानक निर्धनता की दशा में भी मल्लिका द्वारा कालिदास की कृतियों को खरीदकर पढ़ना, कालिदास के महाकाव्य के लिए अपने हाथों से पृष्ठों को बनाकर रखना और इस भेंट के लिए अन्त तक उसकी प्रतीक्षा करते रहना अपने-आप में एक करुण महाकाव्य है। परिस्थितियाँ उसे वारांगना बनने पर विवश करती हैं, परन्तु वह कहीं भी अपने उज्ज्वल प्रेम की उच्चतर भाव-भूमि से नीचे नहीं उतरती। नाटक के प्रारम्भ में उसका यह कथन—

"फिर भी मुझे अपराध का अनुभव नहीं होता। मैंने भावना में एक भावना का वरण किया है। मेरे लिए वह सम्बन्ध और सब सम्बन्धों से बड़ा है। मैं वास्तव में अपनी भावना से ही प्रेम करती हूँ जो पवित्र है, कोमल है, अनश्वर है...।" नाटक के अन्त में भी इतना ही सत्य है। नाटककार का यह कथन ठीक है कि मल्लिका का चरित्र एक प्रेयसी और प्रेरणा का ही नहीं, भूमि में रोपित उस स्थिर आस्था का भी है जो ऊपर से झुलसकर भी अपने मूल में विरोपित नहीं होती।[5] मल्लिका हिन्दी-नाट्य साहित्य की अद्वितीय और अविस्मरणीय चरित्र-सृष्टि है।

मल्लिका की माँ अम्बिका का चरित्र नितान्त यथार्थवादी दृष्टि से गढ़ा गया है—मेरी वह अवस्था बीत चुकी है, जब यथार्थ से आँखें मूँदकर जिया जाता है।[6]—अपने विषय में उसका यह कथन बिलकुल उचित है। अम्बिका

---

5. *लहरों के राजहंस* (पहली भूमिका), पृ. 9
6. *आषाढ़ का एक दिन*, पृ. 19

कालिदास को सन्देह और वितृष्णा की दृष्टि से देखती है, घृणा करती है। उसे यह असहनीय है कि कालिदास मल्लिका से विवाह न करके मात्र प्रेम करे। मल्लिका की भावनाओं को वह केवल छलना और आत्म-प्रवंचना समझती है तथा जीवन की आवश्यकताओं को ही सर्वोच्च प्राथमिकता देती है। उसका जीवन भावना नहीं, कर्म है। वह चाहती है कि मल्लिका यथार्थ जीवन की कठोरता को समझे और अपेक्षाकृत व्यावहारिक व्यक्ति विलोम से विवाह कर ले।

विलोम नाटक का एक अत्यन्त महत्त्वपूर्ण पात्र है। विलोम एक असफल कालिदास है और कालिदास एक सफल विलोम। सम्भवतः यही कारण है कि वह कहीं एक-दूसरे के निकट भी पड़ते हैं। ये एक-दूसरे के लिए मानो दर्पण हैं। विलोम शायद मल्लिका को इतना नहीं चाहता, जितना यह चाहता है कि मल्लिका कालिदास से प्रेम न करे। इस पात्र के माध्यम से नाटककार ने ग्रामीण जनता की मनोवृत्ति को भी अभिव्यक्त किया है। वह जो अनुभव करता है, वह स्पष्ट कह देता है। अम्बिका के मन की अनेक दबी-घुटी भावनाओं और इच्छाओं को वह मुखर होकर कह देता है। कालिदास की अव्यावहारिकता एवं मल्लिका के दारिद्रय के कारण वह अन्त में मल्लिका से शरीर-सम्बन्ध स्थापित करने में सफल अवश्य हो जाता है, पर उस समय तक मल्लिका वारांगना बन चुकी होती है। विलोम, नाटक में कालिदास की अपेक्षा सबल और सफल प्रतीत होता है; क्योंकि वह दुराग्रह की आक्रामक शक्तियों को संकेतित करता है। वह अपने आन्तरिक द्वन्द्व को खो चुका है, इसलिए अपेक्षतया अधिक संयोजित है। प्रत्यक्षतः आशा और आस्था की शक्तियाँ हताशा और अनास्था से कोमल और निर्बल प्रतीत हो सकती हैं परन्तु सत्य यह है कि पाशविक बर्बर शक्तियों के हाथों वे पराजित नहीं होतीं। यही कारण है कि *आषाढ़ का एक दिन* में पराजित व्यक्ति टूटा हुआ कालिदास नहीं, अपने में संयोजित विलोम है—क्योंकि विजय और पराजय के संकेत वे दोनों स्वयं नहीं हैं; संकेत है मल्लिका, जो कालिदास की आस्था का विस्तारित रूप है।[7]

निक्षेप-मातुल तथा अनुस्वार-अनुनासिक की नियोजना का एक उद्देश्य नाटक में हास्य की सृष्टि करना भी है। रंगिणी और संगिनी नामक उज्जयिनी की

---

7. *लहरों के राजहंस* (पहली भूमिका), पृ. 9

दो शोध-कर्त्रियों के माध्यम से नाटककार ने तथाकथित अनुसंधान और उसकी प्रक्रिया का तीखा मज़ाक उड़ाया है। उनका कालिदास के व्यक्तित्व से कोई सम्बन्ध नहीं है। अत: हम यह नहीं स्वीकार कर सकते कि उनकी अतिसाधारण बुद्धि का प्रदर्शन कालिदास के व्यक्तित्व को आघात तक पहुँचाता है।[8]

समग्रत: *आषाढ़ का एक दिन* के इन पात्रों और इनके चरित्रांकन के विषय में कह सकते हैं—कालिदास की नियति आधुनिक मानव की नियति है। विलोम समसामयिक जीवन की अनास्था का स्वर है तो मल्लिका आस्था का विस्तारित रूप। इस प्रकार यह नाटक युगीन भाव-बोध को कई स्तरों पर छूता है और नए सन्दर्भों को उभारता है। बात क्योंकि सन्दर्भों से जुड़ने की है, इसलिए वहाँ न तो हमें वह कालिदास मिलता है जो *मेघदूत* के अभिशप्त यक्ष की भाँति विरहाकुल और काम पीड़ित होकर भी अपनी आस्था से विचलित नहीं होता और न मल्लिका ही जो *कुमारसम्भव* की उमा की तरह सब कुछ खोकर शिव की प्रतीक्षा में तिल-तिल गलकर संकल्प-शक्ति मिटने नहीं देती। यह इसलिए कि दोनों के चरित्र इतिहास की मिट्टी से गढ़े होने पर भी वर्तमान की घुटन में साँस लेते हैं।[9] इस विषय पर विवाद हो सकता है कि यह नाटक इतिहास और कालिदास के सम्बन्ध में प्रचलित किंवदंतियों से कितना और कहाँ तक प्रभावित या अप्रभावित है[10] किन्तु इसकी सम-सामयिक प्रासंगिकता और प्रभावशीलता के संदर्भ में बहस की कोई गुंजाइश नहीं है।

मल्लिका और अम्बिका, कालिदास और राजपुरुष, कालिदास, अम्बिका, मल्लिका और विलोम, मल्लिका, प्रियंगुमंजरी और अम्बिका, मल्लिका और मल्लिका (मातुल और कोरे ग्रन्थ के माध्यम से) कालिदास और कालिदास (मल्लिका के बहाने से), मल्लिका, विलोम और कालिदास के पारस्परिक संघर्ष, तनाव और दबावपूर्ण नाट्य-क्षणों तथा कथा-स्थितियों को राकेश ने अत्यन्त रोचक रंग-शिल्प में बाँधा है। डॉ. जगदीश शर्मा के शब्दों में—संघर्ष की मूलधाराओं के भीतर टकराहट भरी अनेक कथा-स्थितियाँ समाई हुई हैं।

---

8. *आलोचना : जनवरी 1966*, महेंद्र भटनागर, पृ. 182
9. *आधुनिक नाटक का मसीहा*, मोहन राकेश, डॉ. गोविंद चातक, पृ. 54
10. द्रष्टव्य-*अपने नाटकों के दायरे में*, मोहन राकेश, तिलकराज शर्मा पृ. 30-37

एक कथा-स्थिति के साथ दूसरी कथा-स्थिति का योग सहज रूप से होता गया है और इस प्रकार टकराहट के पक्ष बदलते रहे हैं, फिर भी कथा की एकसूत्रता बनी रही है...इस तरह कथा-स्थितियों के माध्यम से मूल कथा को आगे बढ़ाने का शिल्प अंकों को दृश्यों में विभाजित करने की आवश्यकता नहीं होने देता। अंकों को दृश्यों में विभाजित करने से कथा में तो बिखराव आता ही है, अभिनय सम्बन्धी कठिनाइयाँ भी उत्पन्न होती हैं। इस नाटक ने दृश्यों के स्थान पर कथा-स्थितियों के उपयोग का मार्ग प्रशस्त कर दिया। इससे लाभ यह हुआ कि नाटक की कथा-गति में वेग आ गया है। बहुत सम्भव है कि इस त्वरित स्थिति-परिवर्तनमूलक कथा-गति का विचार मोहन राकेश ने सिनेमा की कथा-गति से ग्रहण किया हो।[11] यही कारण है कि मणि कौल की फ़िल्म के लिए *आषाढ़ का एक दिन* का सिनेरियो लिखते समय राकेश को आलेख में कोई मूलभूत परिवर्तन नहीं करने पड़ते। कुल मिलाकर हम कह सकते हैं कि इस नाटक का कथा-विन्यास अत्यन्त सुनियोजित, भाव-अन्विति से पूर्ण, सुगठित, कौतूहल और जिज्ञासामय, संघर्षपूर्ण, सन्तुलित और स्वाभाविक है।[12]

मेघ, वर्षा, छाज में फटकता धान, आहत हरिणशावक, राज कर्मचारियों का आगमन जैसे अनेक संकेतों, प्रतीकों और बिम्बों का नाटकीय प्रयोग राकेश ने इस नाटक में किया है। संस्कृत के तत्सम शब्दों वाली, गम्भीर, काव्यात्मक और अलंकृत भाषा प्रसाद की भाषा-परम्परा में होने के बावजूद आधुनिक मुहावरे और चरित्र की आन्तरिकता से उद्भूत विशिष्ट लय-विधान से पूर्ण होने के कारण एकदम नाटकीय है। डॉ. सुरेश अवस्थी के अनुसार—साहित्यिक भाषा और उदात्त शैली में लिखे गए पात्रों के लम्बे-लम्बे संवाद, एकालाप और स्वगत-कथन जिस प्रकार से प्रदर्शन में पात्रों की रंगचर्या के साथ एकीभूत हो जाते हैं और उनके व्यापारों और भावों को उद्घाटित और घनीभूत करते हैं, वह अनुभव हिन्दी दर्शक के लिए सर्वथा नवीन है।[13] काव्यानुभूति और नाट्यानुभूति के अद्भुत संयोग से बनी राकेश की व्यंजना और दृश्यत्व प्रधान

---

11. *मोहन राकेश की रंग सृष्टि*, पृ. 21–22
12. *आषाढ़ का एक दिन : वस्तु और शिल्प-विश्व*, प्रकाश दीक्षित 'बटुक', पृ. 112
13. *आलोचना : जनवरी 1966*, पृ. 17

इस रंग भाषा और हरकत के गहरे सम्बन्ध का रेखांकन करते हुए डॉ. गिरीश रस्तोगी ने कहा है कि—राकेश की नाट्य-भाषा की पहली पहचान है भाषा और शारीरिक क्रिया की, भाषा की लय अपने आप बदलती जाती है।...हिन्दी के अधिकांश नाटकों में शब्द अलग मिलेंगे, शारीरिक क्रिया अलग या इससे अधिक कुछ हुआ कभी तो शब्द के अनुरूप क्रिया होगी, जबकि राकेश के नाटकों ने नाट्य-भाषा की इस कृत्रिमता और जड़ता को तोड़ते हुए भाषा के नए मानदंड स्थापित किए हैं। यहाँ शब्द क्रिया का काम करते हैं और क्रिया की भाषा को ढालते हैं अर्थात् भाषा और क्रिया का नियोजन, आन्तरिक गठन पहली बार मोहन राकेश में मिलता है।[14]

एक ही दृश्य-बंध, कलात्मक वस्तु-संरचना, स्पष्ट चरित्रांकन, नाट्य-भाषा प्रभावशाली संवाद तथा समकालीन समस्या के नाटकीय प्रस्तुतीकरण के कारण यह नाटक न केवल अभिनय ही है, बल्कि आधुनिक भारतीय रंगमंच की एक महत्त्वपूर्ण उपलब्धि भी है। हिन्दी में निस्संदेह यह प्रथम नाटक है जो एकदम भारतीय आभा, भारतीय परिवेश, भारतीय संस्कार लेकर उभरा है तथा फिर भी एकदम आधुनिक है, जिसमें संस्कृत तथा यूनानी किसी भी नाट्यशास्त्र का ड्रामैटिक रूप में पालन नहीं किया गया है।'[15]

राष्ट्रीय नाट्य विद्यालय, नई दिल्ली (इब्राहिम अल्काजी), *थियेटर यूनिट*, मुम्बई (सत्यदेव दुबे), *अनामिका*, कलकत्ता (श्यामानन्द जालान), एमेच्योर *आर्टिस्ट्स एसोसिएशन*, जयपुर (मोहन महर्षि), *कला संगम*, पटना (सतीश आनन्द), *मेरी वॉशिंगटन कॉलेज*, वर्जीनिया (जॉय मायकेल), *कोरस*, इम्फाल (रतन थियम) इत्यादि न मालूम कितनी संस्थाओं और कितने निर्देशकों ने *आषाढ़ का एक दिन* को विविध रंग-शैलियों, रूपों और भाषाओं में सफलतापूर्वक प्रस्तुत करके इस नाटक की रंगमंचीयता के सम्बन्ध में उठने वाली तमाम शंकाओं और बहस को निर्मूल सिद्ध कर दिया है।

(*हिन्दी नाटक : आजकल*, तक्षशिला प्रकाशन नई दिल्ली,

प्रथम संस्करण : 2000)

---

14. *मोहन राकेश और उनके नाटक*, पृ. 156–157
15. *मोहन राकेश का नाट्य साहित्य*, डॉ. पुष्पा बंसल, पृ. 23

नाट्यालेख से प्रस्तुति तक

देवेन्द्र राज अंकुर[*]

रंगमंच में निर्देशक की अपनी उपस्थिति और पहचान रही हो या न रही हो, यह निश्चित है कि निर्देशन के बिना रंगमंच की अन्तिम परिणति सम्भव ही नहीं है। दूसरे शब्दों में यह भी कहा जा सकता है कि रंगकर्म की अपनी पूरी प्रक्रिया ही ऐसी है कि उसमें निर्देशन के बिना काम चल ही नहीं सकता। इसका कारण यह है कि रंगमंच एक दोहरी प्रक्रिया के तहत सम्पन्न होता है अर्थात्, पहले नाटक एक आलेख के रूप में लिखा जाता है और फिर उसका मंच पर प्रदर्शन किया जाता है। इस प्रक्रिया से यह साफ़ ज़ाहिर है कि नाटक के आलेख और उसकी प्रस्तुति के बीच एक लम्बी तैयारी और अन्तराल रहता है, जिसे रंगमंच के सभी सहयोगी तत्व यथा निर्देशक, अभिनेता मंडली और नेपथ्य के दूसरे अभिकल्पक मिलकर पूरा करते हैं।

इस पूरी प्रक्रिया में ज़रूरी नहीं कि कोई व्यक्ति निर्देशक के तौर पर अलग से उपस्थित हो। प्रस्तुति से जुड़ी पूरी प्रक्रिया-उपर्युक्त सभी लोगों के संयुक्त प्रयास से सम्पन्न होती है। कहने का अर्थ यही है कि निर्देशक नाम का व्यक्ति इतिहास में अलग से मौजूद रहा हो या नहीं, नाटक की अपनी तैयारी इस तथ्य की साक्षी है कि बिना किसी की अतिरिक्त देख-रेख के उसकी प्रस्तुति सम्भव ही नहीं हो सकती। यह अलग से देख-रेख की ज़िम्मेदारी कभी नाटककार निभाया करता था, कभी मुख्य अभिनेता, कभी कोई अभिकल्पक और अन्तत: एक ऐसा व्यक्ति जिसे निर्देशक के नाम से जाना जाने लगा। बहरहाल, स्थिति और सच्चाई जो भी रही हो, इस बात से इनकार नहीं किया जा सकता कि किसी-न-किसी प्रकार की निर्देशन प्रक्रिया नाटक जैसी कला

---

[*] राष्ट्रीय नाट्य विद्यालय के निदेशक रहे देवेन्द्र राज अंकुर जाने-माने नाट्य आलोचक हैं।

के जन्म और विकास के साथ ही जुड़ी हुई है।

इस अध्ययन का सबसे ज्यादा रोचक पहलू यह है कि निर्देशन प्रक्रिया की मूल प्रकृति क्या है ? यदि प्रश्न को थोड़ा और स्पष्टता और विस्तार से रखा जाए तो पूछा जा सकता है कि आखिर एक निर्देशक नाटक के लिखे हुए आलेख के साथ ऐसा क्या सुलूक करता है कि वह प्रस्तुति आलेख के रूप में परिवर्तित हो जाता है। यहीं पर थोड़ा रुककर इस बात पर भी विचार कर लिया जाए कि निर्देशक को ही किस रूप में परिभाषित किया जाए। क्या वह प्रस्तुति का व्यवस्थापक है ? क्या वह आलेख का व्याख्याकार है ? क्या वह आलेख की व्याख्या के बहाने से एक नये आलेख की रचना करता है ? यदि वह प्रस्तुति का मात्र व्यवस्थापक ही है तो यह काम तो निर्देशक की बजाय एक मंच या प्रस्तुति व्यवस्थापक ज्यादा अच्छी तरह से निभा सकता है। यदि उसे नाटक के आलेख का व्याख्याकार माना जाए तो फिर उसमें और आलोचक में क्या भेद है और अन्त में यदि वह नाटक की व्याख्या के बहाने से अपना एक नया प्रस्तुति-आलेख रचता है तो वह दिखाई कहाँ पड़ता है ? नाटक के शब्द वही रहते हैं, नाटक की कहानी वही रहती है और नाटक के चरित्र भी वही रहते हैं। यदि वह अपनी ओर से इनमें कोई हेर-फेर करता है, तब तो निश्चय ही उसकी एक नयी रचना को रेखांकित किया जा सकता है। लेकिन अगर ऐसा नहीं है तब उसे किस नयी रचना के सृजन का श्रेय दिया जाए।

मैं समझता हूँ कि उपर्युक्त सभी प्रश्नों और जिज्ञासाओं के उत्तर नाटक के आलेख से लेकर उसकी प्रस्तुति तक की पूरी प्रक्रिया में से खोजे जा सकते हैं। सबसे पहले एक लिखे हुए और प्रस्तुत हो रहे नाटक में क्या अन्तर है ? उत्तर बहुत साफ़ है। जिस आलेख को नाटककार ने मात्र शब्दों के माध्यम से रचा है वह प्रस्तुति में जीवन्त अभिनेताओं के माध्यम से उजागर होता है। इतना ही नहीं, वे जीवन्त पात्र एक सचमुच के जीते-जागते परिवेश के साथ होते हैं, चरित्रों के आपसी सम्बन्धों और तनाव के साथ। अर्थात्, जो कहानी नाटक में शब्दों के रूप में वर्णित होती है और पाठक द्वारा मात्र शब्दों के रूप में ही अनुभूत की जा सकती है, उसे नाटक की प्रस्तुति के दौरान वही पाठक घटित होते हुए देखता है। कहा तो यह भी जाता है कि अपने नाटक

का पहला दर्शक नाटककार स्वयं हुआ करता है। लेकिन यह मात्र अर्धसत्य है, क्योंकि नाटककार ने कितने भी प्रामाणिक रूप में अपने मन-मस्तिष्क में किसी नाटक की दृश्य प्रस्तुति को क्यों न रच लिया हो, इस बात की क्या गारंटी है कि जब नाटक का मंचन होगा तो उसे कौन निर्देशक और कौन से अभिनेता प्रस्तुत करेंगे, यह पहले से कैसे निश्चित किया जा सकता है। अत: यह स्वाभाविक ही है कि नाटककार के चाक्षुष बिम्ब और चित्र अलग-अलग हों। इतना ही नहीं, यदि नाटककार को यह मालूम भी हो कि उसके नाटक को कौन निर्देशक और कौन से अभिनेता मंचित कर रहे हैं तब भी नाटक के लिखित आलेख के निहितार्थ और प्रस्तुति के निहितार्थ में ज़मीन-आसमान का फ़र्क हो सकता है।

दरअसल, निर्देशन प्रक्रिया का सबसे महत्त्वपूर्ण पक्ष यही होता है जिसकी ओर दर्शक का ध्यान नहीं जाता। वह प्राय: प्रस्तुति के बाह्य उपकरणों जैसे कि मंच सज्जा, वेशभूषा, प्रकाश, संगीत और दूसरी इसी तरह की बाह्य चीज़ों में उलझकर रह जाता है, इसीलिए एक निर्देशक की रचनात्मक यात्रा से वह अपरिचित रह जाता है। यूँ भी यह रचनात्मक यात्रा पहले स्वयं निर्देशक के भीतर और फिर उसके बाद प्रस्तुति के भीतर इतने अमूर्त और सूक्ष्म रूप में घटित होती है कि यदि दर्शक उसे अलग से नहीं देख पाता तो उसका कोई दोष नहीं। प्रस्तुति के दूसरे पक्ष जो सीधे-सीधे उसे दिखाई दे जाते हैं, वह उन्हें ही निर्देशन की रचना प्रक्रिया के अंग मानकर इतिश्री कर लेता है।

स्थूल रूप से निर्देशन प्रक्रिया को कई चरणों में बाँटा जा सकता है। सबसे पहले आलेख का चुनाव। वह आलेख किसी नाटक का हो, कहानी का हो, उपन्यास का हो, कविता का हो अथवा स्वयं निर्देशक द्वारा लिखा गया हो—उसे एक ज़रूरी सवाल का सामना करना पड़ता है और वह यह कि वह उसी आलेख विशेष को क्यों मंचित करना चाहता है। उस आलेख विशेष की उसके अपने लिए क्या सार्थकता है और उसके बहाने से दर्शकों के लिए क्या सार्थकता है। जैसा कि बार-बार कहा और दोहराया जा चुका है कि नाटक सदैव अपने समकालीन वर्तमान में घटित होता है। अत: दर्शकों के लिए सार्थकता का प्रश्न भी उसी क्षण प्रेक्षागृह में उपस्थित दर्शकों से जुड़ा

है। इसी प्रश्न का एक दूसरा पक्ष यह है कि किसी आलेख विशेष के भीतर से निर्देशक कौन-सी अर्थध्वनियों को ध्वनित करना चाहता है। एक ही नाटक की अलग-अलग निर्देशक के लिए अलग-अलग अर्थ ध्वनियाँ और छवियाँ हो सकती हैं। इस दृष्टि से शायद हर कला और विधा अपने आप में मुक्त और स्वतंत्र है कि वह अपने पाठक, श्रोता या दर्शक को स्वयं अपना अर्थ निश्चित करने की प्रेरणा दे।

प्रक्रिया का दूसरा चरण नाटक की उस तैयारी से सम्बद्ध है, जिसमें अभिनेता मंडली और मंचन से जुड़े दूसरे अभिकल्पक आपस में मिल-जुलकर नाट्य प्रस्तुति का एक सम्भावित ढाँचा तैयार करते हैं। यह अलग बात है कि उस सम्भावित ढाँचे तक पहुँचने की प्रक्रिया एक-दूसरे से अलग हो सकती है। इस विषय में कम-से-कम दो विकल्प तो हमेशा मौजूद रहते हैं। एक वह जिसमें निर्देशक स्वयं पहले से सब कुछ निश्चित कर ले और दूसरा वह जिसमें वह अभिनेताओं को स्वयं खोजने, रचने के अवसर प्रदान करे और उनके काम में से प्रस्तुति के लिए अन्तिम चुनाव करता चले। एक सीधा-सा तीसरा विकल्प उपर्युक्त दोनों रास्तों के बीच का अथवा उनका मिश्रण ही हो सकता है। हम निर्देशन प्रक्रिया के लिए कोई भी रास्ता क्यों न अपनाएँ, नाटक के मौन, मृतप्राय उद्धृत शब्दों को गति देना, जीवन देना और अन्तत: शब्द से परे अर्थ की तरफ़ संकेत करना ही निर्देशन प्रक्रिया का सबसे अहम पहलू है। इसी अर्थ में निर्देशक व्यवस्थापक और व्याख्याकार की सीमाओं को लाँघकर सचमुच के सर्जक कलाकार की भूमिका में उतरता है। इस भूमिका में उसके साधन भी दूसरी कलाओं एवं विधाओं से भिन्न हैं। जहाँ दूसरी कलाएँ या विधाएँ मात्र निर्जीव सामग्री और शब्दों पर आधारित होती हैं, वहाँ निर्देशक का माध्यम एक जीवन्त तत्व है और वह है अभिनेता। इसलिए निर्देशन प्रक्रिया की सबसे मार्मिक कड़ी है, निर्देशक और अभिनेता के पारस्परिक सम्बन्ध। यह जितने ही समझ, सूझ-बूझ और परिपक्वता से भरपूर होंगे उतना ही प्रस्तुति में निखार आएगा। प्राय: निर्देशक इस तथ्य को अनदेखा कर जाते हैं कि वह अपनी परिकल्पना को जिन औज़ारों के माध्यम से दृश्य रूप में मंच पर प्रस्तुत करते हैं वह औज़ार भी जीते-जागते हाड़-मांस के पुतले हैं और कितना भी

क्यों न चाहें उन्हें कठपुतली बनाकर नहीं रख सकते। निर्देशक किसी भी नाटक का कथ्य किसी भी हद तक निश्चित क्यों न कर ले, स्वयं अभिनेता की अपनी सोच, संवेदना और व्यक्तित्व का कुछ-न-कुछ अंश तो रहेगा ही। इसीलिए निर्देशन प्रक्रिया का यह दूसरा चरण उसका सबसे जटिल पड़ाव है।

नाटक का एक विशेष क्षण में दर्शकों के सामने प्रस्तुत किया जाना निर्देशन प्रक्रिया का तीसरा और अन्तिम चरण है। इस प्रक्रिया का सबसे बड़ा अन्तर्विरोध यही है कि जो निर्देशक पहले दोनों चरणों में मुख्य भूमिका निभाता है, प्रस्तुति के समय उसकी उपस्थिति का कोई अर्थ और महत्त्व नहीं रह जाता। बेशक प्रस्तुति के प्रत्येक अंग में और प्रत्येक अंश में वह अदृश्य रूप से विद्यमान है, लेकिन जब नाटक मंच पर हो रहा होता है तो उसकी पूरी ज़िम्मेदारी अभिनेता मंडली और दूसरे पार्श्वकर्मियों पर टिकी रहती है। निर्देशक चाहे भी तो उस समय कोई हस्तक्षेप नहीं कर सकता। इतना ही नहीं जैसे अभिनेता मंडली प्रदर्शन प्रक्रिया के दौरान एक ढाँचे में बँधी होकर भी मुक्त एवं स्वतंत्र है, उसी तरह दर्शक मंडली भी नाटक की प्रस्तुति में से अपने साथ क्या अर्थ लेकर जाना है इसे निश्चित करने के लिए पूरी तरह से स्वतंत्र है। इस अर्थ में नाट्य प्रस्तुति में निर्देशक और दर्शक का रिश्ता लगभग एक लेखक और पाठक जैसा होता है। जैसे रचना के समाप्त होने और प्रकाशित रूप में पाठक के सामने आने के बाद लेखक उससे मुक्त हो जाता है, उसी तरह निर्देशक भी अन्तिम अथवा पहले प्रदर्शन के बाद उससे अलग हो जाता है। यद्यपि रंगमंच जैसे गतिशील माध्यम में यह सुविधा फिर भी उपलब्ध है कि हर प्रदर्शन के बाद निर्देशक चाहे तो उसमें रद्दोबदल कर सकता है। लेकिन यह सुविधा मंच पर घटित होने के क्षण में उसे उपलब्ध नहीं हो सकती। वास्तव में नाट्य कला का यही सबसे बड़ा मर्म और रहस्य भी है कि जो निर्देशक आरम्भ से लेकर अन्त तक हर चीज़ का नियामक होता है, वह भी प्रस्तुति के क्षण में एक भोले-भाले शिशु की तरह से अपनी रचना को देख रहा होगा। यह भी नितान्त सम्भव है कि अपनी तैयार की गई रचना को देखते हुए उसे उसमें फिर से नये-नये अर्थ दिखाई देने लगें।

प्रायः हर प्रस्तुति के बाद कुछ ऐसे दर्शकों से सामना होता है, जिनके

मन में हमेशा यह जिज्ञासा बनी रहती है कि नाटक की प्रस्तुति अपने दृश्य रूप में मंच पर कैसे सम्भव होती है। यों कहने को यह एक बहुत ही साधारण-सा प्रश्न है, लेकिन यदि इस प्रश्न पर सोच-विचार किया जाए तो सचमुच में नाटक के आलेख से प्रस्तुति तक की यात्रा उतनी सीधी और सपाट नहीं होती, जैसी कि वह दर्शकों को दिखाई पड़ती है। यह अकारण नहीं है कि हमारे यहाँ और पश्चिम में भी इस सम्बन्ध में दो शब्दों का प्रचलन होता रहा है—नाटक का पाठ्यालेख और नाटक की प्रस्तुति आलेख। पाठ्यालेख से नाटक के उस आलेख से अभिप्राय है, जो लिखित रूप में हमें नाटककार से प्राप्त होता है और प्रस्तुति आलेख नाटक के उस आलेख से ताल्लुक रखता है, जो नाटक की प्रस्तुति प्रक्रिया के दौरान और अन्तत: नाटक की प्रस्तुति के बाद अपना अन्तिम स्वरूप ग्रहण करता है। अंग्रेज़ी में इन दोनों आलेखों को ड्रामाटिक टेक्स्ट और परफ़ार्मेंस टेक्स्ट के नाम से जाना जाता है। यह भी सम्भव है कि कई प्रस्तुतियों का पहले से कोई लिखित आलेख न हो और प्रस्तुति के बाद ही उसका एक निश्चित आलेख तैयार किया जाए। इसी के साथ जुड़ा एक अन्य मत यह भी है कि नाटक के लिखित आलेख और प्रस्तुति आलेख में भेद करना और उन्हें दो अलग-अलग आलेखों के रूप में देखना निहायत ही एकांगी दृष्टिकोण का परिचायक है, क्योंकि जब हम यह मानते हैं कि नाटक अपने आप में एक प्रदर्शनकारी विधा है तो फिर उसके लिखित आलेख की अलग से कोई सार्थकता नहीं रह जाती और अन्तत: यही आलेख प्रदर्शन के माध्यम से प्रस्तुति आलेख में परिवर्तित हो जाता है। बहरहाल, हम चाहे दोनों आलेखों को एक मानें अथवा अलग-अलग, इस बात से इनकार नहीं किया जा सकता कि नाटक के लिखित आलेख को जिस रूप में हम मंच पर घटित होते हुए देखते हैं, उसके पीछे बहुत से लोगों की सोच, समझ और सहयोग का हाथ रहता है, जिससे हमारा दर्शक प्राय: अनभिज्ञ रह जाता है। यही कारण है कि कई बार वह किसी प्रस्तुति को उसकी समग्रता में अनुभूत नहीं कर पाता। अत: यह निहायत ही ज़रूरी हो जाता है कि हम नाट्यालेख से प्रस्तुति तक की यात्रा को हू-ब-हू दर्शक के लिए शब्दबद्ध करने का प्रयास करें।

इस यात्रा का पहला चरण है आलेख का चुनाव। आमतौर पर यह चुनाव

निर्देशक का होता है, क्योंकि कहा जाता है कि अपनी प्रस्तुति का पहला पाठक, दर्शक और यहाँ तक कि समीक्षक भी निर्देशक ही होता है। कई बार ऐसा भी होता है कि निर्देशक स्वयं अकेले किसी आलेख का चुनाव न करे। वह अभिनेताओं की मंडली के साथ एक साथ कई नाटकों का पाठ करे और फिर आपस में विचार-विमर्श करके किसी एक आलेख का प्रस्तुति के लिए चयन किया जाए। हम नाटक के चुनाव के लिए कोई भी प्रक्रिया क्यों न अपनाएँ, हमें सबसे पहले एक ज़रूरी सवाल का सामना करना पड़ता है—आखिर हम किसी भी नाटक अथवा रचना का मंचन के लिए क्यों चयन करते हैं ? कहने का तात्पर्य यह है कि आखिर उस नाटक में ऐसा क्या है, जो हमें उसके मंचन के लिए प्रेरित करता है ? ज़ाहिर है कि हर नाटक में एक कहानी होती है और वह कहानी हमारी ज़िन्दगी से जुड़े किसी भी पक्ष को जितने गहरे जाकर उद्घाटित करती है, वह नाटक उतना ही आकर्षित करता है। बेशक यह कथ्य अकेले व्यक्ति से जुड़ा हो, व्यक्ति और परिवार से जुड़ा हो, व्यक्ति और समाज के आपसी सम्बन्धों से ताल्लुक रखता हो अथवा व्यक्ति, समाज और राजनीतिक व्यवस्था के भीतर से बुना गया हो, सवाल यह है कि यह हमारे लिए कितना सार्थक है ? इस बात को भी रेखांकित किया जाना बेहद ज़रूरी है कि नाटक की कहानी चाहे किसी भी काल, युग, मिथक, पुराण, लोककथा अथवा इतिहास से सम्बद्ध हो सकती है, लेकिन उसे सार्थक हमेशा वर्तमान में ही होना होता है। इसीलिए ज़्यादा अच्छे नाटक वही माने जाते हैं, जो अपने समय की सीमाओं को लाँघकर कालजयी और सार्वजनीन हो जाते हैं। इसमें कोई सन्देह नहीं कि तात्कालिक विषयों और समस्याओं पर भी अच्छे नाटक लिखे जा सकते हैं, लेकिन देखा यही गया है कि एक समय के बाद वे नाटक उतने सार्थक नहीं रह जाते। दरअसल हर समय और हर युग के लिए सार्थक एवं अर्थपूर्ण होने की क्षमता सिर्फ़ नाटक से ही नहीं, वरन् कला एवं साहित्य की हर विधा से अपेक्षित है। यदि ऐसा न होता तो आज भी हम बार-बार संस्कृत, ग्रीक और शेक्सपीयर के नाटकों की ओर क्यों लौटते हैं ? मात्र एक रात में रचित भारतेन्दु का नाटक *अंधेर नगरी* लिखे जाने के एक सौ बीस बरस बाद भी क्यों इतना ताज़ा लगता है ? इसका एकमात्र उत्तर यही

है कि हम हर बार इन नाटकों में से अपने लिए, अपने दर्शकों के लिए और अपने समय के लिए भी कुछ-न-कुछ नया खोज लेते हैं।

शायद दर्शक की जिज्ञासा यह जानने में भी हो कि कोई नाटक अपने कथ्य के रूप में उस तक क्या सम्प्रेषित करना चाहता है, इसका निर्णय कौन और कैसे करता है? क्या एक नाटक का मात्र एक ही कथ्य हुआ करता है कि उसमें न जाने कितने कथ्य एक साथ समाए रहते हैं और निर्देशक एवं अभिनेताओं की मंडली उनमें से किसी एक मुख्य कथ्य का अपनी प्रस्तुति के लिए चुनाव कर लेती है। वास्तव में कला एवं साहित्य की विधाओं का रहस्य यही है कि उनके कथ्य को हम किसी एक विचार, बिन्दु या दृष्टि के साथ बाँधकर नहीं देख सकते।

अच्छा होगा कि हम इस स्थापना को किसी नाटक के आलेख के माध्यम से ही व्याख्यायित करने का प्रयत्न करें। इसके लिए हम मोहन राकेश के नाटक *आषाढ़ का एक दिन* को चुनते हैं और उसके बहाने से प्रस्तुति तक की सम्भावित यात्रा को पकड़ने की दिशा में आगे बढ़ते हैं। *आषाढ़ का एक दिन* को मात्र इसलिए लिया जा रहा है कि यह आधुनिक एवं समकालीन हिन्दी रंगमंच का पहला ऐसा नाटक है, जिसे लगभग हर निर्देशक ने मंचित किया है, हर भाषा में उसकी प्रस्तुतियाँ हुई हैं और पाठकों एवं दर्शकों के लिए भी इतना ही परिचित आलेख है।

आइए, देखें कि कथ्य के स्तर पर यह नाटक हमारे लिए कितने विकल्प और सम्भावनाएँ प्रस्तुत करता है? बहुत ही स्थूल एवं सपाट रूप से इस नाटक को कालिदास एवं मल्लिका की असफल प्रेम कहानी कहा जा सकता है। यदि मात्र इतने तक सीमित होकर ही इस नाटक की व्याख्या कर दी जाए तो ज़ाहिर है कि प्रस्तुति के स्तर पर दर्शकों को कुछ भी नया हासिल होने वाला नहीं है। तो फिर वह नया क्या है, जो हर बार दर्शक को इस नाटक की प्रस्तुति देखने के लिए बाध्य करता है? अनगिनत दिशाएँ और दृष्टियाँ हो सकती हैं, जिनके तहत इस नाटक के कथ्य को रेखांकित किया जा सके। किसी के लिए यह नाटक रचनाकार के लिए प्रस्तुत उस पीड़ादायक चयन का नाटक हो सकता है, जब उसे अपनी रचनात्मक भूमि और उससे मिलने

वाले राज्याश्रय में से एक को चुनना पड़ता है। एक और स्तर पर यह नाटक एक ऐसी प्रेमिका का नाटक भी हो सकता है, जो अपने व्यक्तिगत स्वार्थ से ऊपर उठकर अपने प्रेमी को आगे बढ़ाने के लिए एक उत्प्रेरक का काम करती है और अन्तत: अपने जीवन का उत्सर्ग कर देती है। क्या यह नाटक जीवन को पूरी तरह से व्यावहारिक स्तर पर जीनेवाले चरित्रों की जीत का नाटक हो सकता है? यदि यह नहीं तो प्रकृति एवं राज्याश्रय से जुड़े चरित्रों का अपने-अपने स्तर पर मोहभंग होते जाने का नाटक कहा जा सकता है? देखा जाए तो उपर्युक्त सारे कथ्य इस नाटक में मौजूद हैं। अब यह निर्देशक विशेष पर निर्भर करता है कि वह स्वयं को किस कथ्य पर केन्द्रित करे। लेकिन इस बात से इनकार नहीं किया जा सकता कि निर्देशक चाहे जिस भी कथ्य को अपनी प्रस्तुति में रेखांकित करने के लिए चुने, दर्शक फिर भी उसमें से नितान्त अपने निजी स्तर पर कोई नया कथ्य आत्मसात् करने के लिए स्वतंत्र है। इसीलिए नाटक के तीन आलेखों की चर्चा बार-बार की जाती है—नाटककार का आलेख, निर्देशक एवं अभिनेता मंडली का आलेख और अन्तत: दर्शक का आलेख। ऐसा नहीं कि ये आलेख किसी नाटक में स्पष्ट रूप में अलग-अलग दिखाई पड़ते हैं, वरन् यह हमारी अपनी ग्राह्यता पर निर्भर करता है और हमारे मन-मस्तिष्क में इतने सूक्ष्म रूप में घटित होता है कि कई बार उस बिलकुल अलग एवं नये कथ्य का साक्षात्कार करके हम स्वयं चमत्कृत हो जाते हैं। लेकिन इतना निश्चित है कि किसी भी मंच प्रस्तुति में एक कथ्य स्वयमेव प्रमुखता ग्रहण कर लेता है और उस कथ्य से जुड़ी दूसरी चीज़ें अपने-आप उसे स्थापित करती चलती हैं।

किसी भी कथ्य को मंच पर दृश्य रूप में कैसे साकार होना है, इस प्रक्रिया को भी काफ़ी हद तक स्वयं नाटक का आलेख निश्चित कर देता है। यों तो जैसे किसी एक नाटक का मात्र एक कथ्य नहीं हुआ करता, उसी प्रकार किसी नाटक को किस शैली में प्रस्तुत किया जाना है, इसका भी कोई निश्चित व्याकरण नहीं हो सकता। फिर भी इतना तो कहा ही जा सकता है कि रंगमंच के इतिहास में नाटक की प्रस्तुति शैली को लेकर जितने भी रूपों और आकारों में काम हुआ है, उसे मुख्यत: तीन वर्गों में बाँटा जा सकता है—यथार्थवादी,

किसी भी शैली विशेष पर आधारित, उपर्युक्त दोनों विकल्पों का मिश्रित रूप अथवा उनमें से उभरती एक नई शैली। हमारी अपनी नाट्य परम्परा में भी ठीक यही बात कही गयी है, जब भरत अपने नाट्यशास्त्र में प्रस्तुति चर्चा के सन्दर्भ में लोकधर्मी, नाट्यधर्मी और मिश्रित शैली की चर्चा करते हैं।

इस परिप्रेक्ष्य में *आषाढ़ का एक दिन* की तरफ़ लौटकर आयें तो सबसे पहले यह देखना होगा कि नाटककार ने अपने कथ्य को व्यंजित करने के लिए किस प्रकार की नाटकीय संरचना का ताना-बाना तैयार किया है। नाटक संरचना के स्तर पर तीन अंकों में बँटा हुआ है। तीनों अंक समय के एक लम्बे अन्तराल में से मात्र तीन दिन की घटनाओं को चित्रित करते हैं। तीनों अंकों का परिवेश एक ही है, हालाँकि भौतिक रूप में उसमें कुछ परिवर्तन होते रहते हैं। नाटक के इस परिवेश का भूगोल क्या है, इसका सूक्ष्म से सूक्ष्म संकेत नाटककार ने मंच कोष्ठकों में दिया है। मात्र नाटक के परिवेश के भूगोल का ही नहीं, उसमें रहने वाले हर पात्र और बाहर से आने-जाने वाले विभिन्न पात्रों के व्यक्तित्व से जुड़े हर पहलू को भी स्वयं अपनी ओर से पात्रों के संवादों के माध्यम से अथवा पात्रों के एक-दूसरे के विषय में बोले गए संवादों के माध्यम से भी स्पष्ट कर दिया है। मसलन, किसी पात्र विशेष की आयु क्या है, उसका पहनावा क्या है, उसका आर्थिक एवं सामाजिक स्तर क्या है, उसके दूसरे पात्रों के साथ क्या सम्बन्ध हैं ? वे जिस भाषा में बात कर रहे हैं, वह उनके अपने परिवेश और वातावरण की उपज है, उनका सम्पूर्ण आचार-व्यवहार उसी परिवेश की देन है—कहने का अर्थ यह है कि ये सभी हाड़-मांस के बने ऐसे जीवन्त मानवीय चरित्र हैं, जो हू-ब-हू हमारी तरह की किसी भी प्रकार की क्रिया-प्रतिक्रिया से संवेदित और प्रभावित होते हैं। संक्षेप में, ये सभी गुण और लक्षण *आषाढ़ का एक दिन* को यथार्थवादी शैली के भीतर से मंच प्रस्तुति की ओर बढ़ने के लिए प्रेरित करते हैं। यह अलग बात है कि निर्देशक और उसकी अभिनेता मंडली उस यथार्थ को मंच पर किस रूप में दृश्यत्व प्रदान करे—क्या वे नाटक के बाहरी, स्थूल और भौतिक यथार्थ को हू-ब-हू मंच पर प्रस्तुत कर दें अथवा नाटक में निहित उस आन्तरिक एवं काव्यात्मक यथार्थ तक पहुँचने की चेष्टा करें ? इसमें बहस की कोई गुंजाइश

नहीं कि कोई भी कल्पनाशील निर्देशक नाटक के आन्तरिक एवं काव्यात्मक यथार्थ पर ही अपनी प्रस्तुति को केन्द्रित करना चाहेगा। यह अध्ययन हमारे दर्शकों के लिए काफ़ी दिलचस्प हो सकता है कि इस नाटक की काव्यात्मक यथार्थवादी प्रस्तुति की तरफ़ निर्देशक और अभिनेता कैसे बढ़ते हैं और उस प्रक्रिया में दर्शक को भी शामिल कर लेते हैं।

जब भी कोई निर्देशक किसी नाटक को मंचन के लिए हाथ में लेता है, तो उसके मन में नाटक के दृश्य रूप को लेकर कुछ चित्र, कुछ बिम्ब और कुछ प्रतीक बनने लगते हैं। यद्यपि ये अभी बहुत ही धुँधले रूप में होते हैं, लेकिन होते हैं अवश्य।

वास्तव में रचना से पहले की यह प्रक्रिया किसी भी रचनाकार के साथ गुज़रती है। नाटक की विधा में इस प्रक्रिया को दोहरे स्तर पर गुज़रना होता है। पहले एक लिखित आलेख से पहले नाटककार के मन में और फिर प्रस्तुति की प्रक्रिया के दौरान निर्देशक के साथ। यह भी नितान्त सम्भव है कि निर्देशक जिस रूप में नाटक के आलेख में दृश्यता की परिकल्पना करता है, वह नाटककार से बिलकुल भिन्न हो और प्राय: ऐसा ही होता भी है। इसका एकमात्र कारण यही है कि नाटक में उपस्थित शब्द बेशक वही रहें, किन्हीं भी दो व्यक्तियों के लिए उनके अर्थ अलग-अलग हो सकते हैं। हम ऊपर इस विषय में पहले ही चर्चा कर चुके हैं कि कैसे एक नाटक के अलग-अलग अर्थ हो सकते हैं और इसीलिए नाटक के अलग-अलग पाठ भी होते हैं—नाटककार का पाठ, निर्देशक एवं अभिनेताओं का पाठ और दर्शकों का पाठ। यहाँ तक कि यदि नाटक का लेखक, निर्देशक और मुख्य अभिनेता भी एक व्यक्ति है, तब भी नाटक के अलग-अलग अर्थों की सम्भावना से इनकार नहीं किया जा सकता, क्योंकि लिखित, वाचिक और श्रुति के स्तर पर शब्द नये-नये रूप एवं अर्थ ग्रहण करते रहते हैं।

आषाढ़ का एक दिन के वे धुँधले चित्र, बिम्ब और प्रतीक क्या हो सकते हैं? तीन अंक का नाटक, तीनों अंकों की पृष्ठभूमि में धारासार वर्षा, जो एक ओर उत्सव की सूचक है तो दूसरी ओर किसी विपदा का संकेत देती भी लगती है। प्रत्येक अंक में तीन पात्रों की बार-बार मुलाकात—मल्लिका,

कालिदास, विलोम। अम्बिका, प्रियंगुमंजरी, मल्लिका। सभी अंकों को एक सूत्र में जोड़ते मातुल, राजपुरुष, दन्तुल और निक्षेप। बेशक नाटक के दूसरे अंक में कालिदास नाटक में प्रवेश नहीं करता, तो भी उसकी उपस्थिति का एहसास दूसरे चरित्रों के संवादों में लगातार बना रहता है। अब यह चरित्रों का लगभग एक ही ढाँचे में हर अंक में आवागमन निर्देशक के लिए बहुत ही रोचक समानान्तर बिम्बों की रचना करने में सहायता देता है—मंच के तीन कोनों पर खड़े तीन चरित्र, जो एक-दूसरे के निकट आना चाहते हैं, लेकिन चाहकर भी ऐसा नहीं कर पाते। कभी दो चरित्र एक साथ और तीसरा एक तरफ़, लगभग अकेला, निरुपाय और असहाय-सा। कभी कोई चरित्र उसे चारों तरफ़ से घेरे हुए। देखा जाए तो ये सभी चित्र यों बहुत ही सामान्य, स्थूल और सपाट जान पड़ते हैं, लेकिन जब ये नाटक के आलेख के भीतर से साकार होकर आते हैं तो मंच पर एक नया अर्थ ग्रहण कर लेते हैं। यह कोई ज़रूरी नहीं कि निर्देशक इन बिम्बों की रचना में सजग और सोच-समझ कर प्रवृत्त हो। दरअसल स्थिति ठीक इसके उलट होती है। जिस प्रकार रचनाकार के मन में किसी भी रचना से जुड़े दृश्य बिम्ब सहज एवं अनायास ही जन्म लेते हैं, उसी से मिलती-जुलती प्रक्रिया निर्देशक के साथ भी घटित होती रहती है। कुछ चित्र नाटक पढ़ने के साथ ही मन में उभर आते हैं, कुछ नये चित्र अचानक पूर्वाभ्यास के दौरान जन्म ले सकते हैं और यहाँ तक कि कुछ बिलकुल ही दूसरे चित्रों को अभिनेता अपनी किसी छोटी सी मुद्रा, भंगिमा या प्रतिक्रिया से जन्म दे बैठे।

इसमें कोई सन्देह नहीं कि *आषाढ़ का एक दिन* का भौगोलिक परिवेश भी निर्देशक को अपने अनुरूप चाक्षुष बिम्बों को रचने की सुविधा प्रदान करता है। मंच पर एक खिड़की जो भीतर के परिवेश को लगातार बाहर से जोड़ती रहती है। यदि बिजली का चमकना और वर्षा की आवाज़ को खिड़की से देखा-सुना जा सकता है, तो दूर से आती घोड़े की टापों की ध्वनियाँ भी नाटक में इतना ही गहन अर्थ ग्रहण कर लेती हैं। यदि नाटक के आरम्भ से लेकर अन्त तक मंच पर रखे दो घड़े और घर की दीवारें धीरे-धीरे जीर्ण-शीर्ण होती जाती हैं और वहाँ रहनेवाले पात्रों की वास्तविक व्यथा का भान करा देती हैं

तो उसी परिवेश में अनुस्वार-अनुनासिक, अनुसूया-प्रियम्वदा और प्रियंगुमंजरी का आगमन मानो एक विरोधी समानान्तर प्रस्तुत करता है। नाटक के तीनों अंकों का काल संयोजन भी निर्देशक की बिम्ब रचना के लिए बहुत बड़ी स्रोत सामग्री का काम दे सकता है—सुबह, दोपहर और शाम।

यहीं से आरम्भ होती है वह यात्रा, जिसमें मंच के दूसरे पार्श्वकर्मी भी शामिल होने लगते हैं। नाटक का आलेख, उसमें प्रस्तुत परिवेश, निर्देशक और अभिनेताओं की मंडली और उन्हें चाहिए एक 'स्पेस।' यह 'स्पेस' पूर्वाभ्यास स्थल के रूप में नहीं, वरन् नाटक के अपने 'स्पेस' के रूप में चाहिए उन्हें। एक घर, जिसे आप नाटककार के निर्देशानुसार तैयार करें अथवा अपनी स्वयं की परिकल्पना से, पात्रों की वेशभूषा के रंग, सामग्री और डिज़ाइन, उनकी मुख-सज्जा, इन सबके भीतर से बनते हुए सचमुच के जीते-जागते मनुष्य, जिन्हें नाटककार ने मात्र शब्दों के रूप में हमें सौंपा है और इन शब्दों को पूरी तरह से मानवीय रूप प्रदान करने के लिए प्रकाश, अन्धकार, ध्वनि एवं संगीत जैसे दूसरे आवश्यक उपादान। किसी भी नाटक की प्रस्तुति में उपर्युक्त सभी तत्त्वों का अपरिहार्य योगदान रहता है। *आषाढ़ का एक दिन* भी इसका अपवाद नहीं है। यह निर्देशक पर निर्भर करता है कि वह इस नाटक में उपर्युक्त तत्त्वों का कितना और किस रूप में इस्तेमाल करे, इनमें से किसी एक तत्व को ज्यादा उभारने की कोशिश करे अथवा लगभग सभी तत्त्वों को मात्र पृष्ठभूमि में रखकर चरित्रों के आपसी सम्बन्धों को रेखांकित करे। इतना ही नहीं, परिवेश के निर्माण में उसके साथ अलग-अलग लोग भी हो सकते हैं और निर्देशक चाहे तो उपर्युक्त सभी तत्त्वों की परिकल्पना भी स्वयं ही कर सकता है।

अभी तक *आषाढ़ का एक दिन* की प्रस्तुति को लेकर जितनी भी चर्चा की गयी है, वह उसके यथार्थवादी प्रस्तुतिकरण के सन्दर्भ में है। इसका यह अर्थ कदापि न लिया जाए कि इस नाटक को प्रस्तुत करने का एकमात्र विकल्प यही हो सकता है। दर्शकों के साथ इस रास्ते से होकर प्रस्तुति तक की सम्भावित यात्रा का विश्लेषण करने के पीछे उद्देश्य यही था कि स्वयं नाटक में उपलब्ध कथ्य और 'फ़ार्म' किसी निर्देशक को किस दिशा में अग्रसर होने के लिए एक सहज विकल्प प्रस्तुत कर देते हैं। लेकिन यह कोई एकमात्र और अन्तिम

विकल्प नहीं है। जैसा कि पहले भी संकेत दिया जा चुका है कि कोई निर्देशक चाहे तो नाटक के इस यथार्थवादी ढाँचे को छोड़कर किसी अमूर्तवादी शैली की ओर भी पदार्पण कर सकता है। जब से इस नाटक का प्रकाशन हुआ है, पिछले चालीस सालों में अलग-अलग निर्देशकों ने विभिन्न व्याख्याएँ प्रस्तुत की हैं। उदाहरण के लिए मल्लिका की मंचीय मुद्राओं, गतियों और चर्याओं को पूरी तरह से शास्त्रीय नृत्य की गतियों में पिरोया गया है, नाटक के संवादों में कोई हेर-फेर किये बिना भी उन्हें विभिन्न सुरों एवं रागों के माध्यम से अभिव्यक्ति दी गयी है, कभी नाटक के पात्रों की वेशभूषा को युगानुकूल स्पर्श दिया गया है तो कभी आज के आधुनिक परिधानों के साथ भी जोड़ा गया है। नाटक की मंच-सज्जा कभी स्वयं नाटककार के निर्देशानुसार, कभी मात्र सांकेतिक रूप में और कभी मात्र शून्य स्थल पर ही उसकी परिकल्पना कर ली गयी है—महज़ एक-दो आवश्यक उपकरणों के साथ। इन सारी बातों को दोहराने का एकमात्र उद्देश्य यही है कि अन्तत: नाटक के लिखित आलेख और प्रस्तुति आलेख के बीच एक बहुत बड़ा अन्तराल हो सकता है। यों कहने को दोनों आलेख एक ही रचना के वाहक हैं, लेकिन फ़र्क यही है कि एक आलेख को हम अपने अकेले मौन में पढ़ते हुए देखते हैं और दूसरे आलेख को सामूहिक स्तर पर दृश्य और श्रव्य के माध्यम से पढ़ते हैं। बल्कि यह कहना ज्यादा सही होगा कि उसे अपनी आँखों के सामने सचमुच में घटित होते हुए देखते हैं। इसीलिए अन्तत: नाटक के प्रस्तुति आलेख पर ही सब कुछ निर्भर करता है कि दर्शक उसे किस रूप में ले रहे हैं, उसके कथ्य का दर्शक तक किस रूप में सम्प्रेषण हो रहा है और अन्तत: दोनों के बीच कोई गहरा रिश्ता, आत्मीयता और तादात्म्य बनता है या नहीं। जिस प्रस्तुति में ये गुण और सम्भावनाएँ जितनी ज्यादा मौजूद होंगी, वह उतनी ही सशक्त और सफल प्रस्तुति सिद्ध होगी। फिर कोई कारण नहीं कि इस बात पर माथा-पच्ची की जाये कि किसी नाटक को फलाँ शैली विशेष में क्यों प्रस्तुत किया गया? यदि नाटक को देखते समय दर्शक के मन में यह प्रश्न उत्पन्न नहीं होता और वह पूरे मनोयोग से प्रस्तुति का आनन्द लेता है तो उसके बाद उस पर किसी किस्म की बहस की गुंजाइश नहीं रह जाती।

यहाँ तुरन्त यह सवाल उठाया जा सकता है कि दर्शक तो कई बार चलताऊ किस्म के मनोरंजक नाटक का भी उतना ही आनन्द उठा सकता है, तो ऐसे में मात्र उसकी स्वीकृति को किसी प्रस्तुति की सफलता-असफलता का लक्षण कैसे माना जाये? इसका एकमात्र उत्तर यही है कि इस आलेख की सारी चर्चा के केन्द्र में ऐसी रचना को रखा गया है, जो हमारे अपने जीवन-मूल्यों से कहीं गहरे में जुड़ती है और हमारे लिए सार्थक बनती है, नहीं तो कोई कल्पनाशील निर्देशक किसी नाटक को मंचन के लिए उठायेगा ही क्यों?

मैं समझता हूँ कि अब हम इस विषय में भी बातचीत कर सकते हैं कि दर्शक और प्रस्तुति के बीच यह गहरा रिश्ता, आत्मीयता और तादात्म्य स्थापित कैसे होता है? कहा जाता है कि दर्शक की उपस्थिति के बिना नाटक अपनी पूर्णता को प्राप्त नहीं करता। रचना और भोक्ता (दर्शक) के बीच ऐसा अनिवार्य सम्बन्ध किसी और कला अथवा विधा में हो या न हो, लेकिन नाटक की तो उसके बिना कल्पना ही नहीं की जा सकती। दर्शक के नाटक को अनुभूत करने की यात्रा को कुछ इस तरह से परिभाषित किया जा सकता है—बहुत कम ऐसा होता है कि नाटक देखने आने से पहले दर्शक ने वह नाटक पढ़ा भी हो। अत: स्वाभाविक है कि उसकी पहली उत्सुकता नाटक की कहानी को लेकर होती है। यह नितान्त सम्भव है कि नाटक को पढ़े बिना भी उसकी कहानी इतनी चिर-परिचित हो कि दर्शक उसका आदि, मध्य और अन्त सब कुछ जानता हो। इसके बावजूद उसके मन में बनी उत्सुकता में कोई कमी नहीं होती, क्योंकि अब दर्शक की रुचि आरम्भ से लेकर अन्त तक यह जानने में रहती है कि उस नाटक विशेष में उसकी चिर-परिचित कहानी का निर्वाह कैसे किया गया है। बाहर की हलचल और चहल-पहल से कटकर जब दर्शक प्रेक्षागृह में प्रवेश करता है तो वह धीरे-धीरे एक खाली, तटस्थ, शून्य और निस्संगता के संसार में प्रवेश कर रहा होता है। वह अच्छी तरह से जानता है कि वह एक नाटक की प्रस्तुति देखने आया है, लेकिन फिर भी वह नाटक के जादुई और रहस्यमय संसार का हिस्सा बनता जाता है। कई बार तो ऐसा भी होता है कि नाटक में जो अभिनेता काम कर रहे हों, वह अपनी व्यक्तिगत ज़िन्दगी में उनसे भली-भाँति परिचित हो, तब भी नाटक को देखने

और अनुभूत करने की प्रक्रिया में कोई अन्तर नहीं पड़ता।

नाटक का आरम्भ प्राय: पूर्ण अन्धकार में होता है। यह अन्धकार उस शून्य की स्थिति तक पहुँचने की अन्तिम कड़ी है। यह ठीक वैसा ही अनुभव होता है, जैसे हम किसी पुस्तक के आरम्भ के खाली पृष्ठों से गुज़रते हुए धीरे-धीरे शब्दों तक पहुँचते हैं, जो पहले आकार ग्रहण करते हैं और फिर ध्वनि तक आते हैं। नाटक के आरम्भ में भले ही अन्धकार हो, लेकिन उसके बाद दृश्य अथवा श्रव्य में से किसी एक तत्व द्वारा आगे बढ़ा जा सकता है। यदि मात्र दृश्य है तो भी उसमें ध्वनि स्वयं ही समाहित है और यदि श्रव्य है तो उसे दृश्य में परिवर्तित होते देर नहीं लगती। लेकिन यहीं से नाटक दूसरी सभी कला विधाओं से अलग अपनी निजी सत्ता स्थापित करना शुरू कर देता है और वह इस रूप में कि यहाँ शब्द सचमुच में चलते-फिरते हैं, बोलते हैं, अनुभव करते हैं, अर्थात् वे इस हद तक जीवन्त होते हैं कि मनुष्य जैसे मानवीय तत्व के भीतर से स्वयं भी उतने ही मानवीय हो उठते हैं। शब्दों की ऐसी इयत्ता और अस्मिता सचमुच में किसी और कला एवं विधा में सम्भव ही नहीं हो सकती। इसी प्रकार नाटक के शब्द भी मानवीय हैं और उन्हें देखने और अनुभूत करनेवाले भी मानवीय हैं—यही वह कुंजी है, जिससे नाटक और दर्शक के रिश्ते का खुलासा किया जा सकता है। ऐसा माना जाता है कि दर्शक चूँकि अन्धकार में बैठे होते हैं, अत: अभिनेता को उनकी उपस्थिति से बेखबर होकर मंच पर हो रहे क्रियाकलाप पर अपना ध्यान केन्द्रित करना चाहिए। इसी से मिलता-जुलता तर्क दर्शकों को लेकर भी दिया जाता है कि वास्तव में वे एक नाटक की प्रस्तुति नहीं देख रहे हैं, वरन् किसी दूसरे परिवार के घर में चोरी से ताकझाँक करते हुए उनकी व्यक्तिगत ज़िन्दगी का जायज़ा ले रहे हैं। मेरे विचार में दर्शक और अभिनेता के आपसी सम्बन्धों को लेकर बनी हुई ये दोनों ही अवधारणाएँ अथवा सिद्धान्त निहायत ही अतिवादी और भ्रामक हैं। दरअसल, इन अवधारणाओं के पीछे प्रोसीनियम थियेटर और उसमें घटित होते यथार्थवादी रंगमंच का हाथ है। क्या अपने आप में यह हास्यास्पद स्थिति नहीं है कि जिस यथार्थवादी रंगमंच की मूल स्थापना ही दर्शक और अभिनेता के अंतरंग रिश्ते पर आधारित है, अर्थात् यह रंगमंच दर्शक के लिए

नाटक की प्रस्तुति के माध्यम से यथार्थ की भ्रान्ति उत्पन्न करता है और दर्शक को कहानी के बहाव के साथ बहाकर ले जाता है, उसी यथार्थवाद को देखने के ढंग में दर्शक और अभिनेता की अलग-अलग परिकल्पना की गयी है।

जैसा कि पहले भी बार-बार कहा जा चुका है कि अन्तत: नाटक किसी भी प्रस्तुति शैली में किया जा रहा हो, यदि दर्शक और अभिनेता के बीच पूर्ण तादात्म्य की स्थिति नहीं बनती तब किसी भी प्रस्तुति की सार्थकता कहाँ बची रह पाती है! *आषाढ़ का एक दिन* के विषय में भी यह निकष पूरी तरह से खरा उतरता है। यदि नाटक को देखते समय दर्शक कालिदास, मल्लिका, अम्बिका, विलोम और दूसरे सभी पात्रों के अन्तर्द्वन्द्व, दुख-दर्द और दूसरे मार्मिक प्रसंगों से नहीं एकाकार हो पाता या कि इन सबकी कहानी उसे अपनी नहीं मालूम पड़ती तो फिर वह नाटक देखने आयेगा ही क्यों? क्या स्वयं दर्शक के सामने कभी ऐसे प्रसंग नहीं आये होंगे, जब उसे किन्हीं दो चीज़ों में एक का चुनाव करना पड़ा हो? क्या अपने जीवन में उपस्थित ऐसे प्रश्नों के उत्तर ढूँढ़ने के लिए ही हम कला, साहित्य और रंगमंच की तरफ़ बार-बार नहीं लौटते? यदि ऐसा न होता तो दर्शक और अभिनेता के आपसी सम्बन्धों की मृत्यु की घोषणा बहुत पहले हो चुकी होती।

भारतीय मध्यवर्ग का आख्यान

जावेद अख्तर खां[*]

आषाढ़ का एक दिन के अन्त में मल्लिका-कालिदास-संवाद के बीच एक अलिखित ग्रंथ का प्रसंग है। पाठक इस ग्रंथ से पूर्वपरिचित हैं। कालिदास के उज्जयिनी चले जाने के बाद मल्लिका बहुत मनोयोगपूर्वक कोरे पन्नों को सिलकर एक ग्रंथ तैयार करती है, ताकि जब वह कालिदास से मिले, उसे सबसे श्रेष्ठ काव्य रचने के लिए यह अपने हाथों भेंट करे। बरसों-बरस बीत जाते हैं, यह भेंट यों ही पड़ी रहती है। अब इसके पन्ने टूटने लगे हैं। कालिदास इसके पन्ने पलटते हुए कहता है—तुमने ये पृष्ठ अपने हाथों से बनाए थे कि इन पर मैं एक महाकाव्य की रचना करूँ। (पन्ने पलटते हुए एक स्थान पर रुक जाता है।) स्थान-स्थान पर इन पर पानी की बूँदें पड़ी हैं जो निस्संदेह वर्षा की बूँदें नहीं हैं। लगता है तुमने अपनी आँखों से इन कोरे पृष्ठों पर बहुत कुछ लिखा है। और आँखों से ही नहीं, स्थान-स्थान पर ये पृष्ठ स्वेद-कणों से मैले हुए हैं, स्थान-स्थान पर फूलों की सूखी पत्तियों ने अपने रंग इन पर छोड़ दिये हैं।...कई स्थानों पर तुम्हारे नखों ने इन्हें छीला है, तुम्हारे दाँतों ने इन्हें काटा है। और इसके अतिरिक्त ये ग्रीष्म की धूप के हल्के-गहरे रंग, हेमंत की पत्र-धूलि और इस घर की सीलन...ये पृष्ठ अब कोरे कहाँ हैं मल्लिका? इन पर एक महाकाव्य की रचना हो चुकी है।...अनंत सर्गों के एक महाकाव्य की। कालिदास तो साहित्येतिहास का एक परिचित नाम हैं, उनके रचित ग्रंथ और भी सुपरिचित हैं—*ऋतुसंहार, मेघदूत, रघुवंश, अभिज्ञानशाकुन्तलम्* आदि-आदि। लेकिन जो लिखा जा चुका है, वह किसी अनालेख की गाथा है। हर लिखित के पीछे कुछ अलिखित हमेशा छूट जाता

---

[*] दिल्ली रंग आलोचक जावेद अख्तर खां नाटकों की सुचिंतित, सटीक समीक्षाओं के लिए विख्यात।

है। पर मनुष्य-जीवन है, जो हर श्रेष्ठ काव्य से हमेशा विराट होता है अनंत सर्गों का महाकाव्य। यही कारण है कि *आषाढ़ का एक दिन* कवि कालिदास के जीवन-प्रसंग से जुड़कर भी उसकी गाथा नहीं बनता। वस्तुत: यह विगत इतिहास की नहीं, अपनी पीछे छूट गयी भूमि की रचना है। *आषाढ़ का एक दिन* जो अनलिखा है, उसकी महागाथा है।

यह आश्चर्य नहीं होता कि स्वातंत्र्योत्तर काल के छठे दशक में, जो नई कविता-नई कहानी के विस्तार का समय है, प्राय: रचनाकार अपनी रचना-भूमि और रचना-प्रक्रिया को रचना का विषय बनाते हैं। स्वतंत्र भारत में एक अद्भुत सृजनात्मक आवेश है, साथ ही एक गहरी रूमानियत भी; लेकिन समकालीन यथार्थ अब ज्यादा नंगा हो गया है, परिवेश ज्यादा आक्रामक है और समय ज्यादा क्रूर तथा नृशंस है। स्वतंत्रता-पूर्व छायावादी रूमानियत में आदर्श की एक रंगत मिली हुई थी जो रचनाकार को अंतत: नैराश्य से बचा ले जाती थी। स्वतंत्रता के बाद यह रूमानियत हिन्दी रचना में फिर लौटती है लेकिन आदर्श खंडित हो जाता है। पुरानी रूमानियत अपने परिवेश से मुक्त होने की इच्छा का परिणाम थी, लेकिन इस नव-रूमानियत को परिवेश-सत्य अथवा यथार्थ तोड़ देता है। यही वह रचना-भूमि है, जहाँ से *आषाढ़ का एक दिन* में जो अनलिखा है, उसकी अभिव्यक्ति संभव हुई है। यह गहरे रूमानी आवेग और कटु-तिक्त यथार्थ की मिली-जुली अभिव्यक्ति है। रूमानियत ही उसे इतिहास से जोड़ती है, लेकिन इस इतिहास में नाटक की नायिका मल्लिका के व्यक्तित्व की-सी जीर्णता है, किसी पुरानी कलाकृति की तरह, जिसमें सीलन तो आ गयी है, लेकिन जिसमें 'मोहक रोमांस' अब भी छिपा है। और यथार्थ? यह वह समकालीन परिवेश है, जहाँ व्यावहारिक जीवन का छल-छंद है...। यह विराट् भीमाकार ढाँचा है, जिसके दो कठिन पाटों के बीच *आषाढ़ का एक दिन* दो भावुक हृदयों की ट्रैजिक कथा का रूप ले लेता है।

आषाढ़ का एक दिन सन् 1958 में प्रकाशित हुआ। मोहन राकेश हिन्दी नाट्यलेखन की परम्परा में भारतेन्दु-प्रसाद के आगे की कड़ी हैं, इस नाटक ने प्रकाशित होते ही यह सिद्ध कर दिया। राकेश का एक सिरा प्रसाद से

जुड़ा है, अपनी रूमानियत के कारण; ठीक वैसे ही जैसे प्रसाद का भारतेन्दु से, नवजागरणकालीन चेतना के कारण। इस तरह आधुनिक हिन्दी नाटक की 'बृहत्त्रयी' पूर्ण हो जाती है। बहुत लोगों का ध्यान इस नाटक ने इसलिए खींचा कि यह संस्कृत के कवि-नाटककार कालिदास के जीवन-प्रसंग को अपना विषय बनाता है। कुछ लोगों को इसमें केवल राजसत्ता और सृजनशील कलाकार की स्वतंत्रता का तीखा द्वन्द्व नज़र आया। प्राय: यह बात अनदेखी रह गयी कि *आषाढ़ का एक दिन* स्वातंत्र्योत्तर भारत के मध्यवर्ग की ही एक 'अजब दास्तान' है। ज़ाहिर है, अपने कलेवर में बिलकुल भिन्न और अनूठे मोहक रोमांस के वातावरण और यथार्थ के तीखे दंश से युक्त।

नाट्यलेखन की ओर प्रवृत्त होने के पूर्व मोहन राकेश कथाकार के रूप में प्रसिद्ध हो चुके थे। अपनी कहानियों के बारे में स्वयं मोहन राकेश की स्थापना यह है—मैं व्यक्तियों की यंत्रणा की कहानियाँ लिखता हूँ, जिससे समाज की विडम्बना सामने आती है। यह व्यक्ति और कोई नहीं, स्वतंत्र भारत का विकासशील मध्यवर्ग है, जिसके सामने विकास के नये-नये रास्ते खुल रहे हैं। जिस औपनिवेशिक-सामंती सत्ता-प्रतिष्ठान ने उसके पाँवों में जंजीरें डाली थीं, वह कल की बात थी जो पुरानी हो गयी है। लेकिन, जैसा कि भक्तकवि सूरदास की गोपिकाएँ कहती हैं—यह 'काजर की कोठरी' है—शीघ्र ही मध्यवर्ग का भ्रम टूट जाता है। यह दोहरे स्तर की यंत्रणा है। व्यक्ति के स्तर पर झेली गयी यंत्रणा सामाजिक धरातल पर विडम्बना की ही सृष्टि करती है। यह स्वतंत्र भारत की मध्यवर्गीय इच्छा के अपने ही समय और परिवेश के साथ विकट संघर्ष की कथा रचती है, जिसमें शेष रह जाती है—रिक्तता, कटुता, अलगाव और अकेलापन। यह बताने की आवश्यकता नहीं होनी चाहिए कि इस संघर्ष में स्वयं रचनाकार मोहन राकेश का आत्मसंघर्ष भी शामिल है। राकेश के कथा-साहित्य की यही भूमि है, *आषाढ़ का एक दिन* में इसी का ऐसा नाटकीय रूपान्तरण हो गया है कि वह सहज ही पहचाना नहीं जाता।

आषाढ़ का एक दिन की भूमिका में मोहन राकेश हिन्दी नाटक को रंगमंच की किसी विशेष परम्परा से अनुस्यूत न मानते हुए भी पाश्चात्य रंगमंच की

उपलब्धियों का सीमांकन करते हैं और लिखते हैं, 'हिन्दी रंगमंच को हिन्दीभाषी प्रदेश की सांस्कृतिक पूर्तियों और आकांक्षाओं का प्रतिनिधित्व करना होगा, रंगों और राशियों के हमारे विवेक को व्यक्त करना होगा। हमारे दैनंदिन जीवन के राग-रंग को प्रस्तुत करने के लिए, हमारे संवेगों और स्पन्दनों को अभिव्यक्त करने के लिए, जिस रंगमंच की आवश्यकता है, वह पाश्चात्य रंगमंच से कहीं भिन्न होगा।' हर समर्थ नाटककार की ही भाँति राकेश भी 'रंगमंच' की एक परिकल्पना प्रस्तुत करते हैं, जिसका अनिवार्य सम्बन्ध अपने समय में बदल रहे मध्यवर्गीय जीवन-यथार्थ से है। यह रंगमंच वस्तुत: स्वतंत्र भारत में धीरे-धीरे आकार ले रहे शहरी मध्यवर्ग के सपनों की रंग-भूमि है जहाँ उसे अपनी 'अस्मिता' की नये सिरे से खोज करनी है। इसका एक सिरा स्वतंत्रता-संघर्ष के इतिहास से, तो दूसरा सिरा समकालीन राजनीतिक-सामाजिक-आर्थिक यथार्थ से लिपटा हुआ है; स्पष्टत: जैसा पहले कहा जा चुका है, यह सिरा क्षत-विक्षत है। इसलिए उस मध्यवर्ग को ऐसे रंगमंच की आवश्यकता है जिसमें उसके ही संवेगों और स्पन्दनों की अभिव्यक्ति हो। कहने की आवश्यकता नहीं कि इसका सम्बन्ध शीतयुद्ध की विचारधारा और आधुनिकतावाद-अस्तित्ववाद से है; इसलिए यह रंगमंच न तो लोक-रंगमंच से अपना कोई रिश्ता बनाता है और न ही चौथे-पाँचवें दशक के जननाट्य-आन्दोलन से। इसमें एक तरफ़ संस्कृत के क्लासिकीय रंगमंच का काव्यमय वातावरण है, तो दूसरी तरफ़ पाश्चात्य रंगमंच का कठोर शिल्पगत मंचानुशासन। दोनों छोर दरअसल भारतीय मध्यवर्ग की ही रंगमंच-परिकल्पना का सीमांकन करते हैं। इन्हीं सीमान्तों में *आषाढ़ का एक दिन* रंगमंच के धरातल पर अपनी 'अस्मिता' की खोज करता है। इतना निश्चित है कि इस खोज का सम्बन्ध स्वतंत्र भारत के शहरी मध्यवर्ग की ही मनोभूमि से है। यह नाटककार की अपनी ही मनोभूमि है, इसलिए उसका सहज तालमेल तत्कालीन रंगमंच से बैठ गया है।

मोहन राकेश की विशेषता यह है कि उन्होंने नाट्यकला की स्वायत्तता को तो ध्यान में रखा ही, अपने रचनाकार की भी स्वायत्तता बनाए रखी। उनमें नाटक और रंगमंच दोनों परस्परावलम्बित विधाएँ बन गयीं, साथ ही दोनों स्वायत्त भी बनी रहीं। भारतेन्दु हरिश्चंद्र में रंगमंच प्रभावी है, वे अपने नाटकों

में प्रस्तोता अधिक हैं, जबकि जयशंकर प्रसाद नाटक और रंगमंच दोनों को अलग-अलग कर देते हैं। मोहन राकेश में आकर जैसे एक अद्भुत संतुलन कायम हो गया। यही कारण है कि स्वातंत्र्योत्तर काल में पहली बार उन्हीं के नाटकों से हिन्दी रंगमंच में नई सम्भावनाएँ उन्मुक्त हुईं। छठा दशक और साठोत्तरी काल रंगमंच की नयी-नयी हलचलों से भरा हुआ है। निस्संदेह यह मुख्यत: शहरी मध्यवर्गीय रंगमंच की हलचलें ही थीं।

आषाढ़ का एक दिन अपने आपमें एक बिम्बात्मक पंक्ति है, जो काव्य का एक उपकरण है। कालिदास-काव्य के जो रसज्ञ हैं, *मेघदूत* की इस पंक्ति का छींटा उन पर अवश्य पड़ा होगा—आषाढ़स्य प्रथम दिवसे...। एक पाश्चात्य आलोचक के अनुसार जब कविता अपनी ऊँचाई को प्राप्त करती है तो नाटकीय हो जाती है, जबकि नाटक अपनी ऊँचाई में काव्यात्मक हो जाता है। *आषाढ़ का एक दिन* में एक खास तरह की प्रगीतात्मकता है जो परदा उठने से पूर्व ही हल्के-हल्के मेघ-गर्जन और वर्षा के शब्द से मुखर होती है। लेकिन परदा उठते ही सामने जो दृश्य खुलता है, उसमें अँधेरी ड्योढ़ी और लकड़ी की दीवारें हैं, पत्थरों से ढँके तीन-चार बड़े-बड़े कुम्भ हैं जिन पर कालिख और काई जमी हुई है। और भी कई छोटे-छोटे यथार्थपरक ब्योरे राकेश ने रंग-निर्देश में विस्तार से दिए हैं, जो कोरे ब्योरे न रहकर प्रतीक-योजना का रूप ले लेते हैं। प्रगीतात्मकता यथार्थ में परिणत होती है और यथार्थ काव्यार्थसम्पन्न होता है। प्रगीतात्मकता और यथार्थवाद के मेल की संरचना के भीतर से नाटकीय स्थितियाँ धीरे-धीरे खुलती हैं। एक तरफ़ मंच पर *ऋतुसंहार* की पंक्तियाँ गुनगुनाती मल्लिका है, दूसरी तरफ़ छाज में धान फटकती उसकी माँ अम्बिका है। एक का संसार नीलकमल की तरह आर्द्र और कोमल है, वायु की तरह हल्का और स्वप्न की तरह चित्रमय है, तो दूसरी का ठोस और व्यावहारिक जीवन के समझौतों से भरा हुआ। मल्लिका के लिए भावना ही सब कुछ है, जबकि अम्बिका के लिए यह भावना आत्म-प्रवंचना और छल से अधिक कुछ नहीं। एक युवा होती स्त्री का काव्यात्मक बिम्ब है, जो उपत्यकाओं से लिपटे

मेघखंडों में खो जाती है, दूसरा अधेड़ होती स्त्री का यथार्थपरक चित्र है, जो लगातार ढलान उतरती जा रही है। यह दो स्त्रियों का एक युग्मचित्र हैं, दोनों भारतीय समाज में 'स्त्री' होने की नियति से बँधी हैं, दोनों ही एक-दूसरे को आलोकित करती हैं। भारतीय स्त्री की यह महागाथा पुरुष (कालिदास) की उप-कथा के बिना अधूरी है।

मोहन राकेश के रचना-संसार में भारत के मध्यवर्गीय परिवार के बनते-बिगड़ते स्त्री-पुरुष सम्बन्ध हैं।यह आन्तरिक भटकन, टूटन, अलगाव, अकेलेपन को झेलने की नियति और विवशता का रचना-संसार है। यह छठे दशक का सुपरिचित हिन्दी रचना-संसार है। सीमित होते हुए भी यहाँ मध्यवर्गीय जीवन की तल्ख सच्चाइयाँ चिलचिलाती हैं। स्वतंत्र भारत में नव-निर्माण की प्रक्रिया ने विस्थापन की प्रक्रिया को भी तेज़ किया। केन्द्राभिमुखी विकास के रास्ते पर चलते हुए राष्ट्र ने नयी जीवन-विडम्बनाएँ उत्पन्न कीं। रोज़गार की खोज लोगों को अपनी भूमि से उखाड़कर वहाँ ले आयी, जहाँ वे अपनी जड़ें नहीं फेंक सके और समय-परिवेश के व्यवधान ने उन्हें दुबारा वहाँ भी जमने नहीं दिया, जहाँ से वे उखड़ आये। यह दोहरा विस्थापन मोहन राकेश के रचना-संसार का केन्द्र है। *आषाढ़ का एक दिन* की विशेषता इस बात में है कि आधुनिकतावादी-अस्तित्ववादी मनोभूमि पर रचे जाने के बावजूद इसका ढाँचा उस जटिल रचना-बिन्दु पर खड़ा है, जहाँ से मध्यवर्गीय जीवन-यथार्थ की समग्र अभिव्यक्ति सम्भव हुई है। यही कारण है कि यह दो भावुक हदयों की ट्रैजिक कथा भी है, भारतीय स्त्री की नियति की गाथा भी; राजसत्ता-सृजनशील कलाकार-सम्बन्धों की नवीन व्याख्या भी; महानगरीय संस्कृति की कृत्रिमता और ग्रामीण जनपद की नैसर्गिकता का द्वन्द्व भी। साथ ही, भावना-व्यवहारबुद्धि, कल्पना-यथार्थ, व्यक्ति-समाज के भी अनेक युग्म यहाँ टकराते नज़र आयेंगे। यह टकराहट नाटक में तीव्र घुमड़न ही पैदा करती है। एक तरफ़ यह आकाश में एकत्र मेघ-खंडों की घुमड़न है, दूसरी तरफ़ मल्लिका-कालिदास के अन्तर्मन की ऐंठन। आषाढ़ का आकाश नाटक के तीनों अंकों में निरन्तर घुमड़ता ही रहता है।

मोहन राकेश ने *आषाढ़ का एक दिन* में विरोधाभासों और विसादृश्यों के

बीच से गुज़रते हुए नाटकीय स्थितियाँ रची हैं। मल्लिका ने भावना में भावना का वरण किया है, स्थितियाँ उसे समझौते की तरफ़ ढकेलती हैं और वह उनके विरुद्ध खड़ी रहने की कोशिश करती है। समाज हर मानवीय सम्बन्ध को एक नाम देना चाहता है, उसके पास स्त्री-पुरुष सम्बन्ध के लिए एक ही नाम है—'विवाह'। ऐसा नहीं होने पर लोकापवाद जन्म लेता है, जिससे अम्बिका आहत है। अम्बिका के अनुसार कालिदास मल्लिका के व्याज से केवल अपने से प्रेम करता है, वह स्वार्थी और आत्म-केंद्रित है। कालिदास का *ऋतुसंहार* का रचयिता होना अम्बिका के लिए कोई मायने नहीं रखता। मातुल भी अपने भानजे कालिदास को समझ नहीं पाता कि जब राजसत्ता स्वयं उसका सम्मान करने के लिए उत्सुक है, तो वह यह क्यों कहता है—मैं राजकीय मुद्राओं से क्रीत होने के लिए नहीं हूँ। यह कैसा विरोधाभास है कि जो 'राज्य' कालिदास की भावना (कविता) का सम्मान करता है, उसी का प्रतिनिधि 'दंतुल' (यथानाम तथागुण) हिंसक है। राज्य का मतलब है—हिंसा, दमन और कूटनीतिक चालबाज़ियाँ, जिनसे कालिदास की कोमलतम भावनाओं का कोई सामंजस्य नहीं। फिर भी कालिदास वहाँ जाता है, जहाँ पर जाना नहीं चाहता। मल्लिका जिस कालिदास से प्रेम करती है, उसे अपने से बाँधे नहीं रखना चाहती। वह उसे मुक्त कर देती है, पर स्वयं उससे मुक्त होना नहीं चाहती। स्त्री के लिए पुरुष का बंधन सुखकर ही है। स्त्री स्वयं मुक्त न होकर पुरुष को मुक्त कर देती है। इसी से ऐसे दुश्चक्र की सृष्टि होती है, जिसमें घुटन, त्रास, अलगाव, अकेलापन, विवशता ही शेष रह जाते हैं।

आषाढ़ का एक दिन को राकेश ने एक दृश्यबंध में रचा है। हिन्दी नाटक की यह नवीन प्रवृत्ति थी जिसका सम्बन्ध चेखव-इब्सन के यथार्थवादी रंगशिल्प से था। नाटक में मल्लिका-अम्बिका का प्रकोष्ठ ही नाटकीय घटनाओं का केन्द्रीय स्थल है। यह प्रकोष्ठ भी धीरे-धीरे एक पात्र की तरह अभिनय करने लगता है। इस दृश्य की तमाम मंच-सामग्रियाँ बोलने लगती हैं। मार्कण्डेय ने 'नयी कहानी' की एक खास विशेषता बताई है कि नयी कहानी में परिवेश ही सत्य हो गया, बाकी सब कुछ सत्याभास। मानवीय मूल्य, कोमलतम भावनाएँ, उदात्त चरित्र और महत् उद्देश्य—सब कुछ जैसे यह 'परिवेश' धीरे-धीरे निगल

जाता है और उनके स्थान पर बचे रह जाते हैं—क्षुद्रता, व्यावहारिक जीवन के छल-छंद, घटियापन और कटुता आदि-आदि। मोहन राकेश की विशेषता इस बात में है कि वे फिर भी मल्लिका-कालिदास के रूप में उन्हें बचाने की कोशिश करते हैं, यद्यपि दोनों का ही व्यक्तित्व समय और परिवेश के दंश से नीला पड़ चुका है, क्षत-विक्षत और जीर्ण-शीर्ण। यह अपने समय-परिवेश का सत्य है, जिससे पाठक-दर्शक मल्लिका के प्रकोष्ठ में ही साक्षात्कार करता है—पहले यहाँ तीन-चार कुम्भ थे, यद्यपि जिन पर कालिख-काई जमी थी, अब दो रह गये हैं, अन्त में एक कुम्भ बच जाता है जिसका एक कोना टूटा हुआ है। गेरू से बने शंख, स्वस्तिक और कमल बुझे-बुझे से हैं; अधिकांश वस्त्र फटे हैं और उन पर जगह-जगह टाँकियाँ लगी हैं, एक टूटा मोढ़ा द्वार के पास रखा है, आदि-आदि। लेकिन इस दृश्यबंध का एक अनिवार्य अंग है—भोजपत्रों से सीकर बनाया गया एक ग्रंथ, जिनके कोरे पृष्ठों पर यह परिवेश धीरे-धीरे अपनी कहानी लिख रहा है।

मल्लिका को अभाव में भी अपना जीवन सार्थक लगता है, क्योंकि जिस पुरुष से उसने प्रेम किया है, वह निरन्तर अपनी प्रतिभा का प्रकाश विकीर्ण कर रहा है। वह अपने पुरुष को असाधारण मानती है, स्वयं को अत्यन्त साधारण। पुरुष के हर विचलन का तर्क स्त्री के पास होता है। वह स्वयं अपने लिए कुछ नहीं चाहती, वह सिर्फ़ पुरुष की पूर्णता में ही अपनी पूर्णता समझती है—(मल्लिका ड्योढ़ी का किवाड़ बन्द कर देती है। आसन के पास जाकर नीचे बैठ जाती है और बिखरे पृष्ठों पर सिर टिका देती है। उसकी आँखें मुँद जाती हैं।)...सोचती थी तुम आओगे तो उसी तरह मेघ घिरे होंगे, वैसा ही अँधेरा-सा दिन होगा।... (मोढ़े पर रखा ग्रंथ उठा लेती है।) कहूँगी कि देखो...ये तुम्हारी नयी रचना के लिए है। ये कोरे पृष्ठ मैंने अपने हाथों से बनाकर सिये हैं। इन पर तुम जब जो भी लिखोगे, उसमें मुझे अनुभव होगा कि मैं भी कहीं हूँ, मेरा भी कुछ है। (नि:श्वास छोड़कर ग्रंथ रख देती है।)—यह स्त्री का आत्मछल है या उसकी भावना का सच्चा आधार, या दोनों एक ही साथ भारत की 'स्त्री-जाति' का सत्य है? इस 'सत्य' का स्वरूप और ज्यादा स्पष्ट होता है—प्रियंगुमंजरी के चरित्र से, जो कालिदास की ब्याहता और गुप्तवंश की राजदुहिता है।

मोहन राकेश *आषाढ़ का एक दिन* में भारतीय स्त्रियों का एक त्रिकोण रचते हैं—अम्बिका-मल्लिका-प्रियंगुमंजरी। तीनों के केन्द्र में एक 'पुरुष' है—कालिदास। अम्बिका भूतपूर्व मल्लिका ही है, जो शारीरिक रूप से टूट चुकी है, अब उसकी एक ही चाह है कि उसकी पुत्री का एक 'पुरुष' वरण कर ले। मल्लिका की भावनाएँ यद्यपि आहत हैं, फिर भी वह उन्हीं से गले लगकर जीये चली जाती है और प्रियंगुमंजरी एक पुरुष को ही केन्द्र में रखकर अपनी राजनीतिक महत्त्वाकांक्षा की पूर्ति करना चाहती है। तीनों की नियति अकेलेपन की है, तीनों पुरुषसत्तात्मक समाज में धीरे-धीरे अकेली होती स्त्रियाँ हैं, तीनों एक-दूसरे को आलोकित करती हैं। यद्यपि अम्बिका अपनी पुत्री मल्लिका की विरोधी लगती है और मल्लिका अपने प्रेमी की पत्नी के उच्चवर्गीय दम्भ से आहत होती है तथा प्रियंगुमंजरी भी उन दोनों से बिलकुल विशिष्ट अपने को उच्चतर और श्रेष्ठ मानती है, लेकिन तीनों एक ही प्रकार से केवल 'पुरुष' को अपने-अपने ढंग से जीवन-धुरी बनाती हैं। विडम्बना यह है कि अम्बिका विधवा है, जहाँ पुरुष का अभाव है; मल्लिका का प्रेमी उससे दूर है और राजमहिषी प्रियंगुमंजरी का सारा प्रयास यही है कि उसका पुरुष उससे छिटक न जाये—वे भी जब-तब यहाँ के जीवन की चर्चा करते हुए आत्मविस्मृत हो जाते हैं। इसीलिए राजनीतिक कार्यों से कई बार उनका मन उखड़ने लगता है। (फिर उसकी आँखें मल्लिका के मुख पर स्थिर हो जाती हैं)...साहित्य उनके जीवन का प्रथम चरण था। अब वे दूसरे चरण में पहुँच चुके हैं। मेरा अधिक समय इसी आयास में बीतता है कि उनका बढ़ा हुआ चरण पीछे न हट जाये।...बहुत परिश्रम पड़ता है इसमें—प्रियंगुमंजरी पुरुष को अपने से बाँधे रखना चाहती है (यद्यपि वह सफल नहीं होती), जबकि मल्लिका पुरुष को अपने से पूर्ण मुक्त कर देती है। भारतीय पुरुषसत्तात्मक समाज का यही गति-विज्ञान है।

कालिदास *आषाढ़ का एक दिन* की एक ऐसी उप-कथा है, जो मल्लिका की मूल ट्रैजिक कथा की परिणति के लिए अपरिहार्य हो गयी है। आश्चर्य है कि कालिदास भावनामय होते हुए भी व्यवहारवादी नज़र आता है। वह अपने घर में भी विजयी होना चाहता है और बाहर भी। वह स्त्री पर शासन

भी करना चाहता है और उसे मुक्त भी रखना चाहता है, वह ज़िम्मेदारी नहीं लेता। वह स्वच्छंदतावादी युग का वह कवि नहीं है जो स्वाभिमान के आहत होने पर भी नतशिर अपने मार्ग पर चलता रहता है। वह स्वतंत्रता के बाद विकसित हो रहे उपभोक्तावादी मध्यवर्ग का प्रतिनिधि है, उसमें अपने अभाव को लेकर तीव्र प्रतिक्रिया का भाव है, वह समाज से प्रतिशोध लेना चाहता है, इसलिए वह राजकवि बनने राजधानी चला जाता है।

मोहन राकेश ने कालिदास के एक 'विलोम' चरित्र की सृष्टि कर उसे 'पूर्ण' करने का प्रयास किया है। यह अद्भुत नाटकीय प्रयोग है, अपने उद्देश्य में पूर्ण सफल। यह 'विलोम' दरअसल वह कालिदास है जो भावना को पूर्णतः समाप्त कर चुका है। वह अपनी आन्तरिक माँगों की पूर्ण उपेक्षा कर चुका है और संसार के तर्कों पर चलने के लिए तैयार हो गया है। विलोम में शेष रह गयी हैं—एक मध्यवर्गीय व्यक्ति की कटुता, चतुरता, व्यंग्य, उपहास, कठोरता और शुष्क व्यावहारिकता। वह कालिदास की ही काली प्रतिच्छाया है। वह इसलिए कालिदास को वैसे ही जानता है, जैसे कोई अपने ही उतारे वस्त्र को। विलोम के भीतर से कालिदास ही बोलता है। वह पीछे छूट गया कालिदास है जो मल्लिका को अपनी वारांगना बनाता है। विलोम का यह आकलन सही है कि वह असफल कालिदास है, लेकिन उसका यह आकलन गलत है कि कालिदास सफल विलोम है। कालिदास सफल विलोम कभी नहीं बन पाता। कालिदास की यही ट्रैजिडी है कि वह भावना में भी जीना चाहता है और व्यावहारिक जीवन में भी सफल होना चाहता है। वह जर्मन नाटककार बर्तोल्त ब्रेख्त की *सेजुआँ* की नेक-भली औरत शेन-हे की तरह एक ही साथ भला भी बना रहता चाहता है और भौतिक रूप से उन्नतिशील भी, जो पूँजीवादी समाज में सम्भव नहीं। इसी अर्थ में *आषाढ़ का एक दिन* भारतीय मध्यवर्ग की नियति की गाथा है। भावना-मूल्य और भौतिक संसार की सफलता के बीच द्वन्द्व दोनों को एक साथ पाने की कोशिश में बच जाता है—केवल क्षत-विक्षत व्यक्तित्व। कालिदास स्वतंत्र भारत के उसी क्षत-विक्षत मध्यवर्गीय व्यक्ति का प्रतीक है।

गीतविधा शब्देतर संगीत-संसार में जाकर विशिष्ट हो जाती है, फिर भी उसका 'शब्द' की प्राथमिक इकाई 'ध्वनि' से रिश्ता बना रहता है। नाटक श्रव्य के साथ दृश्य भी है, इसलिए शब्देतर माध्यम और भी अधिक महत्त्वपूर्ण हो जाते हैं। नाटक इसलिए शब्दाभिव्यक्ति-मात्र नहीं है; 'ध्वनि' के साथ 'गति' और 'दृश्य' मिलकर ही किसी नाटकीय अभिव्यक्ति को सम्पूर्ण बनाते हैं। *आषाढ़ का एक दिन* में दृश्य सज्जा, ध्वनि-प्रभावों और रंग-संकेतों से नाटकीय परिवेश का सृजन होता है। यह नाटकीय परिवेश पूरी कृति पर झीने आवरण की तरह आवेष्टित है। मल्लिका के अकेले अपनी भावना में जीये चले जाने को जलता हुआ एक अकेला दीपक और उसकी रिक्तता-टूटन को एक अकेला टूटा हुआ कुम्भ प्रतीकित करता है। उसके हृदय में भावना के उठते हुए ज्वार का धीरे-धीरे गिरकर समाप्त हो जाना नेपथ्य से निकट से दूर चली जाती घोड़ों की टापों से संकेतित होता है। राज्याधिकारी दंतुल के बाणों से आहत हरिणशावक रूमानी भाव के क्षत-विक्षत होने की सूचना देता है और मल्लिका की अम्बिका में परिणत होने की दीर्घ-व्यथा-कथा जैसे एक ही साथ इस दृश्य-गति-ध्वनि के संश्लिष्ट बिम्ब में रूपायित हो जाती है—(कुछ क्षणों के बाद मल्लिका बच्ची को वक्ष से सटाए अन्दर आती है और कालिदास को न देखकर दौड़ती-सी झरोखे के पास चली जाती है।) कालिदास! (उसी तरह झरोखे के पास से आकर ड्योढ़ी का किवाड़ खोल देती है।) कालिदास! (पैर आगे की ओर बढ़ने लगते हैं परन्तु बच्ची को बाँहों में देखकर जैसे वहीं जकड़ जाती है। फिर टूटी-सी आकर आसन पर बैठ जाती है और बच्ची को और साथ सटाकर रोती हुई उसे चूमने लगती है। बिजली बार-बार चमकती है और मेघ-गर्जन सुनाई देता रहता है।) यह बिम्ब प्रसरणशील है, क्योंकि बाँहों में उठाई हुई बच्ची आनेवाली मल्लिका ही है।

मल्लिका *आषाढ़ का एक दिन* की ट्रैजिडी की नायिका बनकर उभरती है। ट्रैजिडी के पात्र को भीतर से भला होना चाहिए और उसमें कुछ ऐसी दुर्बलताएँ होनी चाहिए जो उसे ट्रैजिक परिणति की ओर ढकेले। भावना ही मल्लिका की दुर्बलता है और वह यहाँ कोई समझौता नहीं करती। कालिदास

के चले जाने के बाद प्रतिकूल परिस्थितियों-लोकापवादों के बीच वह अपने भावना-सूत्रों को हृदयरक्त से सींचती है। यद्यपि दरिद्रता और भौतिक जीवन का अभाव उसे विलोम की वारांगणा बना देता है। (पुरुष के समक्ष हर वह समर्पण जिसमें स्त्री की इच्छा शामिल नहीं है, वेश्यावृत्ति ही है—मल्लिका ऐसा ही मानती है); फिर भी सारी टूट-फूट के बावजूद वह 'अपने भाव के कोष्ठ को रिक्त नहीं होने' देती। बरसों-बरस वह उन भावना-सूत्रों को टूटने नहीं देती, कालिदास की सारी रचनाएँ उसने सँजो रखी हैं। इसीलिए कालिदास के राजदुहिता से विवाह का नहीं, उसके संन्यास का समाचार उसे भीतर से तोड़ता है। उसे लगता है, जैसे वह उत्सर्ग की उल्लासमयी प्रसन्नता से भी वंचित कर दी गयी है; वह भौतिक रूप से ही नहीं, आध्यात्मिक रूप से भी वंचित की गयी है—(कुहनियाँ आसन पर रखकर बैठ जाती है और ग्रंथ हाथ में उठा लेती है।)...मैंने यह सब सह लिया। इसलिए कि मैं टूटकर भी अनुभव करती रही कि तुम बन रहे हो। क्योंकि मैं अपने को अपने में न देखकर तुममें देखती थी। और आज यह सुन रही हूँ कि तुम सब छोड़कर संन्यास ले रहे हो? तटस्थ हो रहे हो? उदासीन? मुझे मेरी सत्ता के बोध से इस तरह वंचित कर दोगे?...इसीलिए कालिदास जब लौटकर उससे कहता है कि वह अथ से आरम्भ करना चाहता है, तो उसे अपनी भावना की सार्थकता का पुन: अनुभव होता है, लेकिन कालिदास मल्लिका के वर्तमान का सामना नहीं कर पाता और पलायन करता है। मल्लिका कोई पलायन नहीं करती, वह अन्त-अन्त तक रणक्षेत्र में डटी रहती है, इसलिए वह पूर्णत: पराजित होकर ट्रैजिक नायिका का देदीप्यमान चरित्र पा लेती है।

'हास' तत्व *आषाढ़ का एक दिन* की ट्रैजिडी को और भी तीखा बना देता है। यह तत्व कहीं मातुल-जैसे चरित्र के हल्केपन को प्रकट करता है, कहीं महानगरीय संस्कृति में पली युवतियों को उपहासात्मक बना देता है, तो कहीं कटुता की रेखा को और भी गहन बना देता है जिससे विडम्बना की सृष्टि होती है। नाट्य तकनीक की दृष्टि से राकेश एक सफल प्रयोग करते हैं, जिससे नाटक की एकरसता यत्र-तत्र टूटती है, जीवन का वैविध्य दृष्टिगोचर होता है। यह भी बहुत मार्के की बात है कि राकेश के अन्य दोनों नाटकों—

लहरों के राजहंस और *आधे अधूरे*—में हास-परिहास से सम्बद्ध जीवन्त चरित्र और स्थितियाँ नहीं हैं। इन-जैसे पात्रों एवं स्थितियों से राकेश अपने नाटक के परिवेश को ज्यादा जीवंत, विश्वसनीय, वैविध्यपूर्ण और नाटकीय बना पाते हैं। रंगिणी-संगिनी राजधानी से आयी ऐसी युवतियाँ हैं, जिन्होंने 'दु:ख' शब्द केवल शब्दकोश में देखा है। कवि कालिदास की जन्मभूमि की असाधारणता को लेकर अति उत्साही ये युवतियाँ यह देखकर निराशा से मुँह बिचकाती हैं कि पिछड़े प्रदेश की स्त्रियाँ भी 'कुम्भ' और 'प्रकोष्ठ' ही बोलती हैं। साधारण जीवन-यथार्थ से कटे शहरी भद्र लोग, विलोम के शब्दों में—यहाँ की हर वस्तु को विचित्र के रूप में देखते हैं और उस वैचित्र्य को यहाँ से जाकर दूसरों को दिखाना चाहते हैं। मैं तो उनकी सूक्ष्म और समर्थ दृष्टि की प्रशंसा करता हूँ, जो जहाँ वैचित्र्य नहीं, वहाँ भी वैचित्र्य देख लेती हैं। एक कलाकार को मैंने यहाँ की धूप में अपनी छाया की अनुकृति बनाते देखा है। हास तत्व की दृष्टि से अनुस्वार-अनुनासिक का दृश्य और भी आगे बढ़ा हुआ है। भरतमुनि ने हास्य की जो छह कोटियाँ बनाई हैं, उनमें से यह सबसे उत्तम प्रकृति का हास्य है, जिसे वे 'स्मित' की कोटि में रखते हैं। लेकिन विलोम-जैसे अधम प्रकृति के पात्रों में यह अपहसित और अतिहसित कोटि का हास्य हो जाता है। सबसे बढ़कर, जैसा पहले कहा जा चुका है, यह नाटक के 'ट्रैजिक' वातावरण के भीतर रहकर व्यंग्य, विडम्बना और विद्रूप की सृष्टि करता है और उसके प्रभाव को और भी ज्यादा घनीभूत बनाता है।

स्वातंत्र्योत्तर हिन्दी नाटक और रंगमंच के विकासक्रम में निश्चित रूप से *आषाढ़ का एक दिन* पहला ऐसा नाट्य-प्रयोग है, जिससे काव्यात्मकता और नाटकीयता का सुन्दर समन्वय सम्भव हुआ। भारतीय मध्यवर्ग का यह ऐसा आख्यान है, जो अब तक उस रूप में नहीं कहा गया था, इसलिए यह अनलिखे की गाथा है।

अनुभूति की प्रखरता

दुष्यन्त कुमार[*]

हिन्दी के नाटकों में इधर काफ़ी दिनों से एक ऐसा गत्यावरोध आया हुआ था कि सारे सरकारी और ग़ैर-सरकारी प्रयत्नों के बावजूद प्रबुद्ध पाठक और लेखक इस ओर से विरक्त होते जा रहे थे। अतः मोहन राकेश के नाटक *आषाढ़ का एक दिन* पर भी जो चर्चा हुई वह अपर्याप्त ही रही। शायद प्रस्तुत नाटक इससे अधिक का हक़दार है।

आषाढ़ का एक दिन की सबसे बड़ी उपलब्धि उसकी विषय-वस्तु है, जो अपने परिधान में पूर्णतः सांस्कृतिक और ऐतिहासिक होते हुए भी आज के कुछ चलते प्रश्नों को उनके समूचे सामाजिक परिवेश में प्रस्तुत करती है। इतिहास की दृष्टि में इसमें कितना तथ्य है—यह मैं नहीं जानता, पर ये कह सकता हूँ कि हमारी सांस्कृतिक पूर्तियों का इतना समय सापेक्ष आकलन हिन्दी के किसी नाटक में नहीं हुआ। और इन अर्थों में प्रस्तुत नाटक हिन्दी के सब ऐतिहासिक नाटकों से आगे है।

नाटक की मूल संवेदना भावना और यथार्थ के प्रश्न से जुड़ी है। एक शाश्वत प्रश्न के रूप में लगता है कि चाहे भावना कितनी भी स्थायी और महान हो, पर यथार्थ से टकराकर वह हमेशा क्षत-विक्षत हुई है। वह चाहे मरी नहीं पर यथार्थ ने उसे जीवित भी नहीं छोड़ा। उदाहरण के लिए, कालिदास और मल्लिका का सम्बन्ध, मल्लिका के ही शब्दों में—भावना की भावना का वरण है—फिर भी अम्बिका, विलोम, मातुल और प्रियंगुमंजरी सब पात्र जैसे इस सत्य को नहीं समझ पाते, व्यंग्य करते हैं। अम्बिका और विलोम कालिदास के राज याश्रय-अस्वीकार को अभिनय और ढोंग समझते हैं। प्रियंगुमंजरी मल्लिका के

---

[*]दुष्यन्त कुमार की ख्याति एक कवि की है। उन्होंने उपन्यास, नाटक और लघुकथाएँ लिखीं परन्तु उनको ज्यादा ख्याति *साये में धूप* की ग़ज़लों से मिली।

घर का परिसंस्कार कराना और वहाँ का वातावरण अपने साथ ले जाना चाहती हैं। परिचारक उस गाँव में वैचित्र्य खोजते हैं तो लगता है कि यथार्थ शतशतमुखी होकर मायना पर व्यंग्य कर रहा है, जो कभी ठीक से नहीं समझी गयी।

सम्पूर्ण नाटक तीन अंकों में विभक्त है और मूल संवेदना उत्तरोत्तर विकसित होती हुई तीसरे अंक में पहुँचकर कार्यावस्था को प्राप्त होती है। कथावस्तु का संयोजन इस प्रकार से हुआ है कि मूल संवेदना के साथ-साथ लेखक और राज्याश्रय का वह सामयिक प्रश्न भी चलता रहता है, जो अंततः इतना प्रमुख हो उठा है कि नाटक की मूल समस्या भी लगने लगता है। मेरा विचार है, यदि यह प्रश्न मूल प्रश्न से मिलता-जुलता न होता तो एक बड़ा दोष बन सकता था।

आज साहित्यकार राज्याश्रय में आने के बाद जो ठहराव, घुटन और बेकली अनुभव करते हैं उसका इतना मार्मिक विश्लेषण इस नाटक में हुआ है कि अनायास हम कालिदास के सन्दर्भ में अपनी वस्तुस्थिति पर विचार करने के लिए विवश हो जाते हैं। राज्याश्रय और सत्ता का उपभोग कर जब तीसरे अंक में कालिदास पुनः अपने गाँव लौटता है तो वह आपादमस्तक खंडित साहित्यकार का व्यक्तित्व लिये है, जिसे राज्य ने सुख और ऐश्वर्य चाहे जितना दिया हो, शान्ति एक पल नहीं दी। कालिदास खुद स्वीकार करता है—मैं वह व्यक्ति नहीं हूँ जिसे तुम पहचानती रही हो। दूसरा व्यक्ति हूँ।...सत्ता और प्रभुता का मोह छूट गया है।...मैं केवल मातृगुप्त के कलेवर से मुक्त हुआ हूँ जिससे पुनः कालिदास के कलेवर में जी सकूँ। कालिदास ने अपने राज्याश्रय काल के जो अनुभव व्यक्त किये हैं, वे आज के किसी भी सरकारी साहित्यकार की अनुभूतियाँ हो सकती हैं। कालिदास कहता है—अभावपूर्ण जीवन की यह एक स्वाभाविक प्रतिक्रिया थी। (सत्ता ग्रहण करना—लेखक)...अधिकार मिला... सम्मान बहुत मिला। जो कुछ मैंने लिखा उसकी प्रतिलिपियाँ देश-भर में पहुँच गयीं, परन्तु मैं सुखी नहीं हुआ। एक राज्याधिकारी का कार्यक्षेत्र मेरे कार्यक्षेत्र से भिन्न था। मुझे बार-बार अनुभव होता कि मैंने प्रभुता और सुविधा के मोह में उस क्षेत्र में अनधिकार प्रवेश किया है और जिस विशाल क्षेत्र में मुझे रहना चाहिए था, उससे मैं हट आया हूँ। मैं बार-बार अपने को सहारा देता कि आज नहीं तो कल मैं परिस्थितियों पर वश चाहूँगा और समान रूप से दोनों क्षेत्रों में अपने को बाँट दूँगा...पर वह कल कभी नहीं आया।...मैं धीरे-धीरे खंडित होता गया।

उपरोक्त आत्म-निवेदन कालिदास ने नाटक में स्वगत रूप में ही किया है, क्योंकि मल्लिका उपस्थित होते हुए भी कुछ बोलती नहीं और यह ज़रूरत से ज़्यादा दोष की हद तक लम्बा है, पर इसके पीछे जो कड़वी सच्चाई है उसकी महत्ता भी कम नहीं है। ऐसा लगता है कि नाटककार के मन में राज्याश्रय का यह प्रश्न काफ़ी अरसे तक घुमड़ता रहा है, परिणामस्वरूप कई पात्रों पर इसकी प्रतिक्रियाएँ स्पष्टत: देखी जा सकती हैं। कालिदास का वक्तव्य, मल्लिका द्वारा राजकुमारी प्रियंगुमंजरी के उपहार और प्रस्तावों की अवहेलना और मातुल के कश्मीर से लौटकर आने के बाद के अनुभव; सब जैसे लेखक की मुक्त अन्तर्व्यथा और राज्याश्रय के इस प्रश्न की ही विविध अभिव्यक्तियाँ हैं। मातुल एक स्थान पर अनजाने ही राज्याश्रय प्राप्त साहित्यकारों की घुटन का जैसे विश्लेषण करते हुए मल्लिका से कहता है—इन चिकने शिलाखंडों से तो वह मिट्टी ही अच्छी थी जो पैर को पकड़ती तो थी।

अब शायद उपर्युक्त बातों के सन्दर्भ में *आषाढ़ का एक दिन* की अन्य ऐतिहासिक या सांस्कृतिक नाटकों से भिन्नता सहज स्थापित हो जाती है और कहा जा सकता है कि यह नाटक आज के जनजीवन के उतना ही पास है, जितना कोई भी सामाजिक नाटक हो सकता था। इसे कथावस्तु में प्रयोग कहिए या अनुभूति की ऐसी प्रखरता जो अभिव्यक्ति के स्तर पर सहज प्रेषणीय बन जाती है।

रंगमंच या अभिनेता की दृष्टि से सारा नाटक एक सेट पर खेला जा सकता है और वह भी अत्यल्प साधनों में। इतिहास या संस्कृति की आड़ में भाषा के नाम पर लेखक ने कहीं अपनी विद्वत्ता प्रकट नहीं की है। कुछ अपरिचित शब्दों का प्रयोग अवश्य हुआ है जो अखरते भी हैं, पर शायद उनका पर्याय देना उस काल की परम्पराओं पर अत्याचार होता। थोड़ी आपत्ति शब्दों के प्रयोग पर कहीं की जा सकती है, जैसे हरिणशावक के स्थान पर मृग-शावक शायद अधिक जँचता।

दूसरे, नाटक के पात्रों के पारस्परिक संवाद में वाक्-विदग्धता तो है पर भाषा का वैभिन्य नहीं। अत: कालिदास और मल्लिका प्राय: एक ही-सी भाषा बोलते हैं और उसमें भी कहीं-कहीं मल्लिका की भाषा ज़्यादा चुस्त और काव्यात्मक है। वह एक स्थान पर कहती है—तुम रचना करते रहे और मैं समझती रही, मैं सार्थक हूँ, मेरे जीवन की भी कुछ उपलब्धि है।

इस वाक्य की काव्यगत विशेषताओं के अतिरिक्त दूसरी विशेषता ये है कि इसके पीछे मल्लिका के व्यक्तित्व की समर्पणशीलता, गाम्भीर्य और मानसिक सन्तुलन भी है। दूसरे शब्दों में, इसके पीछे उसका पूरा व्यक्तित्व है। वास्तव में लेखक ने मल्लिका के चरित्र-निर्माण में परिश्रम किया है। नाटक शुरू होते ही (क्योंकि आरम्भिक तीन-चार पृष्ठ बड़ी एकरस निरर्थकता का आभास देते हैं।) अम्बिका और मल्लिका के व्यक्तित्व के स्तर पर एक-एक वाक्य से अलग होने लगते हैं और धीरे-धीरे मल्लिका ऊपर उठती हुई जान पड़ती है। और अन्त तक पहुँचते उसका चरित्र इतना विशाल बन पड़ता है कि स्वयं कालिदास का व्यक्तित्व उसके सामने फीका पड़ जाता है।

वस्तुत: मल्लिका का जीवन त्याग और पीड़ा की कसौटी पर कसे जाने के बाद और यथार्थ के स्तर पर परिवर्तित होने पर भी जब भावना के स्तर पर नहीं रहता है तो एक ऐसी गरिमा से मंडित हो उठता है जिसके पीछे भारतीय संस्कृति का पूरा इतिहास नतमस्तक है।

मैं आलोचकों के इस मत से सहमत हूँ कि कालिदास का चरित्र बहुत सक्षम रूप में प्रस्तुत नहीं किया जा सका है, पर यह नहीं भुलाया जा सकता कि कालिदास एक प्रतीकात्मक चरित्र है जिसका शायद ऐतिहासिक विश्लेषण लेखक का अभीष्ट न था। वह तो शायद उसके व्यक्तित्व द्वारा मल्लिका जैसे अमर चरित्र की सृष्टि करना और साथ ही युग जीवन की कुछ समसामयिक समस्याओं पर प्रकाश डालना चाहता था।

अन्य पात्र जैसे साधारण माताओं की भाँति पुत्री की हित-चिंता में घुलती रहने वाली अम्बिका, परिस्थितियों को स्वार्थ के चश्मे से देखने वाला विलोम, दुनिया की हर वस्तु और हर भावना को धन और सत्ता पर रखकर परखने वाली प्रियंगुमंजरी और अवसरों को खोजने और उनसे लाभ उठाने वाला सरल-हृदय मातुल—बहुत जीवन्त लोग हैं। अपनी-अपनी सीमाओं में बहुत स्पष्ट और अलग, फिर भी नाटक की मूल संवेदना में छोटे-छोटे पहियों की भाँति।

अन्त में मैं यह कहे बिना नहीं रह सकता कि मैंने हिन्दी में इस टक्कर का दूसरा नाटक नहीं पढ़ा। और यह बात मैं डॉ. रामकुमार वर्मा, 'अश्क', जगदीश चन्द्र माथुर और विष्णु प्रभाकर के नाटकों को दृष्टि में रखकर कह रहा हूँ।

(दुष्यन्त कुमार रचनावली से साभार)

रंगमंचीय सौन्दर्यबोध

देवेन्द्र राज अंकुर[*]

प्रायः नाटक और रंगमंच के छात्रों की जिज्ञासा रहती है कि किसी आधुनिक भारतीय नाटक का रंगमंचीय अध्ययन कैसे किया जाये। जहाँ तक शास्त्रीय नाटक, लोक नाटक की बात है उनके रंगमंचीय अध्ययन के प्रतिमान नाट्यशास्त्र के सन्दर्भ में काफ़ी हद तक निश्चित हैं। यहाँ तक कि पारसी नाटक का भी एक निश्चित रंग विधान रहता था जिसके सहारे आज भी उसका रंगमंचीय अध्ययन किया जा सकता है, लेकिन आधुनिक नाटकों के विषय में ऐसा कोई सिद्धान्त या शास्त्र उपस्थित नहीं है। इसलिए हर बार अलग-अलग नाटकों का स्वतन्त्र रूप से रंगमंचीय अध्ययन करना पड़ता है। इसलिए सबसे अच्छा विकल्प यही है कि किसी एक आधुनिक भारतीय नाटक को अपने अध्ययन का आधार बनाकर इस दिशा में आगे बढ़ा जा सकता है। इस दृष्टि से हम हिन्दी के सुप्रसिद्ध नाटककार मोहन राकेश के पहले नाटक *आषाढ़ का एक दिन* को ले सकते हैं। इस नाटक को रंगमंचीय अध्ययन का आधार बनाने के कई कारण हैं। पहला तो यही कि आधुनिक हिन्दी रंगमंच में यथार्थवादी शैली में यह सबसे ज्यादा सही, सशक्त और जीवन्त नाटक है। दूसरे—देश के लगभग सभी विद्यालयों, विश्वविद्यालयों के पाठ्यक्रम में इसे नियमित रूप से पढ़ाया जाता रहा है। तीसरा और शायद सबसे अहम कारण यह भी दिया जा सकता है कि सिर्फ़ पाठ्यपुस्तक के रूप में ही नहीं वरन् रंगमंच पर एक प्रस्तुति के रूप में भी बार-बार खेले जानेवाले कुछ चुने हुए नाटकों में से यह भी एक है।

---

[*]राष्ट्रीय नाट्य विद्यालय के निदेशक रहे देवेन्द्र राज अंकुर जाने-माने नाट्य आलोचक हैं।

इस आलेख में मैं जानबूझकर इस नाटक के कथ्य पर कोई बात नहीं कर रहा हूँ। वह इसलिए कि इस दृष्टि से इस पर इतना कुछ लिखा और कहा जा चुका है कि अब अलग से कुछ नया कहने की ज़रूरत नहीं है। लेकिन इसके विपरीत नाटक की संरचना पर कोई गहरा अध्ययन आज तक नहीं किया गया। यदि ऐसा हुआ होता तो एक आधुनिक नाटक की समीक्षा के प्रतिमान निर्धारित करने में काफ़ी सहायता मिल सकती थी। इसीलिए आज यहाँ और भी ज़रूरी हो गया है कि इस नाटक का आरम्भ से अन्त तक एक पुनर्पाठ प्रस्तुत किया जाये और बिन्दुओं, युक्तियों और विशेषताओं की खोज की जाये।

इस नाटक में तीन अंक हैं। यह तीन अंकों वाला शिल्प यथार्थवादी शैली के साथ रूढ़-सा हो गया। यद्यपि पश्चिम में चेख़व जैसे नाटककार इसके अपवाद ही हैं। स्वयं मोहन राकेश ने भी अपने तीसरे नाटक *आधे अधूरे* में इससे मुक्ति पा ली थी। देखा जाये तो यह तीन अंकोंवाला विभाजन वास्तव में एक अंकवाले यूनानी नाटकों में प्राप्त कथा के विकास से जुड़े तीन बिन्दुओं पर आधारित है—आरम्भ, मध्य और अन्त। दूसरे शब्दों में कहा जाये तो नाटक का पहला अंक कथा के परिचय और उद्घाटन, दूसरा उसके विकास और चरमोत्कर्ष और तीसरा धीरे-धीरे कथा को अन्त के उपसंहार की ओर ले जाता है।

आषाढ़ का एक दिन पहले अंक में कुछ इस तरह आरम्भ होता है—किसी भी प्रकार के संवाद अथवा मानवीय उपस्थिति से पहले अँधेरे में मात्र मेघ गर्जन और वर्षा का ध्वनि प्रभाव धीरे-धीरे विलीन हो जाता है। मंच पर जो दृश्य सज्जा है वह तीन दीवारों से घिरी एक साधारण प्रकोष्ठ की है जिस पर दो द्वार और एक बड़ी-सी खिड़की रखी गयी है। मंच पर अम्बिका की मौन उपस्थिति से नाटक की शुरुआत होती है। यह शुरुआत, यह दृश्य सज्जा, यह ध्वनि प्रभाव और यह अन्धकार और प्रकाश के संकेत और किसी एक पात्र के पहले कार्य-व्यापार से दृश्य का धीरे-धीरे खुलना पहली दृष्टि में ही नाटक की यथार्थवादी शैली को सुनिश्चित कर देता है।

जैसे ही उपर्युक्त वातावरण अपने मौन में स्थापित होता है, नाटककार राकेश मल्लिका के उल्लास भरे प्रवेश से उसे तुरन्त तोड़ देते हैं और इस तरह से मौन के बाद पहले संवाद दृश्य की शुरुआत होती है और यह पहला ही दृश्य दो अलग-अलग पात्रों के बीच की परस्पर दो विरोधी विचारधाराओं का स्पष्ट परिचय दे देता है। दरअसल नाटक की मूल प्रकृति ही ऐसी है कि उसमें संवाद के लिए सदैव दो विरोधी बिन्दुओं का होना अपरिहार्य है। इसी से नाटक में दर्शक के लिए तनाव, उत्सुकता, रहस्य और रोचकता के उन तत्त्वों का जन्म होता है, जिनसे नाटक में नाटकीयता का समावेश होता है।

पहले अंक को बारह छोटे-छोटे दृश्य खंडों में बाँटा जा सकता है और हर दृश्य खंड में कम-से-कम दो पात्र और अधिक-से-अधिक चार पात्र उपस्थित हैं। भावों, विचारों और भावनाओं का संघर्ष कभी दो पात्रों के बीच, कभी तीन पात्रों के बीच और कभी चार पात्रों के बीच सम्पन्न होता है। पहले अंक की एक विशेषता यह भी है कि उस परिवेश, वातावरण और ग्राम प्रान्तर में रहनेवाले सभी पात्रों का प्रवेश और परिचय तो मिल ही जाता है साथ ही दन्तुल के माध्यम से बाहर से आये हुए चरित्रों और आगे आनेवाले घटनाक्रम की पृष्ठभूमि भी तैयार हो जाती है। घर के भीतर और घर के बाहर कल्पना और यथार्थ, भावना और व्यावहारिकता, कोमलता और कठोरता जीवन के सभी पक्ष पहले अंक में उपस्थित अम्बिका, मल्लिका, कालिदास, दन्तुल, मातुल, निक्षेप और विलोम जैसे पात्रों के माध्यम से हमारे सामने उद्घाटित हो जाते हैं।

पहला अंक अपनी समय-सीमा में सुबह से सायं तक घटित होता है। एक दूसरे अर्थ में सुख से दुख की तरफ़, उमंग से अवसाद की तरफ़ जाने का आभास दिलाता है। इस अंक में जितनी मन्थर गति से अंक की शुरुआत होती है, उतनी ही मन्थर गति में अंक का अन्त होता है और बीच के सभी दृश्य अपने-अपने कथ्य की तीव्रता के कारण ऊपर-नीचे उठते-गिरते रहते हैं। देखा जाये तो पूरे अंक में सभी पात्र एक-दूसरे के सामने प्रस्तुत हैं, लेकिन उनमें होने वाला संवाद सीधा, सपाट और प्रत्यक्ष न होकर ज्यादा-से-ज्यादा अन्तर्मुखी और एकालाप जैसा जान पड़ता है। यही कारण है कि जो कुछ

बोला जा रहा है, उससे भी ज्यादा जो कुछ उन संवादों के पीछे छिपा हुआ है वह और ज्यादा मुखर हो उठता है। संवादों की यह विशेषता उन्हें तो बहुअर्थी बनाती ही है, चरित्रों के बाहर और भीतर न जाने कितनी पर्तें खोलती है और उन्हें बहुआयामिता प्रदान करती है।

यथार्थवादी शैली में मंच निर्देश अलग से अपना स्वतन्त्र अस्तित्व रखते हैं, क्योंकि वे उस परिवेश के दृश्यत्व की सूचना देते हैं। लेकिन *आषाढ़ का एक दिन* के पहले अंक में वे मानो पूरी प्रस्तुति के छोटे-से-छोटे विवरण को भी हमारे सामने साकार कर देते हैं। फिर चाहे वह विवरण पात्र की संवेदना से जुड़ा हो, भंगिमा से जुड़ा हो अथवा मंचीय गति से जुड़ा हो।

पहले अंक का पूरा ग्राफ़ जिस तनाव की सृष्टि करता है वह कुछ इस प्रकार घटित होता है—पहले दृश्य में मल्लिका और अम्बिका के अलग-अलग द्वीप, दूसरे दृश्य में बाहर का कोलाहल और घोड़ों की टापों की पृष्ठभूमि में अम्बिका व मल्लिका का बढ़ता तनाव, तीसरे दृश्य में कालिदास और मल्लिका के बीच हरिणशावक के माध्यम से एक निहायत ही सहज, सरल और कोमल संवाद। चौथे दृश्य में राजपुरुष दन्तुल के साथ पुन: बढ़ता विरोध और इसी में अचानक पाँचवें दृश्य के रूप में अम्बिका का प्रवेश। कालिदास के प्रस्थान के बाद अगले दृश्य में पुन: पहले दृश्य से मिलता-जुलता मल्लिका और अम्बिका के बीच का एक और दृश्य और कुछ देर बाद मातुल और निक्षेप के आने से वातावरण में थोड़ा-सा हल्कापन और मल्लिका के प्रस्थान के साथ मानो इस अंक का पहला चरमोत्कर्ष। विलोम के पहले प्रवेश से मानो फिर से नयी शुरुआत और धीरे-धीरे कालिदास, मल्लिका, अम्बिका के बीच संवाद, विलोम का प्रस्थान और फिर कालिदास का प्रस्थान और अन्तत: मल्लिका और अम्बिका का पुन: एक साथ मंच पर अकेले रह जाना। लगभग ठीक वैसे ही संवाद, अन्तर सिर्फ़ इतना कि पहले वे संवाद मल्लिका के थे जो अब अम्बिका के पास आ गये हैं और इसी तरह से अम्बिका के संवाद को मानो मल्लिका ने अपने भीतर समाविष्ट कर लिया हो।

इस प्रकार यह अंक अपनी पूरी संरचना में कई तरह की रंगमंचीय सम्भावनाओं का आभास देता है—क्या अम्बिका, मल्लिका के वर्तमान का

भविष्य है ? क्या विलोम कालिदास का भविष्य है ? क्या दन्तुल कालिदास के भावी ऐश्वर्य का प्रतीक है ? क्या मातुल का वर्तमान भी एक नये भविष्य की ओर संकेत कर रहा है ? पूरे अंक की पृष्ठभूमि में लगातार होती वर्षा, छाते हुए मेघ और अन्धकार क्या सूचित करते हैं ? ज़ाहिर है कि इन सारे प्रश्नों के उत्तर नाटक के दूसरे और तीसरे अंक तक पहुँचकर ही प्राप्त होते हैं, लेकिन इस अंक की सबसे बड़ी विशेषता यही है कि ऊपर से बेहद सतही और सपाट दिखने के बावजूद इसमें उपस्थित अर्थ छायाएँ और नाटकीय संकेत बेहद गहरे हैं। इस दृष्टि से यह अंक मुझे कालिदास के ही लिखे नाटक *अभिज्ञान शाकुन्तलम्* के पहले अंक की याद दिलाता है। दोनों में हरिणशावक मात्र एक युक्ति नहीं वरन् एक सजीव एवं सशक्त पात्र की-सी भूमिका निभाता है।

यदि वहाँ आश्रम का नैसर्गिक परिवेश है तो यहाँ पूरा ग्राम प्रान्तर ही उस वातावरण का प्रतीक है। यदि वहाँ दुष्यन्त स्वयं एक राजपुरुष के रूप में है तो यहाँ दन्तुल को उस श्रेणी में रखा जा सकता है। पहले अंक से आगे के अंकों की विकास यात्रा दोनों नाटकों में लगभग एक जैसी है, अर्थात् गाँव से नगर, प्रकृति से राजभवन तक और अन्ततः पुनः वापसी प्रकृति की ओर हो जाती है।

नाटक का दूसरा अंक कुछ वर्षों के अन्तराल के बाद आरम्भ होता है। प्रकोष्ठ की व्यवस्था पहले से काफ़ी जीर्ण-शीर्ण हो गयी है, जो इसमें रहनेवाले लोगों की शीर्ण होती जाती आर्थिक एवं सामाजिक स्थिति को भी रेखांकित करती है। पिछले अंक की तरह ही इस अंक में भी छोटे-छोटे बारह दृश्य खंड हैं, जिनमें कालिदास को छोड़कर पहले अंक के सभी मुख्य पात्र यहाँ उपस्थित हैं। इसके अतिरिक्त पाँच नये पात्र भी पहली और अन्तिम बार इसी अंक में प्रवेश करते हैं। वे हैं—रंगिणी, संगिनी, अनुस्वार, अनुनासिक और रानी प्रियंगुमंजरी। ये पात्र एक प्रकार से उस बाहरी नागरी और राजकीय व्यवस्था के प्रतिनिधि हैं, जिसका कालिदास भी अब एक अंग है। पिछले अंक में प्रकृति और राजकीय व्यवस्था के बीच जिस भावी विरोध अथवा संघर्ष के झीने-झीने से संकेत कालिदास और दन्तुल के बीच हुए विवाद में

दिखाई पड़े थे यहाँ वे कभी मल्लिका और रंगिणी, संगिनी, कभी मल्लिका और अनुस्वार, अनुनासिक और अन्तत: मल्लिका और प्रियंगुमंजरी के माध्यम से अत्यन्त मुखर होकर सामने आते हैं।

नाटक का यह अंक कुछ और बातों के दोहराव से भी कथ्य की विडम्बना को और गहरा बनाता है। उदाहरण के लिए, जिस प्राकृतिक वातावरण और विशेषत: हरिणशावक को छोड़कर कालिदास पहले अंक में नागरिक सभ्यता और राज्य सम्मान को स्वीकारने के लिए तैयार नहीं है, उसी प्राकृतिक सम्पदा और हरिणशावक को उसकी पत्नी प्रियंगुमंजरी अपने साथ ले जाना चाहती है। पहले अंक में खिड़की के बाहर से गुज़र जानेवालीं नयी आकृतियाँ यदि किसी भावी अनिष्ट की आशंका पैदा करती हैं तो दूसरे अंक में पुन: वैसी ही आकृतियाँ किसी भावी अप्रत्याशित घटना-दुर्घटना का संकेत देती हैं। एक और दृष्टि से भी नाटक का यह अंक पहले अंक के विरोध में एक बहुत ही रोचक समानान्तर चित्र प्रस्तुत करता है। पहले अंक की शुरुआत एक मौन में अम्बिका के छाज में धान फटकने से होती है, तो इस बार मल्लिका पत्थर पर औषध पीसती हुई दिखाई पड़ती है—मानो ज़िम्मेदारी अम्बिका से उतरकर मल्लिका के हाथों में चली आयी है। जैसे पहले अंक में अम्बिका की पहली उपस्थिति के बाद मल्लिका की दूसरी उपस्थिति होती थी। इस अंक में अम्बिका का प्रवेश मौन उपस्थिति के रूप में तो आरम्भ हो जाता है, लेकिन वार्तालाप का अंग वह बहुत बाद में जाकर बनती है। दोनों अंकों का अन्त पुन: एकसमान है, अर्थात् मल्लिका टूटकर सिसकने लगती है और अम्बिका उसे सहारा देती है। पिछली बार मल्लिका के आँसुओं में कालिदास से अलग होने की पीड़ा से अधिक कहीं इस खुशी, सुख और सन्तोष का आभास भी था कि उसने अन्तत: कालिदास को उज्जयिनी जाने के लिए तैयार कर लिया। लेकिन इस बार का सिसकना सचमुच में उसके अन्त:मन की गहरी पीड़ा का परिचायक है कि कहीं वह हार गयी है, पीछे छूट गयी है और सम्भवत: कहीं भीतर से टूट भी गयी है।

मात्र दो दृष्टियों, विचारों और पात्रों के आपसी संघर्ष से ही नाटक की कथावस्तु का विकास नहीं होता, वरन् यह प्रक्रिया पात्रों की वेशभूषा

और शारीरिक अवस्था में भी रेखांकित की गयी है। प्रकोष्ठ जीर्ण-शीर्ण है तो अम्बिका और मल्लिका की वेशभूषा में भी जगह-जगह पैबन्द लगे हुए हैं अथवा फटी हुई हैं। अम्बिका बीमार है तो मल्लिका स्वस्थ होते हुए भी उससे कहीं अलग दिखाई नहीं देती। विलोम इस अंक में भी आता है और अब भी उसका आगमन उतना ही अनचाहा और अयाचित है, इसीलिए फिर एक बार उसे वापस जाना पड़ता है।

पहले अंक का आरम्भ और अन्त अम्बिका और मल्लिका के माध्यम से हुआ है। दूसरा अंक भी इसका अपवाद नहीं है। बाहर से आनेवाले सभी पात्र एक के बाद एक पुन: बाहर लौट जाते हैं और दोनों बार मंच पर केवल दो स्त्री पात्र शेष रह जाती हैं। यही बिम्ब नाटक के तीसरे अंक के अन्त में भी पुन: उपस्थित है, जब मंच पर केवल मल्लिका और भीतर से बच्ची के रोने का स्वर सुनायी देता है। एक तरह से मल्लिका, मल्लिका न होकर मानो अम्बिका हो गयी है और भीतर लेटी हुई बच्ची मल्लिका बन गयी है। यहाँ अथवा इससे मिलते-जुलते बिम्ब राकेश के लगभग सभी नाटकों में दिखाई पड़ते हैं। *लहरों के राजहंस* के तीनों अंकों के नन्द और सुन्दरी के बीच और *आधे अधूरे* के दोनों भागों में सावित्री और बड़ी बेटी बिन्नी के बीच। दूसरे अंक में यद्यपि कहीं भी वर्षा या मेघ गर्जन का उल्लेख नहीं है, लेकिन फिर भी यह आशंका लगातार बनी रहती है कि न जाने कब वर्षा आ जाये। दूसरी ओर यह अंक एक दूसरे रूप में भी पहले अंक का ठीक उल्टा दिखाई पड़ता है और वह यूँ कि उसमें वर्षा आनन्द की सूचक है तो यहाँ धूप की चमक होने के बावजूद पूरे परिवेश और वातावरण पर एक उदासी का आवरण छाया हुआ है।

कालिदास की उपस्थिति की सूचना लगातार अलग-अलग पात्रों के मुख से मिलती रहती है, लेकिन वह मंच पर प्रवेश नहीं करता। पहली बार इस अंक के आरम्भ में निक्षेप खिड़की से बाहर कालिदास को घोड़े पर सवार दूर जाते हुए देखता है और दूसरी बार विलोम कालिदास को खिड़की से ही लौटते हुए देखता है। नाटकीयता इस तथ्य में है कि दोनों बार वह मल्लिका से मिले बिना लौट जाता है और मल्लिका के हृदय में यह आशा और विश्वास बना

रहता है कि वह अवश्य ही उससे आकर मिलेगा। पूरा अंक इसी सम्भावना पर टिका हुआ है और जब वह साकार नहीं होती तो मल्लिका पूरी तरह से टूट जाती है। यही है नाटक की कथावस्तु का चरम बिन्दु जो तीन अंकोंवाले यथार्थवादी नाटकों में मिलता है, प्राय: दूसरे अंक के अन्त में आता है। राकेश ने भी इस रूढ़ि का अक्षरश: पालन किया है।

जैसा कि पहले ही उल्लेख किया गया है, यद्यपि इस अंक में वर्षा अथवा समय का कहीं भी उल्लेख नहीं किया गया है फिर भी अंक की बुनावट और उसमें घटती घटनाओं से यह साफ़-साफ़ पता चल जाता है कि पहले अंक की तरह इसकी शुरुआत भी सुबह से होती है और दोपहर से होते हुए सन्ध्या में समाप्त होती है। दरअसल एक श्रेष्ठ नाटक अथवा नाटककार की पहचान यही है कि वह किस तरह से पात्रों की भावनाओं को बाहरी परिवेश और प्रकृति से जोड़कर प्रस्तुत करता है।

नाटक का तीसरा अंक फिर कुछ वर्षों के बाद आरम्भ होता है और उसी वर्षा और मेघ गर्जन के शब्द के साथ। प्रकोष्ठ भी वही है लेकिन जैसे सब कुछ बदल गया है। इस तरह से तीनों अंकों में कुल मिलाकर शायद पाँच से दस वर्ष की अवधि को समेटने की कोशिश की गयी है। लेकिन ये पाँच या दस वर्ष एक तरफ़ यदि इस घर के लगातार जर्जर और जीर्ण-शीर्ण होते जाने के वर्ष हैं तो दूसरी तरफ़ उसमें रहनेवाले अथवा उसमें बाहर से आनेवाले पात्रों के साथ भी लगभग ऐसा ही कुछ पहले दो अंकों की भाँति यह अंक भी बारह छोटे-छोटे दृश्य खंडों में बँटा हुआ है। लेकिन जहाँ उन अंकों में हर बार आठ-दस पात्र आते-जाते रहते हैं इस अंक में मात्र चार पात्र उपस्थित हैं—उनमें भी तीन मातुल, कालिदास और विलोम बाहर से आते हैं और मल्लिका पहले से मंच पर मौजूद है। इस बीच एक और बहुत ही महत्वपूर्ण मोड़ आया है कथानक में और वह यह कि अम्बिका का देहान्त हो चुका है और मल्लिका एक बच्ची की माँ बन चुकी है। देखा जाये तो अम्बिका का स्थान मल्लिका ने ले लिया और उसकी जगह पर एक बच्ची है—एक संवाद में मल्लिका अपनी बच्ची के बारे में ऐसा कहती भी है।

एक दूसरे रूप में नाटक का यह अंक कालिदास के *अभिज्ञान शाकुन्तलम्*

की फिर से एक बार याद दिलाता है। उस नाटक में जहाँ अन्तिम अंक में दुष्यन्त और शकुन्तला एक-दूसरे से बहुत वर्षों तक अलग रहकर पुन: एक-दूसरे को एक नये रूप में पहचानते हैं और साथ रहने की एक नयी शुरुआत करते हैं, लेकिन इस नाटक के तीसरे अंक में कालिदास और मल्लिका बहुत सालों तक एक-दूसरे से अलग रहने के बाद मिलते ज़रूर हैं, लेकिन यह मिलना फिर से एक बार बिछुड़ने के लिए होता है। *अभिज्ञान शाकुन्तलम्* में अँगूठी एक प्रतीक है तो यहाँ हरिणशावक एक युक्ति के रूप में इस्तेमाल किया गया है। पहले अंक में आहत हरिणशावक कालिदास और राजनीतिक व्यवस्था के मिलन का माध्यम बनता है और अन्तिम अंक में हरिणशावक की-सी आँखें लिए मल्लिका की बच्ची कालिदास और मल्लिका के अलग होने का कारण बनती है।

यह अंक पूरी तरह से मल्लिका, कालिदास और विलोम के बीच बनते और टूटते त्रिकोण पर आगे बढ़ता है, जिसके केन्द्र में मल्लिका की बच्ची है। यों अंक के आरम्भ में भी मल्लिका, मातुल और उन दोनों के बीच में बच्ची अपना एक अलग से त्रिकोण बनाती है, लेकिन मातुल के प्रस्थान के बाद वह त्रिकोण ज्यादा देर तक स्थिर नहीं रह पाता। अत: मुख्य रूप से नाटक के अन्तिम भाग में तीन पात्रों की उपस्थिति ही सबसे ज्यादा महत्त्वपूर्ण बिन्दु है जो नाटक के पहले अंक से लगातार मिलते रहते हैं, अलग होते हैं और पुन: मिल जाते हैं, लेकिन तीनों की नियति यही है कि वे साथ-साथ होकर भी साथ-साथ नहीं हो पाते।

नाटक का यह अंक पहले दो अंकों से एक और अर्थ में अलग दिखाई पड़ता है। स्वगत, एकालाप या मोनोलॉग पहले दो अंकों में भी हैं। लेकिन वे बहुत ही छोटे-छोटे हैं और बहुत देर तक आत्मकेन्द्रित नहीं रहते, लेकिन इस अंक में इस तरह के जितने भी सम्भाषण हैं, वे सचमुच में अपने एकान्त में स्व से सम्बोधित हैं। प्राय: उस समय मंच पर कोई दूसरा पात्र होता भी नहीं। इसीलिए जहाँ पहले दोनों अंकों के एकालाप वास्तव में संवाद के ही अंग के रूप में देखे जाने चाहिए, वहाँ इस अंक के सारे एकालाप सचमुच में एकालाप ही हैं। वे पात्रों के भीतरी और बाहरी अन्तर्द्वन्द्व को एक साथ प्रस्तुत

करते हैं, इसीलिए उनमें कई-कई अर्थ छायाएँ समाहित हैं।

यदि ये एकालाप नाटक की शक्ति हैं तो यही उसकी सबसे बड़ी सीमा बन जाती हैं और वह इस तरह कि नाटककार को हर दृष्टि से मानो अपने पात्रों को 'जस्टीफ़ाई' करना पड़ रहा है, अच्छा तो यह होता कि पहले दो अंकों में ही इतनी ठोस और स्पष्ट ज़मीन तैयार हो गयी होती है कि नाटककार को अपने चरित्रों के माध्यम से इतने बड़े-बड़े स्पष्टीकरण देने की ज़रूरत ही न पड़ती। लेकिन शायद नाटक जैसी विधा के व्याकरण में यह अन्तर्निहित है कि पहले लगातार घटनाएँ और स्थितियाँ घटती जाती हैं और फिर अन्त में जाकर उन्हें बाँधना और समेटना पड़ता है, तभी नाटक अपनी अन्तिम परिणति उपसंहार अथवा निर्वहण तक पहुँचता है। यह नाटकीय युक्ति मुख्य रूप से पश्चिमी नाटकों से हमारे यहाँ आयातित की गयी है और वह भी विशेषत: यथार्थवादी नाटकों के परिप्रेक्ष्य में। मोहन राकेश भी इसके अपवाद नहीं हैं बल्कि कहना तो यह चाहिए कि वह इस युक्ति का अक्षरश: पालन करने वाले नाटककार हैं। उनके नाटकों में पात्रों के बीच तनाव है, संघर्ष है। बहुत-सी घटनाओं के भीतर से गुज़रकर उनका चारित्रिक विकास भी होता है, लेकिन इस सबके बावजूद उनका हर नाटक फिर वहीं लौट आता है जहाँ से उसकी शुरुआत हुई थी। दूसरे शब्दों में कहा जाए तो उनके नाटक यथास्थिति के नाटक होकर रह जाते हैं। *आषाढ़ का एक दिन, लहरों के राजहंस* और *आधे अधूरे*—हर नाटक इस निष्कर्ष को प्रस्तुत करता है। नाटक के आरम्भ में लगता है कि नाटककार जैसे किसी नयी, अनछुई दुनिया में प्रवेश करनेवाला है और पहले दोनों अंकों में यह आशा लगातार बनी ही रहती है, लेकिन तीसरे अंक के अन्त तक आते-आते वह प्राय: बिखर जाती है। मुझे लगता है कि इसके पीछे कहीं-न-कहीं राकेश का कहानीकार वाला रूप ज़्यादा ज़िम्मेदार है। कहानी या उपन्यास में प्राय: पहले कथा को काफ़ी दूर तक फैला दिया जाता है और फिर आखिर में आकर सभी कथा-तन्तुओं और बिन्दुओं को समेटना पड़ता है। बेशक कहानी और उपन्यास में जल्दी-जल्दी समेटने की कोई ज़रूरत नहीं होती, लेकिन नाटक में रचनाकार न जाने क्यों जल्दी-जल्दी समेटने के लिए बेचैन हो

उठता है। यदि ऐसा न हो तो फिर लम्बे-लम्बे स्पष्टीकरण देने की ज़रूरत ही क्यों पड़े। नाटककार को लगता है कि शायद अभी भी कुछ छूट गया है और यदि उसमें उस छूट हुए के बारे में कोई सूचना नहीं दी तो कहीं कुछ आधा-अधूरा न रह जाये। ऐसी प्रक्रिया में नाटककार कम-से-कम शब्दों की अपेक्षा यदि बहुत ज्यादा शब्दों को प्रयोग में लाने लगे तो कोई आश्चर्य नहीं। इसी के साथ यह सवाल भी बना रहता है कि आखिर यह नाटक मुख्य रूप से किस पर केन्द्रित है—कालिदास पर ? मल्लिका पर ? विलोम पर ? देखा जाए तो यह सवाल राकेश के तीनों नाटकों के बारे में उठाया जा सकता है—*लहरों के राजहंस*, नंद का नाटक है अथवा सुन्दरी का या इन दोनों के बीच स्थित गौतम बुद्ध का ? *आधे अधूरे* महेन्द्रनाथ का नाटक है या उसके बहाने से सभी पुरुष पात्रों का नाटक है अथवा सावित्री का ? प्राय: किसी श्रेष्ठ नाटक में किसी एक पात्र की प्रधानता स्वत: दिखाई दे जाती है, जिसे नाटकीय मुहावरे में प्रोतेगनिस्त कहा जाता है, लेकिन राकेश के उपर्युक्त तीनों नाटकों में ऐसा कोई स्पष्ट विभाजन करना बहुत मुश्किल है। इसे नाटक की कमज़ोरी माना जाये या गुण ? आखिर नाटककार की सहानुभूति, उसका पक्ष और विचारधारा किसके साथ है ? यदि हम नाटककार की इस दुविधा को नाटक के आलेख की कमज़ोरी मानकर चलें और उसके आधार पर उसकी प्रस्तुतियों की समीक्षाओं पर दृष्टिपात करें तो हम पाते हैं कि प्राय: सभी नाट्य समीक्षकों ने भी इस तरफ़ ध्यान दिलाया है। दूसरी तरफ़ नाटक इस सम्भावना को भी खुला रखता है कि जब-जब अलग-अलग निर्देशकों ने उसे मंचित किया तो किसी ने मल्लिका, किसी ने कालिदास और किसी ने विलोम को अपनी प्रस्तुतियों में रेखांकित करने की कोशिश की। वैसे यह कोई नयी कोशिश भी नहीं। ऐसी सम्भावना नाटक में यूँ भी मौजूद रहती है।

इसमें कोई सन्देह नहीं कि अपनी सारी सीमाओं और सम्भावनाओं के बावजूद *आषाढ़ का एक दिन* सिर्फ़ हिन्दी रंगमंच का ही नहीं वरन् सम्पूर्ण भारतीय रंगमंच का एक महत्त्वपूर्ण नाटक है, जिसने पहले अपने प्रकाशन और बाद में अपने मंचन से आज़ादी के बाद के आधुनिक हिन्दी रंगमंच का

सूत्रपात किया। यह आधुनिक रंगमंच इतिहास अथवा अतीत को समकालीनता से जोड़ने वाला रंगमंच है। यह आधुनिक रंगमंच व्यक्ति की नयी सोच, नयी संवेदना का रंगमंच है और यह यथार्थवादी रंगमंच के सन्दर्भ में कथ्य और शिल्प के स्तर पर किस तरह से भारतीय और पश्चिमी दृष्टिकोण और संरचना का मिश्रण करके एक नयी शैली का निर्माण करता है जो अपनी भाषा, अपने मुहावरे और तेवर में अन्तत: नितान्त हमारा अपना हो जाता है, इसका प्रतिनिधि है *आषाढ़ का एक दिन*।

कथ्य और रंग-शिल्प

जयदेव तनेजा[*]

3 मार्च से 21 अप्रैल, 1958 के बीच लिखित और जून, 1958 में प्रकाशित मोहन राकेश का प्रथम पूर्णकालिक नाटक *आषाढ़ का एक दिन* कई दृष्टियों से आधुनिक हिन्दी नाटक एवं रंगमंच के लिए एक महत्त्वपूर्ण घटना सिद्ध हुआ। राकेश ने हिन्दी नाटक और रंगमंच को बाहर से 'नया' और 'आधुनिक' रूप देने के सुविधाजनक एवं सुगम मार्ग को छोड़कर अपनी संस्कृति और जड़ों से जुड़कर अपने जीवन और परिवेश के भीतर से, आज के लिए प्रासंगिक भारतीय रंगमंच की सम्भावनाओं की खोज के कठिन किन्तु सही रास्ते को अपनाया। उनकी निर्भ्रांत धारणा थी कि—यह खोज ही हमें वास्तविक नये प्रयोगों की दिशा में ले जा सकती है और उस रंग-शिल्प को आकार दे सकती है जिससे हम स्वयं अब तक परिचित नहीं हैं।[1] यही कारण है कि *आषाढ़ का एक दिन* हमारी सम्पूर्ण नाट्य एवं रंग-परम्परा के जीवन्त और सार्थक तत्त्वों का एक रचनात्मक यौगिक बन सका। यह नाट्य-कृति हमारी मौलिक रंग-दृष्टि की खोज का दिशा-निर्देश करने वाली हिन्दी की प्रमुख आरम्भिक नाट्य-रचनाओं में से एक अत्यन्त महत्त्वपूर्ण रचना है। सुप्रसिद्ध सिने-निर्देशक और राकेश के मित्र बासु भट्टाचार्य के शब्दों में, यह सच है कि अतीत के परिधान में से वर्तमान की आकांक्षा जिस तरह आषाढ़ के झरते दिन के माध्यम से व्यक्त हुई, उसके साथ ही व्यक्त हुआ इस व्यक्ति मोहन

---

[*]जयदेव तनेजा आत्माराम सनातन धर्म कॉलेज से रीडर पद से सेवानिवृत्त। *मोहन राकेश : रंग-शिल्प और प्रदर्शन, हिन्दी नाटक : आजकल, आधुनिक भारतीय रंगलोक* इनकी प्रमुख पुस्तकें हैं।

1. *नटरंग : 6 : अप्रैल-जून 1968 (नाटककार और रंगमंच : मोहन राकेश)*, पृ. 11

राकेश का नाटककार रूप। मुझे लगा कि अतीत के बीज और वर्तमान के गर्भ से जन्म लेकर निष्कलंक भविष्य की देखरेख में जिसका पालन हो, उस व्यक्ति को सार्थक कलाकार होने का सौभाग्य अनायास ही प्राप्त हो जाता है।[2] परन्तु *आषाढ़ का एक दिन* का सृजन अनायास नहीं हो गया। इसके पीछे गम्भीर अध्ययन, गहरे चिन्तन, कठिन अभ्यास और संवेदनशील मन के तीव्र घात-प्रतिघातों से उद्भूत सूक्ष्म अन्तर्दृष्टि का निर्णायक हाथ रहा है। यही कारण है कि कई दृष्टियों से अतीताश्रित होने के बावजूद नेमिचंद्र जैन के अनुसार—हिन्दी के ढेरों तथाकथित ऐतिहासिक नाटकों से *आषाढ़ का एक दिन* इसलिए मौलिक रूप में भिन्न है कि उसमें न तो अतीत का तथ्यात्मक विवरण है, न पुनरुत्थानवादी गौरवगान और न भावुकतापूर्ण अतिनाटकीय स्थितियाँ। उसकी दृष्टि कहीं ज्यादा आधुनिक तथा सूक्ष्म है जिसके कारण वह सही अर्थ में आधुनिक हिन्दी नाटक की शुरुआत का सूचक है।[3]

स्थूलत: कहा जा सकता है कि इस नाटक की रचना के लिए राकेश ने संस्कृत साहित्य से कालिदास का नाम (चरित्र) और परिवेश, भारतेन्दु से साहित्य रंगमंच समन्वित रंग-बोध, प्रसाद से भाव-सघनता और काव्यत्व, पारसी रंगमंच से मनोरंजन का तत्व और कॉमिक-सीन नियोजन (रंगिणी, संगिनी), एब्सर्ड नाटकों से विसंगतिजन्य हास्य-व्यंग्य (अनुस्वार अनुनासिक), भुवनेश्वर मिश्र और 'अश्क' से मध्यवर्गीय स्त्री-पुरुष सम्बन्धों के कथ्य, समस्या नाटकों से तीन अंकीय रंग विधान और अभिव्यंजनावाद से मानव मन की गहरी अनुभूतियों और सूक्ष्म प्रतिक्रियाओं को उकेरने की शैली लेकर *आषाढ़ का एक दिन* में उनका मौलिक एवं सृजनात्मक उपयोग किया है। इसी अर्थ में इसे हम अपनी रंग-परम्परा की सार्थक परिणति का उल्लेखनीय साक्ष्य भी मान सकते हैं।

संस्कृत साहित्य के अध्ययन और विद्यार्थी-जीवन से रंगमंच के प्रति आकर्षण ने ही सम्भवत: मोहन राकेश को अश्वघोष के *तरंस्तरंगेष्विव राजहंस:*

---

2. अनामिका, कलकत्ता द्वारा प्रस्तुत *लहरों के राजहंस* की स्मारिका में प्रकाशित लेख 'मोहन राकेश : दो एंगिल से' से उद्धृत।

3. *आधुनिक हिन्दी नाटक और रंगमंच* : सं. नेमिचन्द्र जैन (आधुनिक हिन्दी नाटक : सार्थकता की दिशाएँ), पृ. 124

एवं कालिदास के *आषाढ़स्य प्रथम दिवसे* के मूल काव्य-नाट्य बिम्बों पर नाटक लिखने तथा 1944 में *वेणी संहार* के संस्कृत-मंचन से अभिनेता तथा 1945-46 में दो अन्य संस्कृत नाटकों से निर्देशक के रूप में जुड़ने को प्रेरित किया होगा। लेखन क्रम की दृष्टि से *लहरों के राजहंस* राकेश का पहला पूर्णकालिक नाटक होता; यदि राकेश द्वारा 1957 के अंत में डी.ए.वी. कॉलेज, जालंधर के हिन्दी विभागाध्यक्ष के पद से त्यागपत्र देने के बाद स्वयं अपने व्यक्तित्व और समकालीन लेखक साथियों के जीवन पर पड़ने वाले राज्य अथवा व्यवस्था के बहुविध दबावों के प्रत्यक्ष तात्कालिक प्रभावों के कारण[4] *आषाढ़ का एक दिन* का लेखन और जून, 1958 में उसका तत्काल प्रकाशन न हो गया होता। स्वयं रचनाकार के शब्दों में—*आषाढ़ का एक दिन* के भी वह तीन चरित्र पहले से मन में स्पष्ट थे। *मेघदूत* पढ़ते हुए मुझे लगा करता था कि कहानी निर्वासित यक्ष की उतनी नहीं है जितनी स्वयं अपनी आत्मा से निर्वासित उस कवि की, जिसने अपनी ही एक अपराध-अनुभूति को इस परिकल्पना में ढाल दिया है। उस अपराध-अनुभूति के सम्बन्ध में सोचते हुए जो तीन चरित्र मुझे मिले, वे थे मल्लिका, अम्बिका और विलोम। कालिदास का चरित्र तो केन्द्र में था ही। इनके अतिरिक्त शेष सब पूरक चरित्र हैं, जिनकी सृष्टि नाटक लिखते समय हुई है।[5] परन्तु सच यह है कि कालिदास को केन्द्र में रखने और ऐतिहासिक-सांस्कृतिक परिवेश का इस्तेमाल करने के बावजूद यह नाटक कालिदास के बारे में नहीं है।[6] लेखक के अनुसार—मैं इस नाटक में आज के लेखक की द्विविधा को चित्रित करना चाहता था—लेखक जो राज्य या इसी प्रकार की अन्य संस्थाओं द्वारा प्रस्तावित लोभ के प्रति आकर्षित होता है और दूसरी ओर कहीं अपने प्रति प्रतिबद्ध भी होता है।[7] और इस द्विविधा से पार पाकर राकेश इस निष्कर्ष पर पहुँचते हैं कि—लेखक का व्यक्तित्व निस्संदेह उन सब सुविधाओं की

---

4. इनैक्ट : 53 : मई 1971 (मोहन का यह परिवर्तित रूप)।

5. *लहरों के राजहंस* : मोहन राकेश (नाटक का यह परिवर्तित रूप)। पृ. 14-15

6. मोहन राकेश साहित्यिक और सांस्कृतिक दृष्टि : (एक महत्त्वपूर्ण भेंट), पृ. 164

7. वही

अपेक्षा अधिक महत्त्वपूर्ण है, जो राज्य उसे दे सकता है।[8] परन्तु यह कैसी विडम्बना है कि इस धारणा को पुष्ट करने वाले नाटक *आषाढ़ का एक दिन* का मूल चरित्र कालिदास न केवल राज्याश्रय ही ग्रहण कर लेता है बल्कि स्वयं सत्ताधारी भी बन बैठता है और इसका लेखक मोहन राकेश इसी नाटक के लिए अकादमी पुरस्कार प्राप्त करता है।

विवेच्य नाटक का उद्देश्य कालिदास, मल्लिका और विलोम की प्रेमकथा के माध्यम से साहित्य-कला और प्रेम, रचनाकार और परिवेश, भावना और कर्म, इच्छा और समय, कलाकार और राज्य इत्यादि के पारस्परिक सम्बन्ध, आन्तरिक तनाव एवं संघर्ष का नाटकीय प्रस्तुतीकरण करना है। इनमें से राकेश का बुनियादी सरोकार कालिदास को मूल में रखकर उसके रचनाकार व्यक्तित्व की स्वतंत्रता के प्रश्न को रेखांकित करना है। राकेश के शब्दों में—It was the main speech of Kalidas at the end of the third Act that for me carried the meaning of the play. Therefore I felt astounded when the play was interpreted by some people just as the emotional tragedy of Mallika.[9]

राकेश के इस दृष्टिकोण से पूर्णत: सहमत होते हुए, इस नाटक के कई प्रस्तुतिकरणों से जुड़े अभिनेता-निर्देशक, रामगोपाल बजाज भी कहते हैं कि *आषाढ़ का एक दिन* न तो मल्लिका का नाटक है और न विलोम का—यह नाटक सिर्फ़ कालिदास का है। दरअसल तीसरे अंक में कालिदास का जो लम्बा एकालाप है वह इस नाटक का सबसे महत्त्वपूर्ण अंश है, जिसे आमतौर पर इसकी कमज़ोरी माना जाता है। मैं मानता हूँ कि जिस दिन कालिदास का यह लम्बा एकालाप कोई निर्देशक और अभिनेता पूरी तरह उजागर कर देगा, उसी दिन *आषाढ़ का एक दिन* का वास्तविक अर्थ खुलेगा और इसका सही मूल्यांकन होगा।[10] परन्तु विचारणीय प्रश्न यह है कि अभी तक इस नाटक के किसी भी अभिमंचन से यह सत्य स्थापित क्यों नहीं हो पाया? इस संदर्भ में स्वयं बजाज नि:संकोच स्वीकार करते हैं कि—मैंने भी कोशिश तो बहुत की

---

8. वही : (साहित्यकार की समस्याएँ), पृ. 25

9. Enact : 53 (May 1971) Mohan Rakesh Interviewed : Rajinder Paul.

10. श्री राम गोपाल बजाज और लेखक की व्यक्तिगत बातचीत से।

परन्तु किन्हीं कारणों से मल्लिका या विलोम ही प्रमुख हो गये।[11] सम्भवत: इसके दो-तीन प्रमुख कारण हैं।

नाटक का सम्पूर्ण कार्य-व्यापार मल्लिका के घर पर ही घटित होता है। मल्लिका और विलोम तीनों अंकों में सदैव उपस्थित हैं। इसके विपरीत कालिदास दूसरे अंक में अपनी परोक्ष उपस्थिति का सतत् एहसास कराने के बावजूद दर्शकों की दृष्टि और मंच से पूर्णत: गायब है। मल्लिका अपने अनन्य प्रेम, आस्थामय प्रेरक रूप, अटूट विश्वास और निर्दोष होकर भी सतत् कष्ट झेलने की अभिशप्त नियति के कारण न केवल दर्शकों की सहानुभूति ही प्राप्त करती है, वरन् अपने करुण-कोमल भावनामय चरित्र से उन्हें प्रभावित करने में भी सफल हो जाती है। इसी प्रकार, विलोम अपनी दुराग्रह की आक्रामक शक्तियों वाले सबल चरित्र के साथ तीनों अंकों में मंच पर आकर अपनी खरी-पैनी तथा बेलाग बातों से अन्य चरित्रों को ही नहीं प्रेक्षकों को भी हतप्रभ कर देता है। इनके विपरीत, कालिदास के विषय में नाटककार का मत है कि वह, मेरे लिए एक व्यक्ति नहीं, हमारी सृजनात्मक शक्तियों का प्रतीक है।[12] तथा *आषाढ़ का एक दिन* का कालिदास दुर्बल नहीं है, कोमल, अस्थिर और अन्तर्द्वन्द्व से पीड़ित है।[13] स्पष्ट है कि अपनी इस मूल-प्रकृति और प्रतीकात्मकता के कारण कालिदास अपने पाठक को भले ही अपनी कोमलता, भावुकता और अन्तर्द्वन्द्वग्रस्तता का विश्वास दिलाकर प्रभावित कर ले, मंच पर प्रत्यक्ष आकर तो वह प्रेक्षकों को पलायनवादी, स्वार्थी, गैर ज़िम्मेदार, झूठा, आत्मसीमित और दुर्बल व्यक्ति ही दिखाई देता है। संवाद-संख्या की दृष्टि से भी कालिदास और विलोम के क्रमश: 63 और 45 संवादों के मुकाबले मल्लिका के 190 संवाद रंगमंच पर उसके महत्त्व एवं प्रभाव को बढ़ाने में प्रमुख भूमिका निभाते हैं। ध्यातव्य है कि नायक-नायिका को लेकर यही (विसंगत) स्थिति राकेश के तीनों नाटकों में विद्यमान है। इसके अतिरिक्त तीसरे अंक में कालिदास के 81 पंक्तियों के

---

11. वही।

12. *लहरों के राजहंस : मोहन राकेश (पहली भूमिका)*, पृ. 8

13. वही, पृ. 9

जिस लम्बे महत्त्वपूर्ण एकालाप की चर्चा ऊपर की गयी है, उसका कथ्य नाटक की मूल संरचना में नियोजित न होकर नाटककार द्वारा स्पष्टीकरण की तरह ऊपर से आरोपित सूचनात्मक संवाद होने के कारण भी अपेक्षित प्रभाव उत्पन्न नहीं कर पाता और परिणामस्वरूप उसके वक्ता (कालिदास) के चरित्र को पूर्णत: सच्चा और विश्वसनीय नहीं बनने देता।

लगभग यही स्थिति कालिदास, मल्लिका और विलोम की प्रभावशाली प्रेम कहानी के मुकाबले राज्याश्रय वाली समस्या की है। राज्याश्रय के सम्बन्ध में नाटककार के निष्कर्ष से किसी को आपत्ति नहीं होगी। परन्तु इस सन्दर्भ में दो बातें विचारणीय हैं। विष्णुकान्त शास्त्री के शब्दों में—पहली बात यह है कि राज्याश्रय स्वीकार करना और राज्याधिकारी बनना एक ही चीज़ नहीं है। कालिदास न केवल राज्याश्रय स्वीकार करता है, बल्कि कश्मीर का शासक भी बनता है जो निश्चय ही कला के क्षेत्र से भिन्न क्षेत्र है, अत: उसके अनुभव उन कलाकारों के अनुभवों से भिन्न होंगे जो राज्याश्रय प्राप्त करके भी अपने क्षेत्र में बने रहते हैं। दूसरी बात यह कि राज्याश्रय प्राप्त करने के बाद यदि कालिदास *कुमारसम्भव, मेघदूत, अभिज्ञानशाकुन्तलम्, रघुवंश* जैसी श्रेष्ठ कलाकृतियों की रचना करता है तो यह किस प्रकार कहा जा सकता है कि राज्याश्रय ने उसके कलाकार जीवन को खंडित कर दिया? इन बातों का अर्थ यही है कि ऐसा लगता है कि नाटककार ने अपने निष्कर्ष के लिए नाटक में यथेष्ट पृष्ठभूमि प्रस्तुत नहीं की है, वह छलाँग मारकर अपने पूर्वनिश्चित निष्कर्ष पर पहुँच गया है।[14] यह सच है कि यदि हम नाटककार की बजाय नाटक को ही अन्तिम प्रमाण मानकर चलें, जैसा कि उचित ही है, तो हमें ये आरोप एक सीमा तक सत्य होकर भी अधिक महत्त्वपूर्ण प्रतीत नहीं होंगे, क्योंकि आलेख में राकेश ने कहीं भी 'राज्याश्रय' शब्द का स्पष्ट प्रयोग नहीं किया है। इसके विपरीत प्रियंगुमंजरी का संवाद राजनीति साहित्य नहीं है।[15] तथा कालिदास का यह

---

14. अनामिका, कलकत्ता द्वारा प्रस्तुत *आषाढ़ का एक दिन* की *स्मारिका* में प्रकाशित विष्णुकांत शास्त्री के लेख *आषाढ़ का एक दिन : कुछ विचार* से उद्धृत।

15. *आषाढ़ का एक दिन :* मोहन राकेश, पृ. 83

संवाद कि एक राज्याधिकारी का कार्यक्षेत्र मेरे कार्यक्षेत्र से भिन्न था।[16] साफ़तौर से कालिदास की त्रासदी को एक सत्ताधारी की त्रासदी ही सिद्ध करता है। और अपने परवर्ती श्रेष्ठ लेखन के विषय में स्वयं कालिदास का कथन है कि लोग सोचते हैं कि मैंने उस जीवन और वातावरण में रहकर बहुत कुछ लिखा है। परन्तु मैं जानता हूँ कि मैंने वहाँ रहकर कुछ नहीं लिखा। जो कुछ लिखा है, वह यहाँ के जीवन का ही संचय था।[17] यह कथन मल्लिका को सीधे सम्बोधित होने के बावजूद मूलत: स्वगत-कथन की प्रकृति का है। कालिदास अपनी जिन कृतियों की चर्चा यहाँ करता है, उसके अनुसार उनकी कोई जानकारी मल्लिका को नहीं है। अत: स्पष्ट है कि यह तर्क वह स्वयं अपने आपको ही दे रहा है और उसके आत्मचिन्तन का अंश होने के कारण झूठ या दिखावा नहीं है। उसकी उपलब्धियाँ बाहरी हैं और थकन-टूटन भीतरी। 'निष्कर्ष' की 'पृष्ठभूमि' के रूप में सत्ता की क्रूरता एवं विसंगति के कई संकेत भी रचना में विद्यमान हैं। दन्तुल द्वारा हरिणशावक का शिकार और कालिदास से किया गया दुर्व्यवहार, अम्बिका का सत्ताधारियों के आगमन को अपशकुन मानना, रंगिणी-संगिनी और अनुस्वार-अनुनासिक का हास्यास्पद विसंगत आचरण, प्रियंगुमंजरी द्वारा मल्लिका के विवाह का प्रस्ताव, मातुल का आत्मानुभव एवं कालिदास के आत्म-स्वीकार जैसे उल्लेखनीय सन्दर्भों-प्रसंगों के बावजूद 'छलाँग' लगाने की बात भी न्यायोचित एवं तर्कसंगत प्रतीत नहीं होती।

इसके विपरीत *आषाढ़ का एक दिन* पर लगाया गया यह आरोप निराधार नहीं है कि प्रस्तुत नाटक में रंगिणी और संगिनी नामक उज्जयिनी की दो शोधकर्त्री भी आयी हैं, पर उनका कोई औचित्य सिद्ध नहीं होता। यही नहीं, उनकी अति साधारण बुद्धि का प्रदर्शन कालिदास के व्यक्तित्व को आघात तक पहुँचाता है। यदि उज्जयिनी के ऐसे लोगों ने कालिदास का सम्मान किया तो उससे कालिदास की महत्ता का बोध कठिनाई से ही होगा।...हास्य-रस की आयोजना के लिए निक्षेप-मातुल तथा अनुस्वार-अनुनासिक के वार्तालाप

---

16. वही, पृ. 115

17. वही, पृ. 117

ही पर्याप्त थे।[18] यही कारण है कि इस नाटक के अनेक निर्देशकों ने ही नहीं बल्कि इसके रेडियो-रूपान्तर के लिए स्वयं रचनाकार ने भी इस प्रसंग को काट कर नाट्यालेख को अधिक सुगठित और कार्य-व्यापार को तीव्र बनाने का सार्थक प्रयत्न किया।

विवेच्य नाटक की ऐतिहासिकता और भाषा को लेकर भी कई आपत्तियाँ उठायी गयीं। चरित्रों और घटनाओं की ऐतिहासिकता अनैतिहासिकता तथा घटनास्थल की भौगोलिकता के सम्बन्ध में विस्तृत चर्चा-समीक्षा की गयी है।[19] इस सम्बन्ध में नाटककार का यह कथन मुझे उचित प्रतीत होता है— नाटक की रचना एक समसामयिक परिस्थिति को उसकी अपनी नाटकीयता में अभिव्यक्त करने के लिए हुई है, इसलिए इसे इतिहासगत या संस्कारगत सन्दर्भ से अलग रखकर इसके साथ न्याय किया जा सकता है।[20] क्योंकि, नाटक सिर्फ़ नाटक होता है, एक साहित्यिक कला-कृति के सन्दर्भ में यह कहना कि वह ऐतिहासिक है, या पौराणिक है, या सामाजिक है, बेमानी है। समय बहुत जल्दी सामाजिक को ऐतिहासिक और ऐतिहासिक को पौराणिक बना देता है।[21] लगभग यही बात नाटक की भाषा को लेकर भी कही जा सकती है। *आषाढ़ का एक दिन* की संस्कृतनिष्ठ काव्यात्मक भाषा और उसके लम्बे एकालापों के कारण आरम्भ में अनेक समीक्षकों-रंगकर्मियों ने

---

18. *आलोचना* : जनवरी, 1966 (*आषाढ़ का एक दिन* : महेंद्र भटनागर), पृ. 182

19. द्रष्टव्य :

    (क) *नाटककार मोहन राकेश* : सं. सुन्दरलाल कथूरिया में संकलित विष्णुकांत शास्त्री के 'कल्पना का यथार्थ' तथा च्यवन ऋषि झा लिखित 'ऐतिहासिकता का दृष्टि बिम्ब' नामक लेख।

    (ख) *आषाढ़ का एक दिन : वस्तु और शिल्प*—विश्वप्रकाश दीक्षित 'बटुक' पृ. 101-113

    (ग) *नाटककार मोहन राकेश* : जीवन प्रकाश जोशी, पृ. 62

    (घ) *मोहन राकेश का नाट्य साहित्य* : डॉ. पुष्पा बंसल, पृ. 11

    (ड) *अपने नाटकों के दायरे में मोहन राकेश* : तिलकराज शर्मा, पृ. 34-37

    (च) *आलोचना* : जनवरी 1966 : आषाढ़ का एक दिन : महेंद्र भटनागर, पृ. 179-180; इत्यादि।

20. *आषाढ़ का एक दिन* : (इस संस्करण तक...मोहन राकेश), पृ. 8

21. *घासीराम कोतवाल* : विजय तेंदुलकर : 'लेखक के वक्तव्य' से उद्धृत।

इसे प्रसाद परम्परा का नाटक समझकर अरंगमंचीय मान लिया। परन्तु जैसे ही प्रबुद्ध रंगकर्मियों, समीक्षकों का ध्यान शब्द-भंडार और व्याकरणिक विश्लेषण से हटकर नाट्य-भाषा की दृष्टि से इसकी भाषायी संरचना की सूक्ष्मताओं और इसके संवादों की बारीक कारीगरी एवं आन्तरिक लय की ओर गया तो उन्होंने तुरन्त राकेश की इस जीवन्त, अंतरंग, तनावपूर्ण और स्वतः-स्फूर्त रंग-भाषा को आधुनिक हिन्दी नाटक की महत्त्वपूर्ण उपलब्धि के रूप में स्वीकार कर लिया। सुविख्यात अभिनेता-निर्देशक सत्यदेव दुबे ने स्थितियों के काव्य को प्रभावशाली रूप में सम्प्रेषित कर सकने वाले *आषाढ़ का एक दिन* के संगीतमय संवादों की प्रशंसा करते हुए इसकी नाट्य-भाषा के विषय में कहा कि—Though the Hindi used was Sanskritized for the sake of the period, yet the play brought to the Hindi language a fully envolved dramatic idiom, flawless in its speech rhythms and which also had a distinct modern ring.[22]

सही शब्द की खोज, पहचान और उसके नाटकीय प्रयोग के विषय में राकेश आरम्भ से ही बहुत संवेदनशील और सचेत रचनाकार थे। विवेच्य नाटक के विशिष्ट संस्करण में 'यहाँ-वहाँ भाषा के गठन को लेकर'[23] किये गये अतिसाधारण परिवर्तन भी कितने सूक्ष्म एवं महत्त्वपूर्ण हैं, इसका सहज अनुमान पुराने और नये संस्करण के इस ज़रा से शब्द-परिवर्तन से भी लगाया जा सकता है : प्रथम संस्करण में निक्षेप के यह कहने पर कि कालिदास के मन में 'राजकीय सम्मान का कोई मोह नहीं है।' वे सचमुच अम्बिका की प्रतिक्रिया है—नहीं चाहता!...हूँ।[24] नये संस्करण में 'हूँ' को बदलकर 'हं:' कर दिया गया है।[25] राकेश के विकासशील रंग-बोध की दृष्टि से ध्यातव्य है कि, 'हूँ' में एक प्रकार से निश्चयात्मक चिन्तन या निष्कर्ष की मुद्रा है, जिसमें चेहरा धीरे से ऊपर से नीचे और नीचे से ऊपर की ओर चला जाता है; जबकि 'हं:' में घृणा और उपेक्षा का भाव प्रकट होता है और उसमें

---

22. *Times Weekly* : 10 Dec., 1972 : P. 7.

23. *आषाढ़ का एक दिन* : (इस संस्करण तक...मोहन राकेश), पृ. 7

24. *आषाढ़ का एक दिन* : मोहन राकेश (प्रथम विद्यार्थी संस्करण), पृ. 28

25. वही : (विशिष्ट संस्करण), पृ. 41

गर्दन को झटका देकर चेहरा दायें हाथ को तिरछा घूमता है। निस्सन्देह 'हं:' का अर्थ अम्बिका के चरित्र कालिदास से सम्बन्ध और तात्कालिक सन्दर्भ में अधिक संगत है।[26] *आषाढ़ का एक दिन* के नये-पुराने संस्करणों को आमने-सामने रखकर देखने से राकेश की बारीक कारीगरी, शब्दों की तराश, भाषा की चुस्ती, सूक्ष्म रंग-दृष्टि और सृजनात्मक सामर्थ्य का पता अनायास ही चल जाता है। इसी नाटक के रेडियो रूपान्तरण से आर्द्र, उष्णता, तल्प, अस्पृश्य, आत्म-प्रवंचना, वितृष्णा, प्रताड़ना, विडम्बना तथा अनर्गलता जैसे संस्कृत के तत्सम शब्दों को निकाल देना तथा उपत्यकाएँ को घाटियाँ, भर्त्सना को डाँटना, अन्य को और, आस्तरण को शय्या, घृत को घी, दूर्वा को दूब, पूर्वग्रह को गाँठ, दोहित्र को नाती, भागिनेय को भानजे, क्रीत को बिकना, क्रय-विक्रय को बिकने-बिकाने, अभिस्तुति करने को हाथ जोड़कर, विचक्षता को चतुराई और ब्रह्म मुहूर्त को बदलकर सूर्योदय से पहले इत्यादि कर देना राकेश के माध्यमगत समझ और जागरूकता का प्रत्यक्ष प्रमाण है। मेरा विश्वास है कि संवादों में 'तल्प' जैसे अपेक्षाकृत कठिन शब्दों के प्रयोग और रंग-निर्देशों में भी संस्कृतनिष्ठ भाषा के उपयोग का मूल कारण वास्तव में 'काल विशेष की पृष्ठभूमि रखने' एवं 'अपेक्षित यथार्थ-भ्रम की सृष्टि'[27] को ध्यान में रखकर ही किया गया है न कि केवल कोर्स में लगने के लालच के कारण।[28] अत: नेमिचंद्र जैन के शब्दों में हम नि:संकोच कह सकते हैं कि इस नाटक की सबसे बड़ी खूबी है, इसकी भाषा 'जो एक क्लासिकी युग का हल्का-सा आभास बनाये रखकर भी बोलचाल के बहुत समीप है। साथ ही उसमें व्यंजना, विडम्बना, बिम्बपरकता, एकाधिक सन्दर्भों की अनुगूँज को बड़े संयम और नियन्त्रण के साथ सँजोया गया है, जिससे पहली बार आधुनिक नाटकीय गद्य का रूप निखर सका है। हिन्दी नाटक के विकास की यह एक ऐसी शर्त और ज़रूरत थी जिसे पूरा किये बिना

---

26. नटरंग 28 : जनवरी-मार्च, 1977 (राकेश की नाट्य-भाषा : जयदेव तनेजा), पृ. 41

27. *आषाढ़ का एक दिन* : (इस संस्करण तक...मोहन राकेश), पृ. 7

28. द्रष्टव्य : *सारिका* : 1 दिसम्बर, 1981 (...तो कोर्स में कैसे लगता : सत्येंद्र शरत), पृ. 13

किसी महत्त्वपूर्ण उपलब्धि की ओर बढ़ना कठिन था,[29] भाषा और रंगमंच की दृश्यात्मकता से आन्तरिक एवं अभिन्न रूप से जुड़ी वैविध्यपूर्ण और प्रखर बिम्बात्मकता राकेश की रंग-सृष्टि की एक अन्य विशेषता है। विवेच्य नाटक में डॉ. गोविन्द चातक के अनुसार—आषाढ़ के झरते मेघ, सुखाने के लिए फैलाये हुए गीले कपड़े, अम्बिका की ठोस और मल्लिका की तरल भाव-मुद्राएँ, अनुस्वार और अनुनासिक की बनावटी भंगिमाएँ, ग्रामवासियों का भोला देहातीपन और राजपुरुषों के दर्पपूर्ण चेहरे और अन्तत: दीपक की लौ में डूबा सब चेहरों में मल्लिका का एक चेहरा ऐसे दृश्य बिम्ब प्रस्तुत करता है जो रंगमंच की कविता रचता है।[30]

प्रतीकात्मकता और नाट्य-विडम्बना राकेश के रंग-शिल्प की दो अन्य प्रमुख विशेषताएँ हैं जिनका बहुआयामी प्रयोग उन्होंने अपने सभी नाटकों में किया है। *आषाढ़ का एक दिन* का मंच-विधान इसके चरित्रों, आर्थिक और सामाजिक स्थिति का संकेत देने के साथ-साथ उनकी शारीरिक और मानसिक यात्रा के लिए आधार-स्थल प्रस्तुत करता है। जगदीश शर्मा के शब्दों में—इस प्रकार एक ही स्थान पर समय की गति के साथ बदलता हुआ परिवेश समय के हाथों उत्पीड़ित मानव-नियति की कथा कहता है।[31] इस प्रकार काल के आयाम को मल्लिका के चरित्र और दृश्यबंध के माध्यम से बड़ी रोचक तीव्रता एवं नाटकीयता के साथ प्रस्तुत किया गया है।

चारित्रिक स्तर पर कालिदास 'सृजनात्मक शक्तियों का प्रतीक' है तो मल्लिका 'कालिदास की आस्था का विस्तारित रूप' संकेतित करती है। विलोम 'दुराग्रह की आक्रामक शक्तियों'[32] का द्योतक है। मल्लिका के भावनामय रोमानी चरित्र के मुकाबले अम्बिका यथार्थपरक व्यावहारिक जीवनदृष्टि का प्रतिनिधित्व करती है। प्रियंगुमंजरी, दन्तुल, रंगिणी-संगिनी और अनुस्वार-

---

29. *आधुनिक हिन्दी नाटक और रंगमंच* : नेमिचन्द्र जैन, पृ. 124

30. *आधुनिक हिन्दी नाटक का मसीहा : मोहन राकेश* : गोविंद चातक, पृ. 60

31. *मोहन राकेश की रंग सृष्टि* : जगदीश शर्मा, पृ. 16

32. द्रष्टव्य : *लहरों के राजहंस* : मोहन राकेश (पहली भूमिका), पृ. 8-9

अनुनासिक जैसे पात्र सत्ता और व्यवस्था के विविध रूपों का प्रतिनिधित्व करते हैं और सत्ताधारी, राजपुरुष, राज्याश्रयी बुद्धिजीवी तथा राज्याधिकारी की बहुरूपी मानसिकताओं के प्रतीक हैं। इसी प्रकार 'मेघ'[33] और 'ग्रंथ'[34] को कालिदास तथा 'ग्राम प्रांतर'[35] और 'भूमि'[36] को मल्लिका का सूक्ष्म प्रतीकत्व प्रदान करके नाटककार ने अद्भुत रंग-कौशल का परिचय दिया है। इसी प्रकार पृष्ठ 23 का घायल हरिणशावक, जो कवि कालिदास की नैसर्गिक कोमल भावना, निश्छल चेतना और स्पंदनमय संवेदनशीलता का प्रतीक है, वही पृष्ठ 25 के संवाद 'माँ की-सी आँखें और उनका-सा ही स्नेह' की पृष्ठभूमि में देखने पर तीसरे अंक में मल्लिका की बच्ची बनकर कालिदास के चरित्र की विसंगति एवं परिस्थिति की विडम्बना का नाटकीय संकेत बन जाता है।

इसी प्रकार राकेश ने व्यंग्य और नाट्य-विडम्बना का कई रूपों और स्तरों पर अत्यन्त कलात्मक एवं प्रभावशाली ढंग से इस्तेमाल करके *आषाढ़ का एक दिन* को नयी समृद्धि और गरिमा प्रदान की है। कुछ उदाहरण द्रष्टव्य हैं—

दूसरे अंक के आरम्भ में राजकर्मचारियों के सम्बन्ध में मल्लिका के इस कथन कि ''जानते हैं, माँ इस सम्बन्ध में क्या कहती है ? कहती है कि जब भी ये आकृतियाँ दिखाई देती हैं, कोई-न-कोई अनिष्ट होता है। कभी युद्ध, कभी महामारी। परन्तु पिछली बार तो ऐसा कुछ नहीं हुआ।'' के उत्तर में निक्षेप का प्रश्न ''नहीं हुआ ?''[37] पूरी तीव्रता और सघनता से मल्लिका के जीवन के आन्तरिक सत्य और स्थिति की विडम्बना का संकेत दे देता है। लगभग यही स्थिति पहले और तीसरे अंक के आषाढ़ के दिन के मेघों और वर्षा के अन्तर की है। तीसरे अंक में इसी से जुड़ा कालिदास का एक संवाद है—और कि वही चेतना है जिसमें कम्पन होता है। वही हृदय है जिसमें आवेश जागता है। परन्तु...[38] यह छोटा-सा 'परन्तु' इच्छा के विरुद्ध

---

33. द्रष्टव्य : *आषाढ़ का एक दिन* : मोहन राकेश, पृ. 59

34. वही, पृ. 106

35. वही, पृ. 48

36. वही, पृ. 124

37. *आषाढ़ का एक दिन* : मोहन राकेश, पृ. 65

38. वही, पृ. 126

समय की शक्ति, नियति के समक्ष व्यक्ति की दुर्बलता और परिस्थितियों के मुकाबले सम्बन्धों की विडम्बना का कितना बड़ा प्रमाण प्रस्तुत कर देता है। प्रथम अंक में कालिदास घायल हरिणशावक की रक्षा के लिए राजकर्मचारी से भिड़ जाता है परन्तु वही कालिदास तीसरे अंक में मल्लिका के घर के 'हरिणशावक'[39] से वितृष्णा के कारण वह घर, प्रेमिका और प्रदेश ही छोड़कर चला जाता है। आश्रय देने के नाम पर मातुल की टाँग और कालिदास के व्यक्तित्व एवं मन को तोड़ देने वाले राज्य की विडम्बना भी स्पष्ट ही है। दूसरे अंक में वर्षों बाद कालिदास से मिलने की आतुर प्रतीक्षा करती मल्लिका का रंगिणी-संगिनी तथा अनुस्वार-अनुनासिक और प्रियंगुमंजरी से मिलना भी कम विडम्बनापूर्ण नहीं है, परन्तु मल्लिका द्वारा विवाह का प्रस्ताव विनम्रतापूर्वक ठुकरा देने पर उसका प्रेमी और घर लूट लेने वाली प्रियंगु का यह भोला प्रश्न तो त्रासद ही है कि, ''क्यों? तुम्हारे मन में कल्पना नहीं है कि तुम्हारा अपना घर-परिवार हो?''[40] स्पष्ट है कि सन्दर्भों, शब्दों, संवादों, स्थितियों और मन:स्थितियों की यह विडम्बना समन्वित होकर समग्रत: चरित्रों और सम्बन्धों की व्यापक विडम्बना का रूप लेकर सम्पूर्ण नाटक को आषाढ़ के मेघों की तरह चारों ओर से आच्छादित कर लेती है। नाट्य विडम्बना का बहुस्तरीय एवं प्रभावशाली रोचक उपयोग राकेश के रंग-शिल्प की एक महत्त्वपूर्ण विशेषता है।

आषाढ़ का एक दिन रस और आनन्द का पारम्परिक नाटक नहीं वरन् द्वन्द्व और त्रासदी पर आधारित एक आधुनिक नाटक है। इस बुनियादी अन्तर को न समझने के कारण ही अधिकांश समीक्षक अनजाने और अनचाहे ही इस नाटक और मल्लिका के चरित्र के प्रति अन्याय कर जाते हैं।[41] नाटक

---

39. वही, पृ. 123

40. *आषाढ़ का एक दिन* : मोहन राकेश, पृ. 87

41. द्रष्टव्य

   (क) *नाटककार मोहन राकेश* : सं. सुन्दरलाल कथूरिया (रस निकष पर), पृ. 186–197

   (ख) *आषाढ़ का एक दिन : वस्तु और शिल्प* : विश्वप्रकाश दीक्षित 'बटुक', पृ. 175–185

   (ग) *नाटककार मोहन राकेश* : जीवनप्रकाश जोशी, पृ. 26–36 तथा पृ. 66

   (घ) *मोहन राकेश की रंग सृष्टि* : जगदीश शर्मा, पृ. 26

का द्वन्द्व, तनाव और संघर्ष भावना, व्यक्ति, स्थिति तथा प्रकृति—सभी स्तरों पर विद्यमान है। रूमानियत और यथार्थ, भावना और कर्म, समय और इच्छा, प्रेम और विवाह, परिवेश और सृजनात्मकता, व्यक्तिगत स्वातंत्र्य और राज्याश्रय—*आषाढ़ का एक दिन* में व्याप्त संघर्ष के विविध आयाम हैं। नाटककार इसे आरम्भ में 'मेघ' (कालिदास) और 'बिजली की कौंध' (विलोम राज्य) के द्वारा और फिर विरोधी वृत्तियों एवं दृष्टिकोणों वाले चरित्रों के पारस्परिक अन्तर्सम्बन्धों के द्वारा व्यक्त करता है। ज्येष्ठ मास की तपती हुई लू (परिस्थितियाँ) ने धरती (मल्लिका) को सुखा रखा है। तभी आषाढ़ मास के मेघों की पहली वर्षा (कालिदास की प्रेमासक्ति) उसे जीवनदायी आर्द्रता से तृप्त कर जाती है। लेकिन तभी बिजली (विलोम—राजा का दूत) कौंधती है और प्यासी मल्लिका को अपनी आत्मीय आर्द्रता एवं कोमलता से चारों ओर से घेरने वाले गहरे मेघ न जाना चाहकर भी उज्जयिनी की ओर उड़ जाते हैं। यह नाटक बाहरी क्रियाओं (एक्शन) और संघर्ष की बजाय अधिकतर भीतरी प्रतिक्रियाओं और द्वन्द्व के द्वारा तनाव की सृष्टि करता है। तलवारों की लड़ाई की अपेक्षा यह नाटक विरोधी भावनाओं, मनोवृत्तियों और इरादों के संघर्ष को प्रायः वाक् युद्ध के रूप में प्रकट करता है। प्रथम अंक में यह तनाव अम्बिका और मल्लिका, दन्तुल और कालिदास, निक्षेप-मातुल और अम्बिका तथा कालिदास, मल्लिका और विलोम के बीच उभरता है। दूसरे अंक में मल्लिका और प्रियंगुमंजरी का वैषम्य इसे गहराता है और तीसरे अंक में परिस्थितियों की विडम्बना से घिरे कालिदास, मल्लिका और विलोम के बीच पूरी शक्ति से उभरकर यह संघर्ष तीनों को तोड़ जाता है। मल्लिका को पाकर ही विलोम जान जाता है कि मन के बिना केवल तन की प्राप्ति कितनी अधूरी और अर्थहीन उपलब्धि है। इसी प्रकार, तन के बिना केवल मन (भावना) के स्तर पर मल्लिका की प्राप्ति कालिदास को भी असन्तोष एवं मोह भंग की दारुण स्थिति में ले जाती है। कालिदास के आगमन से विरहिणी मल्लिका की प्रतीक्षा खत्म होती है, लेकिन केवल उसकी आस्था और उसके विश्वास को तोड़कर चिर-वियोग में अकेला छोड़

जाने के लिए। मानव-प्रकृति और नियति की इस विडम्बना को रेखांकित करने के लिए नाटककार कई रंग-युक्तियों का नाटकीय प्रयोग करता है। तनाव और प्रभाव को गहराने के लिए रचनाकार ने विविध पात्रों के स्वभाव, व्यवहार, वस्त्र-विन्यास, रंग-रूप, हाव-भाव और गति-विधान के वैषम्य के साथ-साथ नाटकीय प्रवेश-प्रस्थान, अर्थगर्भी मौन, आशंका, सम्भावना और आकस्मिकता का भी रोचक इस्तेमाल किया है। नाट्य समीक्षक एन.सी. ठाकुर के शब्दों में—He has skillfully contrasted characters, their gestures and movements, their dresses, their language and its rhythms, their thought patterns and behaviour. he has also contrasted atmosphere and its effect and the setting of the different acts of the play. his use of contrast is not for the sake of contrast. he uses it for dramatic tension, to heighten the dramatic impact of the play.[42]

विवेच्य नाटक के प्रवेश और प्रस्थान, रचनाकार ने कौशलपूर्वक अत्यन्त नाटकीय एवं दिलचस्प ढंग से नियोजित किये हैं। आकस्मिक होकर भी वह पूर्णत: स्वाभाविक हैं। सभी महत्त्वपूर्ण पात्रों के प्रवेश से पहले उनके नाम और चरित्र का संकेत राकेश ने बड़ी चतुराई से अपने पाठकों-दर्शकों को दे दिया है। मल्लिका नाटक के प्रथम संवाद में ही घर की मालकिन अम्बिका को 'माँ' कहकर उससे अपने सम्बन्ध और अपनी मानसिकता को स्पष्ट कर देती है। कालिदास को लेकर माँ-बेटी के लम्बे वाद-विवाद के बाद उसका प्रवेश कराया गया है। विलोम के प्रवेश से पूर्व मल्लिका के संवाद—यह तुम्हारी नहीं, विलोम की भाषा है।[43]—द्वारा उसके चरित्र का पूर्वाभास नाटककार हमें करा देता है। मातुल का प्रथम संवाद ही उसके अपने व्यक्तित्व और कालिदास से उसके रिश्ते को साफ़ कर देता है। दूसरे अंक में राजदुहिता (प्रियंगुमंजरी) से कालिदास के विवाह का सन्दर्भ भी निक्षेप के संवाद में पहले से ही दे दिया जाता है और अनुस्वार अनुनासिक उसके आगमन की पूर्व सूचना दे देते हैं।

राकेश के नाटकों का बुनियादी सरोकार रहा है—व्यक्तित्व की खोज

---

42. *Ashadh Ka Ek Din* : N.C. Thakur (Contrast and Paralleism), P. 22.

43. *आषाढ़ का एक दिन* : मोहन राकेश, पृ. 34

घर के माध्यम से और घर की खोज व्यक्तित्व के माध्यम से।[44] प्रेमिका और पत्नी दोनों के साथ अपनी कल्पना के घर की तलाश में असफल होने के बाद *आषाढ़ का एक दिन* के अन्त में कालिदास सम्बन्धों के किसी नये समीकरण की खोज में बाहर निकल जाता है। यह घर मल्लिका और विलोम को भी नहीं मिलता। कालिदास के भीतर के दूसरे आदमी को मंच पर प्रस्तुत करने के लिए राकेश ने विलोम की सृष्टि की है। इसी रंग-युक्ति का प्रयोग नाटककार ने *लहरों के राजहंस* में श्यामांग तथा *आधे अधूरे* में सिंहानिया, जगमोहन और जुनेजा के रूप में भी किया है। *आषाढ़ का एक दिन* में व्यक्तित्व के इस द्वैत को मूर्त रूप देने के लिए राकेश ने मातृगुप्त के नाम-सन्दर्भ का भी उपयोग किया है।

आषाढ़ का एक दिन का दृश्य-विधान अम्बिका और मल्लिका की सामाजिक-आर्थिक स्थिति, सुरुचि, संस्कार और सौन्दर्यबोध का द्योतक होने के अतिरिक्त समय के साथ-साथ इन चरित्रों की बदलती हुई परिस्थितियों और मन:स्थितियों को भी उजागर करता है। 'मेघ' का प्रतीकत्व बहुअर्थगर्भी है। 'मेघ' पानी से जुड़कर जीवन के प्रतीक बनते हैं तो अन्धकार से जुड़कर दुख और निराशा के। विवेच्य नाटक में मेघगर्जन, वर्षा और विद्युत के दृश्य-श्रव्य बिम्ब नाटक के कथ्य और शिल्प का अविभाज्य अंग बनकर आये हैं। आरम्भ में यह मल्लिका के नवोपलब्ध सौन्दर्यानुभव और अनुभूतिमय प्रेम के लिए रोमानी वातावरण की सृष्टि करते हैं। कालिदास की विदाई से पहले अन्धकार और प्रकाश की यह लुकाछिपी मल्लिका एवं कालिदास के अन्तर्द्वन्द्व का संकेत देती है और बाद में यही बिम्ब मल्लिका की पीड़ा और आँसुओं को एक व्यापक आयाम दे जाता है। तीसरे अंक में प्रकृति के इन उदात्त तत्वों का उपयोग रचनाकार ने परिस्थितियों की विडम्बना और विषमता को रेखांकित करने के लिए किया है। प्रथम अंक के आरम्भ में अम्बिका का छाज में धान फटकना एक ओर उसके कर्मनिष्ठ व्यक्तित्व का संकेत है,[45] दूसरी ओर

---

44. *हिन्दी नाटक और रंगमंच : पहचान और परख : इंद्रनाथ मदान*, पृ. 79
45. ''माँ का जीवन भावना नहीं कर्म है। उसे घर में बहुत कुछ करना है।''—*आषाढ़ का एक दिन* पृ. 23

उसके मन की हलचल और उद्वेलन का[46] तो तीसरी ओर खाद्य (मल्लिका और परिवार की प्रतिष्ठा) में से किसी तरह अखाद्य (कालिदास) को अलग करके बाहर निकाल फेंकने के प्रयत्न का भी संकेत देता है।[47] यहाँ अम्बिका की शब्द-मितव्ययता और चुप्पी तथा घोड़ों की टापों और राजकर्मचारियों के आगमन से जुड़ी आशंका के द्वारा राकेश ने ज़बरदस्त तनाव की सृष्टि की है। इसके अतिरिक्त, 'हरिणशावक, उपत्यकाएँ, वायु, कुम्भ, बाघ (छाल), दीपक, रेशमी वस्त्र में लिपटे भोजपत्र, गेरू की आकृति सब मिलकर आत्मीय सम्बन्धों के सूचक बन जाते हैं ।...अन्त में एक ही दीपक का जलना कई संकेत एक साथ करता है—अम्बिका की मृत्यु, मल्लिका का एकाकीपन और उसका आत्मदाह। घोड़ों की टापों से मल्लिका, अम्बिका, विलोम की अलग-अलग स्थितियों का प्रस्तुतीकरण करते हुए नाटकीय संघर्ष को तीव्र प्रभाव दिया गया है। *आषाढ़ का एक दिन* का सारा सौन्दर्य सांकेतिकता में है—यह सांकेतिकता भाषा में भी है, और क्रियाओं में, दृश्यों में भी ।[48]

इस नाटक में रचनाकार ने प्रकाश-व्यवस्था सम्बन्धी निर्देश बहुत कम दिए हैं—कुल 56 शब्दों में 7 निर्देश। लेकिन विलोम के अग्निकाष्ठ का बहुत ही रोचक और नाटकीय प्रयोग यहाँ हुआ है। विलोम का प्रथम प्रवेश अँधेरे में से अग्निकाष्ठ की चमकती लौ के साथ रहस्यमय प्रभाव के साथ कराया गया है। जलता हुआ अग्निकाष्ठ—जो अम्बिका के लिए प्रकाश का स्रोत हो सकता है और मल्लिका एवं कालिदास के लिए आग (जलाने) का। इस मंच उपकरण को राकेश ने 'स्पॉट लाइट' की तरह इस्तेमाल किया है। मल्लिका और कालिदास के बीच आकर कालिदास पर सीधा वार करने से पहले विलोम 'अग्निकाष्ठ के पास जाकर उसे सहलाने लगता है।' और इस प्रकार, 'प्रकाश उसके मुख पर पड़ता है।'[49] कालिदास पर कटाक्ष करते समय 'विलोम उल्मुक

---

46. ''अंबिका धान को मुट्ठी में ले-लेकर जैसे मसलती हुई छाज में गिराने लगती है।''
        —वही, पृ. 20
47. ''उसके प्रभाव से मेरा घर नष्ट हो रहा है।''—*आषाढ़ का एक दिन*, पृ. 23
48. *समकालीन हिन्दी नाटककार : गिरीश रस्तोगी*, पृ. 42
49. *आषाढ़ का एक दिन : मोहन राकेश*, पृ. 48

(को) कालिदास के मुख के निकट ले आता है।' मल्लिका के बीच में आ जाने पर 'अग्निकाष्ठ का प्रकाश उसके मुँह पर पड़ने लगता है।' और विलोम कालिदास से पुन: सम्बोधित होते ही 'अग्निकाष्ठ का प्रकाश फिर कालिदास के चेहरे पर डालता है।'[50] भारतीय रंग-दृष्टि की खोज के लिए राकेश ने अपने अन्तिम दिनों में शब्द और अभिनय के जिस मूल तर्क पर बल दिया था, उसका प्रमाण हमें उनके इस प्रथम पूर्णकालिक नाटक में भी प्रत्यक्षत: मिल जाता है। इस प्रसंग में यदि हम रंग-निर्देशों के अनुपात पर ध्यान दें तो पायेंगे कि *आषाढ़ का एक दिन* में नाटककार ने दृश्य-बंध, प्रकाश, ध्वनि और अभिनय सम्बन्धी क्रमश: 3, 7, 22 और 558 निर्देशों की योजना की है। स्पष्ट है कि राकेश तकनीक समृद्ध पाश्चात्य रंगमंच की अपेक्षा रचनात्मक स्तर पर मूलत: अभिनयाश्रित प्रतीकात्मक रंगमंच की दिशा में आगे बढ़ने के ही आकांक्षी थे।

पहले अंक की वर्षा ने सुख देकर जो वस्त्र भिगोये थे, वे कुछ वर्षों के अन्तर दूसरे अंक के आरम्भ में दुख देकर सूख रहे हैं। अल्हड़ मल्लिका का जो अंशुक तब हवा ने उड़ा दिया था, उसे अब जीवन के कटु अनुभवों से वयस्क हुई मल्लिका ठीक कर रही है।[51] कुछ और वर्षों के बाद तीसरे अंक में वस्त्र सूख तो अवश्य गये हैं, किन्तु अब वह 'फटे और मैले वस्त्र'[52] हैं जो एक ढेर की तरह पड़े हुए हैं। पहले अंक में आनन्दित मल्लिका के भीग कर आने और तीसरे अंक में बैसाखी के सहारे मातुल तथा क्षत-विक्षत कालिदास के भीगकर आने का अन्तर ही पहले आषाढ़ के एक दिन और वर्षों बाद के इस आषाढ़ के एक दिन की विडम्बना को तीव्रता से रेखांकित करके नामकरण की सार्थकता को सिद्ध करता है। जीवन सौन्दर्य और आनन्द की पर्याय आषाढ़ की वर्षा कालान्तर में कैसे काल बन जाती है—इसे अपने पात्रों के जीवन की त्रासदी से जोड़कर राकेश ने *आषाढ़ का एक दिन* के रूप में एक करुण काव्य की ही रचना कर डाली है। और राकेश की इस अनुभूतिमय समर्पित कविता का नाम है—मल्लिका। इस नाटक की लोकप्रियता तथा प्रभावशीलता (अपील)

---

50. वही, पृ. 53
51. वही, पृ. 61
52. वही, पृ. 101

की धुरी है मल्लिका का यह स्पन्दनशील चरित्र। भारतीय संस्कारों में दु:ख और वियोग का बड़ा मूल्य रहा है। मल्लिका का यह अटूट आस्थामय त्याग, चिर-वियोग और आजन्म दु:ख उसके अपने निर्णय एवं चुनाव का परिणाम है। वरण की स्वतंत्रता के अधिकार के उपयोग से अनिवार्यत: जुड़े होने के कारण इस चरित्र में एक सार्वजनीन और सार्वकालिक प्रभावशीलता आ गयी है। इसलिए उसके विषय में यह कहना कि—उसने जिस प्रकार का जीवन अपनाया उससे तो अच्छा होता कि वह प्रियंगुमंजरी का कृपाभाव स्वीकार कर लेती।[53]—वास्तव में मल्लिका के चरित्र की मूलभूत विशेषता, प्रतीकात्मकता और शक्तिमत्ता से ही अनभिज्ञता प्रकट करना है। सम्भवत: तीसरे अंक में मल्लिका और विलोम के सम्बन्धों की अस्पष्टता से अधिक इसके चरित्रांकन पर कोई आक्षेप लगाना उचित नहीं होगा। इस सन्दर्भ में सुरेन्द्र वर्मा का यह सुझाव अवश्य विचारणीय है कि—मल्लिका को वेश्या बनाना क्यों ज़रूरी था? क्या वह अपनी माँ की तरह कूटने-पीसने जैसा कोई काम नहीं कर सकती थी? कुछ नहीं तो कोरे पन्नों की कॉपियाँ तो बना ही सकती थी, या कहीं लिपिक वगैरह हो सकती थी।[54] परन्तु प्रश्न यह है कि क्या मल्लिका की यह बाहरी टूटन उसकी भीतरी निष्ठा और अटूटता को अधिक तीव्रता से रेखांकित नहीं करती? और क्या मल्लिका का यह 'कामकाजी महिला' वाला रूप उसके भावनामय चरित्र के विपरीत आरोपण की हद तक आधुनिक स्त्री के नज़दीक नहीं होता? इस प्रश्न पर विवाद की सम्भावना हो सकती है, मगर फिर भी, आज के सन्दर्भ में इतना तो कहा ही जा सकता है कि, 'राकेश घर और परिवार से बाहर कुछ सोच ही नहीं सकते थे और मध्यवर्गीय नैतिकता से बुरी तरह आक्रान्त थे। इसलिए राकेश पुरुष से अलग स्वतंत्र इकाई के रूप में स्त्री को देख पाने में असमर्थ थे।'[55] चरित्रांकन की दृष्टि से नायक और खलनायक की परम्परागत धारणाओं को तोड़कर मानवीय रूपाकार ग्रहण करता कालिदास और विलोम का आधुनिक व्यक्तित्व तथा मातुल का करुणा-मिश्रित

---

53. *मोहन राकेश की रंग-सृष्टि* : जगदीश शर्मा, पृ. 26
54. श्री सुरेन्द्र वर्मा और लेखक के बीच 5.4.1980 को हुई एक व्यक्तिगत बातचीत से उद्धृत।
55. वही।

विदूषकत्व भारतीय नाट्य-परम्परा में अपूर्व है।

इस नाटक में संकलन-त्रय और एक ही दृश्य की योजना जहाँ रंगमंचीयता की दृष्टि से रंगकर्मियों को विशिष्ट सुविधा प्रदान करती है, वहीं कालिदास के अन्तर्द्वन्द्व को सूच्य और तीसरे अंक को लम्बे स्वगत कथनों पर आधारित उद्घाटन मूलक रूप देकर शिथिल और प्रभावक्षीण भी कर देती है। परन्तु अपनी इन कुछेक कमियों और सीमाओं के बावजूद समग्रत: यह कहा जा सकता है कि नाट्य-रूप की दृष्टि से *आषाढ़ का एक दिन* सुगठित यथार्थवादी नाटक है, जिसमें बाह्य ब्यौरे की बातों से अधिक परिस्थिति के काव्य को अभिव्यक्त करने का प्रयास है। इस दृष्टि से शायद हिन्दी का यह पहला यथार्थवादी नाटक है जो बाह्य और आन्तरिक यथार्थ को उनकी समन्विति में उनके अन्तर्द्वन्द्व में देखता और प्रस्तुत करता है। निस्सन्देह हिन्दी नाटक के परिप्रेक्ष्य में, और भाववस्तु और रूपबंध दोनों के स्तर पर, *आषाढ़ का एक दिन* ऐसा पर्याप्त सघन, तीव्र और भावोद्दीप्त लेखन प्रस्तुत करता है, जैसा हिन्दी नाटक में बहुत ही कम हुआ है।...उसकी दृष्टि कहीं ज्यादा आधुनिक और सूक्ष्म है जिसके कारण वह सही अर्थ में आधुनिक हिन्दी नाटक की शुरुआत का सूचक है।[56] अत: निष्कर्षत: कहा जा सकता है कि हिन्दी रंगांदोलन की गति को तीव्र करने और उसे व्यापक बनाने में इसने निश्चय ही महत्त्वपूर्ण योगदान दिया है।

---

56. नटरंग : 21 : अक्टूबर-दिसम्बर, 1972 (*मोहन राकेश के नाटक* : नेमिचन्द्र जैन), पृ. 35

हिन्दी नाटक की महत्त्वपूर्ण उपलब्धि

गिरीश रस्तोगी[*]

आषाढ़ का एक दिन मोहन राकेश का पहला और सर्वोत्तम नाटक ही नहीं, आज के हिन्दी नाटक की पहली महत्त्वपूर्ण उपलब्धि भी है। यह नाटक राकेश को हिन्दी के शीर्षस्थ नाटककारों में प्रतिष्ठित करता है और हिन्दी नाटक और रंगमंच को भारतीय नाटकों और रंगमंच के समकक्ष लाता है। जिस समय हिन्दी में पूर्ण नाटक लुप्तप्राय था, हिन्दी रंगमंच पिछड़ा हुआ, निष्क्रिय दिखाई देता था और अन्य भाषाओं के नाटक ही हिन्दी रंगमंच पर प्रस्तुत होते थे। उस समय इस नाटक ने रंगमंच पर पुनः पूर्ण नाटक ही शुरुआत ही नहीं की बल्कि नाटक और रंगमंच आन्दोलन को एक साथ सांस्कृतिक और सर्जनात्मक चेतना से सम्पृक्त करने में अकेला यह नाटक जितना सफल हुआ, आधुनिक युग में अन्य कोई नाटक नहीं। नाटक लेखक के साथ पूरे समूह से समान संवेदनशील, सतर्कता, कलात्मक गम्भीरता और पारस्परिक सहयोग की माँग करता है, साथ ही नाटक भी अन्य विधाओं की तरह बल्कि कुछ मायनों में उनसे भी अधिक प्रभावशाली ढंग से जीवन की सारी विविधता से गहरा साक्षात्कार करा सकता है *आषाढ़ का एक दिन* इसका प्रमाण है। हिन्दी नाट्य जगत् और रंग जगत् की सारी जड़ता और प्रचलित रूढ़ियों को तोड़ने वाला यह नाटक राकेश की 'भारतीयता' और 'आधुनिकता' हमारे अपने परिवेश में से ही समस्याओं से उत्पन्न द्वन्द्व को खोज निकालने की आकुलता को प्रत्यक्ष सामने लाता है। अपनी नींव, अपनी परम्परा, संस्कार, दृष्टि से एकदम कटकर कुछ बाहरी प्रभावों की चकाचौंध में

---

[*]गिरीश रस्तोगी हिन्दी विभाग, गोरखपुर विश्वविद्यालय, गोरखपुर में प्रोफ़ेसर एवं अध्यक्ष थीं। *हिन्दी नाटक का आत्म संघर्ष, नहुष, छायावन, अपने हाथ बिकानी, हिन्दी नाटक और रंगमंच : नयी दिशायें नये प्रश्न* आदि इनकी प्रमुख पुस्तकें हैं।

पड़कर बह जाना, लिख जाना राकेश को कभी मान्य ही नहीं रहा। यहाँ तक कि रंगमंच के विकास के सम्बन्ध में भी वह कृत्रिमता से हटकर भिन्न ढंग से सोचते हैं। भूमिका में उनके विचार उल्लेखनीय हैं—हिन्दी रंगमंच के विकास से निस्संदेह यह अभिप्राय नहीं है कि अति आधुनिक सुविधाओं से सम्पन्न रंगशालाएँ राजकीय या अर्धराजकीय संस्थाओं द्वारा जहाँ-तहाँ बनवा दी जायें, जिससे वहाँ हिन्दी नाटकों का प्रदर्शन किया जा सके। प्रश्न केवल आर्थिक सुविधा का ही नहीं, सांस्कृतिक पूर्तियों और आकांक्षाओं का प्रतिनिधित्व करना होगा, रंगों और राशियों के हमारे विवेक को व्यक्त करना होगा। हमारे दैनंदिन जीवन के राग-रंग को प्रस्तुत करने के लिए, हमारे संवेगों और स्पन्दनों को अभिव्यक्त करने के लिए जिस रंगमंच की आवश्यकता है, वह पाश्चात्य रंगमंच से कहीं भिन्न होगा। इस रंगमंच का रूप विधान नाटकीय प्रयोगों के अभ्यन्तर से जन्म लेगा और समर्थ अभिनेताओं तथा दिग्दर्शकों के हाथों उसका विकास होगा। यह कथन रंगमंच के सम्बन्ध में राकेश की चिन्तन दिशा, दिलचस्पी और जागरूकता को प्रकट करता है जिसकी कमी पिछले नाटककारों में दिखायी देती है। ज़ाहिर है कि *आषाढ़ का एक दिन* की रचना के दौरान राकेश नाटक को रंगमंच से जोड़ने की ओर और रंगमंच की आन्तरिक अपेक्षा की खोज की ओर प्रवृत्त थे और इस ओर आश्वस्त भी थे कि संभवत: उनका यह नाटक रंगमंचीय संभावनाओं की खोज में काफ़ी हद तक सहायक हो सके। इस समय जबकि नाटक अनेकों बार बड़ी-बड़ी नाट्य संस्थाओं द्वारा विभिन्न निर्देशकों की प्रयोगात्मक कलात्मक दृष्टि के साथ खेला जा चुका है, यह जानी हुई बात है कि एक बार इस नाटक ने विविध रंगमंडलियों को प्रोत्साहित किया, रंगकर्मियों में अधिक कलात्मक कलागांभीर्य, दायित्व-भावना और दृष्टि पैदा की, शिल्पिक साधनों के विकास की ओर ध्यान केन्द्रित किया, रंग शिल्प के सम्बन्ध में ज्ञान प्रसार किया, अच्छे अभिनेताओं का दल तैयार किया, दूसरी ओर अपनी सघनता, तीव्रता में इसने हिन्दी नाटक को अधिक सार्थक रूप दिया, नाटक की भाषा में स्थूल धाराप्रवाह शैली, वक्तव्य या भाषण शैली के स्थान पर सूक्ष्म सांकेतिक, अभिनयोचित सारे गुण लाकर नाट्यभाषा का एक आदर्श

प्रस्तुत किया है। और पहली बार नाट्य समीक्षा के सारे मानदंड बदल डालने की आवश्यकता का अनुभव कराया है—नाट्य समीक्षा में अन्तर आया भी। 1958 में ही संगीत नाटक अकादमी द्वारा पुरस्कृत यह नाटक हमेशा एक चुनौती बनकर आया है—नये-नये अर्थों को ध्वनित करते हुए, नये-नये रंग शिल्प का संकेत करते हुए।

प्रत्यक्ष रूप में यह नाटक ऐतिहासिक है, लेकिन यह ऐतिहासिक कहने भर को है। असलियत में पूरा नाटक आधुनिक ही नहीं, पूरा यथार्थवादी भी है, क्योंकि प्रसाद के ऐतिहासिक नाटकों से इसका रूप सर्वथा भिन्न है। प्रसाद की तरह राकेश ने न तो अतीत के इतिहास का ज्यों का त्यों विवरण प्रस्तुत किया है, न तत्कालीन घटनाएँ दोहरायी गई हैं, न ऐतिहासिक और काल्पनिक पात्रों को जमघट हैं, न अतीत के गौरव का मान ही। अतीत के गौरव या सांस्कृतिकता का प्रभाव डालने के उद्देश्य से अतिनाटकीयता या भावुकता का आश्रय भी नहीं लिया गया है, क्योंकि प्रसाद के नाटकों की 'सोद्देश्यता' और रसयोजना इसमें नहीं है, यह युग का अन्तर भी कहा जा सकता है। राकेश ने आधुनिक मानव के द्वन्द्व और जटिलता को ही पकड़ना चाहा है, इसलिए यहाँ ऐतिहासिक और आधुनिकता का समन्वय नहीं है, न ऐतिहासिकता की प्रामाणिकता और युगीन समस्याओं के संकेत अलग-अलग दिये गए हैं, बल्कि आरम्भ से अन्त तक बहुत अधिक सूक्ष्म स्तर पर यह नाटक आज के यथार्थ को, आधुनिकता को व्यक्त करता चलता है। यहीं राकेश मौलिक और ज्यादा आधुनिक हैं—सफलता असफलता का प्रश्न अलग है। अपने अगले नाटक *लहरों के राजहंस* की भूमिका में राकेश जब यह कहते हैं कि इतिहास या ऐतिहासिक व्यक्तित्व का आश्रय साहित्य को इतिहास नहीं बना देता। इतिहास तथ्यों का संकलन करता है, एक समय तालिका में प्रस्तुत करता है। साहित्य का ऐसा उद्देश्य कभी नहीं रहा। इतिहास के रिक्त कोष्ठों की पूर्ति करना भी साहित्य का उपलब्धि क्षेत्र नहीं है। साहित्य इतिहास के समय से बँधता नहीं, समय में इतिहास का विस्तार करता है, युग से युग को अलग नहीं करता, कई-कई युगों को एक साथ जोड़ देता है। इस तरह इतिहास के 'आज और कल' 'आज और कल' नहीं रह

जाते, समय की असीमता में कुछ ऐसे जुड़े हुए क्षण बन जाते हैं जो जीवन को दिशा संकेत देने की दृष्टि से अविभाज्य हैं। इस तरह साहित्य में इतिहास अपनी यथातथ्य घटनाओं में व्यक्त नहीं होता, घटनाओं को जोड़ने वाली ऐसी कल्पनाओं में व्यक्त होता है जो अपने ही एक नये और अलग रूप में इतिहास का निर्माण करती है। इसलिए जो *आषाढ़ का एक दिन* नाटक और उसके नायक कालिदास को ऐतिहासिक नाटक के ऐतिहासिक व्यक्तित्व समझकर ही देखेंगे वह उनकी एक नितान्त भ्रामक दृष्टि होगी और उनका नाटक की आत्मा तक, मौलिकता तक पहुँचना भी मुश्किल होगा। एक दृष्टि परिवर्तन का संकेत यहाँ भी है।

आषाढ़ का एक दिन कवि कालिदास के जीवन से सम्बन्धित नाटक है, लेकिन नाटक कालिदास के कवि रूप में प्रसिद्ध होने के बाद उतना नहीं है जितना एक बनते हुए कवि और प्रसिद्धि के चरम शिखर पर पहुँचने वाले कवि का है, जिसमें राकेश का ध्यान अधिक केन्द्रित हुआ है, उसकी प्रेयसी मल्लिका पर। मल्लिका गाँव की एक सीधी-सादी भावुक प्रेममयी, समर्पण-भावना से युक्त लड़की है—'भावना में एक भावना का वरण करने वाली, अपनी कोमल, अनश्वर, पवित्र भावना से प्रेम करने वाली और कालिदास से अपने सम्बन्ध को और सब सम्बन्धों से बड़ा मानने वाली, जिसकी केवल एक ही आकांक्षा है कालिदास के व्यक्तित्व को अधिक पूर्ण देखने की। अपना सर्वस्व समर्पित करके वह कालिदास को महान कवि के रूप में देखती है और एक तरह से पूरे नाटक पर उसी का कोमल, समर्पणशील व्यक्तित्व छा जाता है। आरम्भ से अन्त तक छाता चला जाता है और लगता है जैसे यह मल्लिका का नाटक है, कालिदास का नहीं। कालिदास के रचनात्मक व्यक्तित्व की मूल प्रेरणा यही मल्लिका है, उस पूरे परिवेश का वह जीवंत तत्त्व है—वह कश्मीर का शासक बनकर चला तो लेकिन अधिकार, सम्मान सब कुछ मिलने पर भी सुखी नहीं हो पाता, बल्कि अपने को खंडित और टूटा हुआ पाता है और अंत में मल्लिका को अपनी सहानुभूति मात्र देकर, अपने आप को स्पष्ट करके चुपके से चला जाता है। इस माने में यह कालिदास और मल्लिका का नाटक है लेकिन वस्तुत:

यह आधुनिक मानव की विवशता, उसके अंतर्द्वन्द्व का, उसकी जटिलता का नाटक है। कालिदास के माध्यम से वर्तमान स्थिति पर बल देते हुए राकेश ने दिखाना चाहा है कि एक सृजनशील कलाकार किस तरह व्यवस्था द्वारा कुचल और तोड़ दिया जाता है। आज के मूल्यबोध से युक्त असाधारण कवि या साहित्यकार न व्यवस्था को एकदम छोड़ पाता है और न उससे समझौता करते हुए चल पाता है। कालिदास का अंतर्द्वन्द्व और टूटन आज के साहित्यकार का द्वन्द्व और पीड़ा है। इस संदर्भ में राकेश का एक लेख 'साहित्यकार की समस्याएँ' ध्यान में आ जाता है जो एक साहित्यिक गोष्ठी (चंडीगढ़) में पढ़ा गया था और जिसमें उन्होंने बड़ी संजीदगी से विचार किया था कि एक साहित्यकार की मूल समस्या है साहित्यकार के रूप में अपना व्यक्तित्व बनाये रखने की। साहित्यकार की आर्थिक स्वतंत्रता और विचारों एवं मान्यताओं की दृष्टि से उसकी स्वतंत्रता एक अहम सवाल है। अगर यह स्वतंत्रता नहीं है तो लेखक का व्यक्तित्व कुंठित होता है, क्योंकि 'समझौते अनिवार्य रूप से उसके व्यक्तित्व को तोड़ते हैं।' साहित्यकार को इतनी स्वतंत्रता तो मिलनी ही चाहिए कि वह राजनीतिज्ञ की गलत स्ट्रेटजी को गलत कह सके, उससे असहमत हो सके 'क्योंकि स्वतंत्रता ही उसकी रचना को शक्ति देती है।' कहना न होगा कि राकेश ने कालिदास के माध्यम से एक साहित्यकार के इस मानसिक द्वन्द्व को सर्जनशील व्यक्तित्व और परिवेश, कलाकार और राज्य की आपसी टकराहट को व्यक्त करना चाहा है। कालिदास के सामने भी राज्य द्वारा दिए गए सम्मान और राज्याश्रय स्वीकार करने का, उससे अधिक उससे उत्पन्न विरोधी स्थितियों का प्रश्न है, यही नहीं कि उसे राजकीय सम्मान का मोह नहीं है, बल्कि प्रश्न उसी स्वतंत्रता का, साहित्यकार के व्यक्तित्व और अधिकार का है—मैं राजकीय मुद्राओं से क्रीत होने के लिए नहीं हूँ—यह पंक्ति लेखक के रचना-दायित्व और उसके स्वाभिमान और उसकी स्वतंत्रता की गहरी इच्छा को ही अभिव्यक्त करती है। उसे डर है कि राज्याश्रय और सम्मान स्वीकार करने पर कहीं वह अपने ग्राम प्रान्तर अपनी वास्तविक भूमि से उखड़ न जाये, दूसरे जीवन की अपेक्षाओं से बँध न जाये। अपने लेख में ही राकेश ने बहुत स्पष्ट कहा है कि एक लेखक राज्य द्वारा दी गयी सुविधाओं का उपभोग करता हुआ अपने व्यक्तित्व और

विचारों की स्वतंत्रता को बनाये रख सके, और उस पर कोई ऐसा दायित्व न पड़ता हो जिससे लेखक के रूप में उसकी आवाज़ कमज़ोर होने लगे तो उसे स्वीकार करने में कोई बाधा नहीं होनी चाहिए, लेकिन चूँकि ऐसा हो नहीं पाता इसलिए निश्चित रूप से सारी प्राप्त सुविधाओं की तुलना में लेखक का व्यक्तित्व ही अधिक महत्त्वपूर्ण है । कालिदास भी अनुभव करता है कि एक राज्याधिकारी का कार्यक्षेत्र मेरे कार्यक्षेत्र से भिन्न था । उसे बार-बार लगता है कि प्रभुता और सुविधा के मोह में पड़कर उस क्षेत्र में जैसे उसने अनधिकार प्रवेश किया है । वर्तमान समय के लेखक और आज के मनुष्य के द्वन्द्व को ही जैसे ध्यान में रखा गया है । आज के लेखक के सामने आर्थिक संकट सबसे बड़ी समस्या है । कश्मीर का शासन सँभालने में अपने को स्पष्ट करते हुए कालिदास भी कहता है—अभावपूर्ण जीवन की वह एक स्वाभाविक प्रतिक्रिया थी, साथ ही नाटक के आरम्भ में ही लेखक और व्यवस्था, स्वाभिमान और सत्ता के अधिकारों की टकराहट से उत्पन्न कचोट भी कालिदास में दिखायी है—जैसे उस तरह के सारे उपहास और तिरस्कार का बदला लेने के लिए वह कश्मीर का शासन संभाल लेता है । निक्षेप से प्रथम अंक में ही दो बातें कहलायी गयी हैं, एक 'योग्यता एक चौथाई व्यक्तित्व का निर्माण करती है । शेष पूर्ति प्रतिष्ठा द्वारा होती है ।' दूसरी, 'उनके हठ के मूल में कहीं गहरी कटुता की रेखा है ।' सत्य यह है कि कालिदास के चरित्र-चित्रण में स्वयं राकेश की उनके अपने व्यक्तित्व की, द्वन्द्वों की, शंकाओं और प्रश्नों की ही अभिव्यक्ति हुई है । उस पर राकेश के निजी व्यक्तित्व की बड़ी गहरी छाप है । एक भावुक कोमल, रोमांटिक मन भी, आज के लेखक का अपने को बनाने और प्रतिष्ठित करने का संघर्ष भी—जैसे मल्लिका कहती है—यहाँ ग्राम प्रान्तर में रहकर तुम्हारी प्रतिभा को विकसित होने का अवसर कहाँ मिलेगा ? यहाँ लोग तुम्हें समझ नहीं पाते । वे सामान्य की कसौटी पर तुम्हारी परीक्षा करना चाहते हैं । और सामान्य की कसौटी पर परखा जाना, स्वयं राकेश के लिए असंभव था । निक्षेप भी कहता है—'राजकवि का शासन रिक्त नहीं रहेगा परन्तु कालिदास जो आज हैं जीवन भर वही रहेंगे, एक स्थानीय कवि, यह दूसरों की ही दृष्टि नहीं है, यह द्वन्द्व राकेश के मस्तिष्क में भी रहा है और राकेश ने अपने को एक विशिष्ट साहित्यकार के रूप में प्रतिष्ठित

करने के लिए संघर्ष किया ही और नाटक क्षेत्र में अपनी मौलिकता और वैशिष्ट्य की छाप छोड़ी है। राजकीय सम्मान स्वीकार करने से पहले यह चिंता की 'नयी भूमि' सुखा भी तो सकती है...फिर भी कई-कई आशंकाएँ उठती हैं। आगे चलकर—कमी उस वातावरण में नहीं मुझमें है। मैं अपने को बदल लूँ, तो सुखी हो सकता हूँ परन्तु ऐसा नहीं हुआ।' मैं अपने को आश्वासन देता कि आज नहीं तो कल मैं परिस्थितियों पर वश पा लूँगा, और समान रूप से दोनों क्षेत्रों में अपने को बाँट लूँगा। क्या ये सब लेखक की आत्म-अभिव्यक्ति नहीं है? राकेश की डायरी के पन्नों में भी यही कुछ है—दूसरों की अपेक्षाओं के अनुसार अपने को ढालना, यह केवल आत्मघात की प्रक्रिया है जो जीवन भर चलती रह सकती है। परन्तु कुछ ऐसा क्रम है रोज़ की ज़िन्दगी का कि यह सब अनजाने में होता चलता है। अपने को समान रूप में बाँट पाना राकेश केसम्बन्ध में एकदम अविश्वसनीय सत्य है। जो छूट गया उसकी कचोट, जो आने वाला 'कल' है उसकी प्रतीक्षा राकेश का निजी स्वभाव रहा है, वह कालिदास में भी है। 'जिस कल की मुझे प्रतीक्षा थी वह कल कभी नहीं आया और मैं धीरे-धीरे खंडित होता गया, होता गया। और एक दिन...एक दिन मैंने पाया कि मैं सर्वथा टूट गया हूँ।' यह खंडित होता, टूटता हुआ व्यक्तित्व एक सृजनशील साहित्यकार का, राकेश का, आधुनिक मानव का—तीनों स्तरों पर सत्य है। परिस्थितियों के दबाव में तीनों की समान स्थिति होती है, ये सारे प्रश्न, द्वन्द्व इस नाटक को आधुनिक बनाते हैं, लेकिन कालिदास के चरित्र को लेकर कई तरह की आपत्तियाँ उठी हैं। कुछ लोग कालिदास और मातृगुप्त को एक ही मानते हैं, क्योंकि इसी आधार पर प्रसाद ने *स्कन्दगुप्त* में कालिदास की कल्पना की है लेकिन कुछ लोग इसे स्वीकार नहीं करते। वस्तुत: सत्य तो यह है कि कालिदास के सम्बन्ध में प्रामाणिक तथ्य उपलब्ध नहीं हैं। अधिकतर सामग्री आनुमानिक है। कुछ लोग कालिदास में उस महान् कालिदास की प्रतिमा ही देखना चाहते हैं और इसीलिए उन्हें लगता है कि 'एक चरित्र प्रतिमा को जानबूझकर खंडित करने का प्रयत्न किया गया है। लेकिन राकेश ने स्वयं भी अपने उत्तरों में स्पष्ट किया है कि न तो इस नाटक को कालिदास का इतिवृत्त या आख्यान मानना ठीक होगा, और न अपनी संस्कारगत भावना के आधार पर कालिदास में 'महाकवि

कालिदास' की प्रतिमा को ही देखना उपयुक्त होगा, बल्कि 'नाटक की रचना एक समसामयिक परिस्थिति को उसकी अपनी नाटकीयता में अभिव्यक्त करने के लिए हुई है, इसलिए इसे इतिहासगत या संस्कारगत संदर्भ से अलग रखकर इसके साथ न्याय किया जा सकता है। लेकिन दूसरे प्रकार की आपत्तियाँ कालिदास में एक सर्जनशील व्यक्तित्व के अभाव को लेकर हैं और यह बहुत सही है। यद्यपि राकेश ने कहा है कि मेरे लिए कालिदास एक व्यक्ति नहीं, हमारी सर्जनात्मक शक्तियों का प्रतीक है। नाटक में वह प्रतीक उस अन्तर्द्वन्द्व को संकेतित करने के लिए है जो किसी भी काल में सृजनशील प्रतिभा को आन्दोलित करता है। व्यक्ति कालिदास को उस अन्तर्द्वन्द्व में से गुज़रना पड़ा या नहीं, यह बात गौण है। मुख्य बात यह है कि हर काल में बहुतों को उसमें से गुज़रना पड़ा है, हम भी आज उसमें से गुज़र रहे हैं। लेकिन कालिदास को अगर विश्वप्रसिद्ध सर्जनात्मक व्यक्तित्व के रूप में देखें तो निराशा होती है। निस्सन्देह पूरे नाटक में कालिदास एक बहुत ही आत्मकेन्द्रित, भावुक, खंडित, दुर्बल मन:स्थिति वाले और बड़ी ही स्वार्थदृष्टि वाले व्यक्ति के रूप में सामने आता है, अगर सचमुच राकेश उसके द्वारा समस्त भारतीय सर्जनात्मक प्रतिभा को किसी गहराई से प्रस्तुत करना चाहते थे और एक असाधारण सर्जनात्मक व्यक्तित्व के अन्तर्द्वन्द्व को दिखाना चाहते थे तो उतना तीव्र संघर्ष कालिदास में कहीं दिखायी नहीं देता और न ही कालिदास एक असाधारण सर्जनशील व्यक्तित्व के रूप में प्रभावित कर पाता है। इसके कई कारण हैं। कालिदास, नाटक के आरम्भ में अपने प्रवेश के साथ प्रभावित करता है—उसकी सहृदयता, उदारता, भावुकता, संवेदनशीलता, कवि-हृदय की कोमलता, लेकिन आत्माभिमान की चमक और दृढ़ता और साथ-साथ बड़ा तीव्र द्वन्द्व! लेकिन इस अंक के अन्त में ये सारे प्रभाव फीके पड़ जाते हैं। कालिदास का आन्तरिक संघर्ष भी नहीं उभरने पाता और न उसके चरित्र के ही सबल पक्ष सामने आ पाते हैं, बल्कि राजकीय सम्मान और राज्याश्रय प्राप्त होने पर न चाहते हुए भी वह उज्जैनी चला जाता है—केवल भावुक क्षणों में कुछ कहकर और भीगी आँखों से मल्लिका से विदा लेकर, जबकि यहाँ बहुत अवसर थे कालिदास-साहित्यकार के भीतर के विरोधी संघर्षों को पूरी तीव्रता के साथ दिखाने के,

परिणाम यह होता है कि मल्लिका अपने त्याग और समर्पण में महान् लगने लगती है और कालिदास जैसा व्यक्ति उसकी तुलना में बहुत साधारण। आगे भी कश्मीर का शासक बनने पर कालिदास जब ग्राम प्रान्तर आता है तो मल्लिका से मिलने नहीं आता, केवल इसलिए कि कहीं यह प्रदेश, यहाँ की पर्वत-श्रृंखलाएँ और उपत्यकाएँ एक मूक प्रश्न न उपस्थित कर दें और एक भय यह भी कि कहीं मल्लिका की आँखें मन को अस्थिर न कर दें। बिना यह सोचे कि मल्लिका पर इसकी क्या प्रतिक्रिया होगी, गाँव के लोग क्या कहेंगे, कालिदास का चुपचाप चले जाना उसके मानव पक्ष को दुर्बल बनाता है। अंत में भी जब वह आता है तो जैसे निरन्तर अपने को स्पष्ट करने की कोशिश में लगा हुआ और मल्लिका को अपनी सहानुभूति देता हुआ। अंत में भी उसका चुपके से चला जाना खटकता है। लगता है कि सामने आने वाली परिस्थितियों को 'फ़ेस' करने से वह कतराता है। आरम्भ से अंत तक देखने पर नाटक में कालिदास की महानता और उसका असाधारण सर्जनात्मक व्यक्तित्व कहीं स्थापित नहीं हो पाता, बजाय इसके कि कहीं-कहीं संवादों में उसके महान् लेखक का परिचय मिलता हो—उल्टे उसके हीन मानव रूप का दुर्बल इच्छाशक्ति वाले व्यक्ति का रूप ही प्रमुख हो जाता है और उसकी तुलना में अंत में जाकर विलोम कहीं अधिक विश्वसनीय, स्वाभाविक और प्रभावशाली लगता है। विलोम कालिदास के व्यक्तित्व पर निरन्तर हावी लगता है। क्या यह कालिदास के चित्रण की कमजोरी नहीं है? कालिदास के चरित्र के सम्बन्ध में नेमिचन्द्र जैन की इस बात को ही सही मानना होगा कि 'अंततः नाटक में' उद्घाटित उसका व्यक्तित्व न तो किसी मूल्यवान और सार्थक स्तर पर स्थापित ही हो पाता है न इतिहास प्रसिद्ध कवि कालिदास को, और इस प्रकार उस माध्यम से समस्त भारतीय सर्जनात्मक प्रतिभा को कोई गहरा विश्वसनीय आयाम ही दे पाता है। स्थिति 'एस्केप' कर जाने वाली लगती है। यह जरूरी नहीं है कि महान् लेखक में महान् गुण ही होंगे। दुर्बलताएँ उसमें भी हो सकती हैं लेकिन उन दुर्बल पक्षों में दबकर उसका असाधारण प्रतिभा सम्पन्न व्यक्तित्व खो नहीं जाना चाहिए। कालिदास में ऐसा हुआ है। न तो यह स्पष्ट होता है कि कालिदास की सर्जनात्मक चेतना के मूल स्रोत क्या हैं? राकेश के ग्राम प्रदेश,

मल्लिका की प्रेरणा और राजपुरुष दन्तुल से हुई बातचीत से उत्पन्न गहरी कटुता और चुभन को ही मूल स्रोत और द्वन्द्व का कारण दिखाया है, लेकिन क्या इन स्रोतों का औचित्य नाटक में अन्त तक सिद्ध हो सकता है ? राकेश अगर इसका निर्वाह कर सके होते तो निश्चित रूप से यह नाटक अधिक आधुनिक, अधिक सार्थक और अधिक पैना, तीखे यथार्थ वाला नाटक हो सकता। लेकिन उस गहराई तक न जाने के कारण नाटक भावुकतापूर्ण लगने लगता है, विशेषकर कालिदास की अनिश्चय, द्विविधा की स्थिति को लेकर। मगर मल्लिका मूल स्रोत है, जैसे कि अपने उद्घाटन-भाषण में आगे उसने कहा भी है तो उसे मल्लिका से इस प्रकार बचकर क्यों जाना पड़ा ?—जो अभाव वर्षों से मुझे सालते रहे हैं वे आज और बड़े प्रतीत होते हैं क्या यही उसकी सर्जनपीड़ा को व्यक्त करने के लिए पर्याप्त है ?—मुझे वर्षों पहले यहाँ लौट आना चाहिए था, ताकि यहाँ वर्षा से भीग-भीगकर लिखता—वह सब जो मैं अब तक नहीं लिख पाया और जो आषाढ़ के मेघों की तरह वर्षों से मेरे अन्दर घुमड़ रहा है। एक लेखक के अन्दर की इस घुमड़ को ही, उसके स्रोतों-कारणों को ही अगर संयम-संतुलन और गहराई से निभाया गया होता तो नाटक उस भावुकता को छूता हुआ न लगता जो उसमें है। कालिदास के द्वन्द्व, संशय, अनिश्चय राकेश के स्वभाव की देन हैं। कालिदास मल्लिका से तो अपेक्षा करता, एक आशा और विश्वास के साथ आता है कि सब कुछ वैसा ही होगा, ज्यों का त्यों, यथास्थान। इस सम्बन्ध में निश्चित था कि तुम्हारे मन में कोई वैसा भाव नहीं आयेगा। ऐसा क्यों ? अपेक्षाएँ स्वयं उससे भी तो हो सकती हैं। लेकिन उल्टे उसे वहाँ आकर बहुत व्यर्थता का बोध होता है, हमारे परिवर्तन को देखकर। 'इच्छा का समय के साथ द्वन्द्व' सूक्ष्म और गहरे स्तर पर नाटक में सामने नहीं आ पाया। जहाँ तक मल्लिका का सम्बन्ध है, उससे सम्बन्धित सारे स्थल निर्विवाद हैं, क्योंकि उसके भावनामय व्यक्तित्व के अनुकूल है। यद्यपि जितना समर्पण भाव उसमें दिखाया है, उतना ही आत्मविश्वास, दृढ़ता और स्पष्टवादिता भी। कालिदास को लेकर उसके मन में कोई अपराध भावना नहीं है। विवाह प्रसंग को लेकर भी वह अपने को स्वतंत्र मानती है। उसका जीवन उसकी अपनी सम्पत्ति है, आलोचना का अधिकार भी वह किसी को देना नहीं चाहती लेकिन अंत में

उसका समर्पित व्यक्तित्व ही प्रधान हो जाता है। अपने वर्तमान से गहरा असंतोष होते हुए भी वह उसमें जीती है। एक ओर उसे लगता है...परन्तु तुमने वारांगना का यह रूप भी देखा है ? आज तुम मुझे पहचान सकते हो ?...मैंने अपने भाव के कोष्ठ को रिक्त नहीं होने दिया परन्तु मेरे अभाव की पीड़ा का अनुमान लगा सकते हो ? वितृष्णा भी, आत्मग्लानि भी, आत्माभिमान भी, टूटन भी और सारी पीड़ा और असंतोष के पीछे छिपा एक संतोष भी, तुम रचना करते रहे और मैं समझती रही कि मैं सार्थक हूँ। मेरे जीवन की भी कुछ उपलब्धि है। मतलब मल्लिका अपने सारे निर्णयों, उलझनों, भावों में बहुत स्पष्ट है। लगता है कि मल्लिका राकेश की आकांक्षा है, केवल कल्पना नहीं। एक ऐसा नारी रूप जो रचनाकार के लिए प्रेरक हो, उसकी रचनात्मक शक्ति का विस्तार करने में सहायक हो, कहीं बाधक न बनता हो।

नाटक में और बहुत सारे स्थल ऐसे हैं, जो समकालीन अनुभव को व्यक्त करते हैं और नाटक को आज के यथार्थ के निकट ले जाते हैं। कई पात्र हैं जो कथा-शृंखला को जोड़ते, विकसित करते ही नहीं चलते, पूरे नाटक को आधुनिक संदर्भों में महत्त्वपूर्ण बनाते चलते हैं। उदाहरण के लिए पहले अम्बिका को लें—गाँव की वृद्धा स्त्री और मल्लिका की माँ जिसके माध्यम से राकेश ने आज की भौतिकवादी, यथार्थ में विश्वास करने वाली व्यावहारिक दृष्टि को प्रस्तुत किया है। मल्लिका और अम्बिका भावना और यथार्थ का द्वन्द्व प्रस्तुत करती हैं। आज के दृष्टि-भेद और द्वन्द्वों की अभिव्यक्ति इन दोनों के संवादों में होती है। जीवन को भावना न मानकर कर्म मानने वाली अम्बिका को मल्लिका की 'भावना' से वितृष्णा होती है, उसे यह सब 'छलना' और आत्मप्रवंचना लगता है। वह नहीं समझ पाती कि 'भावना' से जीवन की आवश्यकता किस तरह पूरी होती है ? उसकी यथार्थ दृष्टि से घृणा करती है, क्योंकि उसे वह आत्मसीमित लगता है केवल अपने से मोह। यथार्थ से आँख मूँदकर जीने की उसकी अवस्था बीत चुकी है, लेकिन साथ ही मल्लिका के प्रति गहरा लगाव उसके मन में है। मातृ हृदय की करुणा, पीड़ा, वात्सल्य, सहानुभूति उसकी सारी कठोरता, आक्रोश और कड़ुवाहट के बीच में भी फूटी पड़ती है। इसमें कोई शक नहीं कि अम्बिका में व्यवहारकुशलता और यथार्थ

जगत की कठोरता और मातृत्व की कोमलता और करुणा का अन्तर्ग्रन्थन बड़ी सफलता से हुआ है, लेकिन आज के उभरते द्वन्द्व को नाटक में भरने के लिए ही राकेश ने अम्बिका की व्यावहारिक दृष्टि को विशेष रूप से प्रस्तुत किया है जो मल्लिका के केवल भावनामय, समर्पणमय व्यक्तित्व के विरोध में पड़ता है और आपसी टकराहट से नाटक में तीखापन और द्वन्द्व पैदा करता है। इस रूप में अम्बिका का चरित्र नाटक को और ही नया सौन्दर्य नये अर्थ प्रदान करता है और उसे कोरी भावुकता से बचाता है। सत्ता और रचनाकार के द्वंद्व के अलावा मौलिकवादी और भावनावादी दृष्टि की टकराहट नाटक को अभिव्यक्ति का गंभीर माध्यम बनाती है। स्थूल स्तर पर यह टकराहट मल्लिका और अम्बिका में है पर सूक्ष्म स्तर पर यह कालिदास और विलोम के चरित्रचित्रण में है। इस माने में विलोम भी नाटक का एक महत्त्वपूर्ण भाग है। विलोम की दृष्टि अधिक व्यावहारिक है, भावनाएँ उसे प्रभावित नहीं करतीं लेकिन व्यावहारिक जीवन में वह बड़ा चतुर है और बड़ा संयमित भी। कालिदास से बराबर टकराने वाला और अपने 'अनधिकार प्रवेश' को हमेशा सही सिद्ध करने वाला। कालिदास अन्तर्मुखी है, अपने ही द्वन्द्व से पीड़ित और भावनाओं से उद्वेलित, विलोम समय की रग को पकड़कर बड़ी कुशलता से अपने अस्तित्व को बनाये रखने वाला व्यक्ति है। कालिदास, मल्लिका; अम्बिका जब-जब भावना और द्वन्द्व की चरम सीमा पर हैं तब वह उन्हें छेड़ता है, अपनी उपस्थिति का पूरा एहसास कराता है और अवसर का पूरा फ़ायदा उठाता है—यही आज की व्यावहारिक और यथार्थ दृष्टि है। अपने अन्दर से वह भी कम पराजित, टूटा और दुखी नहीं है लेकिन वह उन पर विजय पाता है। नाटक के प्रथम अंक में ही राकेश ने विलोम से कहलाया है, विलोम क्या है? एक असफल कालिदास और कालिदास? एक सफल विलोम। हम कहीं एक-दूसरे के बहुत निकट पड़ते हैं। नतीजा यह है कि बहुतों को विलोम सामान्य खलनायक जैसा लगता है, जबकि न कालिदास आम नायक है न विलोम। इस रूप में देखने में विलोम कालिदास के व्यक्तित्व का ही एक अंश है—देखने की बात है कि जो कालिदास पाना चाहता है वह विलोम को मिलता है और जो विलोम नहीं प्राप्त कर पाया वह कालिदास प्राप्त करता है, इसलिए विलोम जैसे पात्र की गढ़न की सार्थकता कालिदास

के द्वन्द्व और व्यक्तित्व को अभिव्यक्त करने में है न कि खलनायक बनाने में। राकेश की सूक्ष्म दृष्टि और सांकेतिकता ही नाटक को अधिक सारगर्भित और सूक्ष्मस्तरीय बनाती है। निस्सन्देह इस माने में विलोम का चित्रण कालिदास से कहीं अधिक सफल-स्वाभाविक और आज की अनुभूति के निकट पड़ता है। विलोम की चतुरता, वाक्पटुता और व्यावहारिकता के आगे कालिदास कभी-कभी बहुत फीका लगता है, खासतौर से अन्तिम अंक में। ऐसे भी स्थल आते हैं जहाँ विलोम नायक की तरह उभरने लगता है और कालिदास एक खलनायक जैसी स्थिति में खड़ा दिखाई देता है। दोनों ही असामान्य पात्र हैं, यद्यपि दोनों ही मानवीय दुर्बलताओं से युक्त हैं। कालिदास को उसकी समस्त दुर्बलताओं के साथ चित्रित करके अगर राकेश ने समाज की परम्परागत रूढ़ि को तोड़ने और नाटक के नायक की प्रचलित इमेज को तोड़ने की दिशा में योग दिया है तो आधुनिक मानव को प्रतिष्ठित भी किया है और वहाँ विलोम के द्वारा द्वन्द्व और यथार्थ, असफलता और सफलता के बीच जीते हुए आज के मनुष्य के बाहरी प्रयत्नों और व्यवहारवादी दृष्टि को प्रमुखता दी है।

नाटक में आधुनिकता और समकालीन अनुभव के और भी कई आयाम हैं। विभिन्न पात्र उनमें सहायक हुए हैं। मातुल आज की अवसरवादी प्रवृत्ति को स्पष्ट करता है। सत्ताधारियों की चाटुकारिता और प्राप्त अवसर के अनुकूल अपने को बदल लेना उसकी प्रवृत्ति है। भौतिक लाभ ही उसका मुख्य लक्ष्य है इसीलिए कालिदास द्वारा राजकीय सम्मान को स्वीकार न करने की बात सुनकर वह आगबबूला हो जाता है—मेरी समझ में नहीं आता कि इसमें क्रय-विक्रय की क्या बात है ? सम्मान मिलता है ग्रहण करो। नहीं कविता का मूल्य ही क्या है ? उसकी भौतिक दृष्टि कविता को, कवि को महत्त्व नहीं देती, महत्त्व देती है—सत्ता को, राज्य को, राजकीय सम्मान को। कालिदास की कविता से उसे वितृष्णा है, क्योंकि वह लोकनीति को ही समझता है। घर में वह बहुत तेज है लेकिन प्रियंगु के आगे बड़ा विनम्र, पक्का चाटुकार। गुप्तवंश के साथ सम्बन्ध उसके लिए बहुत बड़ी चीज़ है। उसके लिए अब पशुओं की देख-रेख एक बड़ी साधारण हेय बात है। लेकिन राकेश इस भौतिक दृष्टि के बहुत समर्थक नहीं हैं। अन्तिम अंक में मातुल के संवादों में कृत्रिम जीवन से वितृष्णा और

ऊपरी चमक से भरे जीवन का खोखलापन ही दिखाया गया है—आन्तरिकता और आत्मीयता का, अपनी मिट्टी की सोंधी गंध का अभाव ही जैसे उसे तोड़ देता है। मातुल के यहाँ के संवादों में सभ्यता, शिष्टता में छिपी बनावट को ही खोला गया है। भौतिक और अवसरवादी दृष्टि जो कुछ समझ पाती है, वह सदा झूठ होता है, यानी सत्य सदा उसके विपरीत होता है। अवसरवादिता और बाह्य जीवन का आकर्षण आज के मनुष्य की मनोवृत्ति है, जो मनुष्य को कुछ स्थायी नहीं देती—देती है केवल एक क्षणिक सुख। आरंभिक अंकों में वह बड़ी तेज़ गतिवाला, बड़ा नाटकीय, सक्रिय है लेकिन अंत में उसकी टूटन, झल्लाहट और उसके पीछे तीखे अनुभव अधिक स्पष्ट होते हैं।

अन्य पात्रों में दन्तुल है—एक राजपुरुष—सत्ता वर्ग का प्रतिनिधि। उसका साधिकार प्रवेश; हिंसक वृत्ति, कठोर हृदय, कठोर वचन, अहंकार, अधिकार की लिप्सा और असंयमित भाषा उस वर्ग की मनोवृत्ति का ही बड़ा सफल उदाहरण है। यहीं से नाटक के मूल द्वन्द्व की—कालिदास के आन्तरिक संघर्ष की शुरुआत होती है। प्रियंगु—कालिदास की राजमहिषी भी उसी सत्ता वर्ग का प्रतिनिधित्व करती है। प्रियंगु के व्यक्तित्व में, आभिजात्य वर्ग के दर्प, संस्कार, विनम्रता कुशलता; व्यावहारिक शिष्टता भी है और एक स्त्री या पत्नी के रूप में मल्लिका के आगे हीनता, ईर्ष्या और घबराहट भी। जगह-जगह अपनी हीन भावना को, घबराहट को वह झूठे दर्प में दबा लेती है। निरन्तर अपना महत्त्व दिखाते हुए अपना प्रयोजन सिद्ध कर लेना चाहती है और अन्त में ग्रामीण सादगी और अनन्यता के आगे पराजित होकर एक खिसियाहट के साथ अपने झूठे महत्त्व को बनाए रखते हुए चली जाती है। सत्ताधारियों की अल्पज्ञता और स्थूल दृष्टि का संकेत भी प्रियंगु के माध्यम से दिया गया है...इस प्रदेश के कुछ वातावरण अपने साथ ले जाऊँ आदि में यही संकेत है। नाटक को आधुनिक संदर्भ देने वाले पात्रों में रंगिणी और अनुस्वार-अनुनासिक भी मुख्य हैं। समसामयिक व्यंग्य और राकेश का व्यक्तित्व इन सब में साकार हुआ है। समाज का सत्ता-सम्पन्न वर्ग हर उपलब्धि के पीछे असामान्य ही कल्पना करता है—ग्राम उनके लिए अजूबा है—इसका चित्र रंगिणी-संगिनी में खूब उभरा है, इस प्रदेश ने कालिदास जैसी असाधारण प्रतिभा को जन्म दिया है। 'यहाँ की

तो प्रत्येक वस्तु असाधारण होनी चाहिए' जैसी बात और ग्राम की छोटी-छोटी चीज़ों के प्रति अतिरिक्त उत्साह और उत्सुकता जहाँ उनकी अज्ञानता का सूचक है, वहाँ इस वर्ग की कृत्रिमता, संवेदनहीनता का भी। साथ ही आज की उस अध्ययन दृष्टि या शोध वृत्ति पर भी व्यंग्य है जो केवल बाह्य उपकरण एकत्रित करती रह जाती है, आत्मा में प्रवेश नहीं कर पाती लेकिन मिथ्या दम्भ से भरी रहती है। अनुस्वार-अनुनासिक नाटक के अनिवार्य अंग हैं। और विषयांतर की दृष्टि से—नाटक के बोझिल वातावरण को सजीव, मनोरंजक बनाने की दृष्टि से उनकी उपस्थिति बड़ी महत्त्वपूर्ण है। दोनों राजकर्मचारी एक वर्ग विशेष के संदिग्ध, असंदिग्ध, औचित्य, अनौचित्य के विवाद में उलझे मत वैभिन्य से उपजे दिमागी दिवालियेपन के द्योतक हैं। चलते-फिरते ढंग से इनके छोटे-छोटे वाक्यों में बड़ी गंभीर बातें कह दी गयीं—और यह राकेश की 'अनुभूति' और 'अभिव्यक्ति' के अनुशासन का बड़ा अच्छा उदाहरण है, अर्थ संदर्भ की दृष्टि से भी और नाटकीय परिकल्पना की दृष्टि से भी। इस नाटक की सारी पात्र योजना देखकर एक यह सत्य भी सामने आता है कि पहली बार हिन्दी नाटक में किसी नाटककार ने छोटे-छोटे पात्रों को भी उनका सम्पूर्ण व्यक्तित्व दिया है, उनकी उपस्थिति नाटक में अनिवार्य और महत्त्वपूर्ण बना दी है और नाटकीय अर्थ और रंगमंचीय अर्थ गरिमा से उन्हें संयुक्त कर दिया है। ये मंच पर एकरसता को तोड़कर विविधता भी लाते हैं, नाटककार की कल्पनाशीलता और सर्जन क्षमता को स्थापित भी करते हैं, आधुनिक संदर्भों की गहराई से अभिव्यक्ति भी करते हैं और नाटक की मंचीय संभावनाओं में वृद्धि भी। यहाँ पात्रों का चित्रण कथानक की आवश्यकता और गठन के अनुसार नहीं हुआ है बल्कि पात्रों से ही कथानक की माँग पूरी हुई है, गठन सशक्त और अर्थ गंभीर। उनका कोई पात्र केवल कथा सूत्र जोड़ने या बढ़ाने के लिए सायास लाया गया प्रतीत नहीं होता। निक्षेप में यह काम लिया गया है लेकिन आत्मीयता और संवेदनशीलता उसमें भी है। कहीं भी वह निर्जीव या निरर्थक सृष्टि नहीं लगता। हिन्दी पाठक को मैं राकेश की यह बड़ी देन मानती हूँ कि उन्होंने कहीं कथानक गढ़ा नहीं है, चरित्र सृष्टि से अभिव्यक्त किया है, स्थूल स्तर पर नहीं सूक्ष्म स्तर पर, इसलिए उनके नाटकों में उनका अपना व्यक्तित्व, दर्शन या चिंतन कहीं

भी आरोपित नहीं है—जैसा कि प्रसाद के नाटकों में है, बल्कि उनके नाटकों में उनके पात्र ही जीते हैं—अपने अस्तित्व और व्यक्तित्व के साथ। कम-से-कम *आषाढ़ का एक दिन* नाटक का सारा महत्त्व उसके विविध पात्रीय होने में, विविध अर्थ संदर्भ देने में है। इस नाटक का बहुपक्षीय महत्त्व होने में कोई सन्देह नहीं है। इसी अर्थ में यह पूर्ण यथार्थवादी नाटक लगता है। नेमिचन्द्र जैन जब यह कहते हैं कि 'नाट्य रूप की दृष्टि से *आषाढ़ का एक दिन* संगठित यथार्थवादी नाटक है जिसमें बाह्य ब्योरे की बातों से अधिक परिस्थिति के काव्य को अभिव्यक्त करने का प्रयास है। इस दृष्टि से शायद हिन्दी का यह पहला यथार्थवादी नाटक है जो बाह्य और आंतरिक यथार्थ को उनकी समन्विति में उनके अंतर्द्वन्द्व में देखता और प्रस्तुत करता है। तब निश्चित रूप से वह उसे अन्य हिन्दी नाटकों से अलग करते हैं। पहले ही कहा गया है कि 'अन्तर्निहित यथार्थ' की खोज राकेश साहित्य में ज्यादा है। पात्रों के अन्तर्द्वन्द्व और विभिन्न संकेतों से ही वह आज के यथार्थ को प्रस्तुत करते हैं।

कलागत उपलब्धि की दृष्टि से *आषाढ़ का एक दिन* बड़ी ही गठी हुई बुनावट का नाटक है। लेखक की एकाग्रता और तीव्रता निरन्तर महसूस की जा सकती है। भाव और स्थिति की गहराई में जाने का प्रयास जितना किया गया है, शिल्प की बनावट का उतना नहीं। शिल्प उनके अन्दर से स्वभावत: बना और विकसित हुआ है। शिल्प को राकेश ने कभी बहुत महत्त्व दिया भी नहीं। सहजता ही को—अनुभूति के आवेग की नयी और सहज अभिव्यक्ति को जो शिल्प मानता हो, उसकी रचना को शास्त्रीय परिभाषाओं के आधार पर परखना नयी नाट्य समीक्षा दृष्टि को भुलाना ही होगा। वस्तुत: *आषाढ़ का एक दिन* नाटक की परिभाषा को फिर से गठित करने का संकट पैदा करता है, इसीलिए वह नया नाटक है। अपने एक निबन्ध में राकेश ने कहा है कि एक रचना के प्रभाव का क्षेत्र विस्तृत हो, उसके लिए अभिव्यक्ति में एक और गुण अपेक्षित है और वह है लेखक और पाठक के बीच घनिष्ठता स्थापित करने की योग्यता। कला और जीवन की विभाजन 'रेखा' भुला देने वाले इस लेखक के इस नाटक में अभिव्यक्ति में घनिष्ठता का आग्रह, आत्मीयता और परिचित वातावरण की गन्ध अवश्य है। नाटक पढ़ जाइए या देख जाइए, कुछ बातें एकदम ध्यान

आकर्षित करती हैं—(1) कार्य-संयोजन में तीव्रता और गतिशीलता (2) कार्य व्यापार में, पात्रों में विविधता (3) नाटकीय स्थितियों का चयन और सार्थक दृश्य-श्रव्य बिम्ब प्रयोग (4) संवादों की सहज, नाटकीय गठन और लय की विविधता (5) सांकेतिकता। नाटक के प्रथम दोनों अंक तीव्रता और वैविध्य से युक्त हैं। मल्लिका के प्रवेश के साथ ही अनुकूल नाटकीय वातावरण पैदा होता है। मल्लिका और अम्बिका का आपसी टकराव, दृष्टिभेद, फिर कालिदास और दन्तुल की बातचीत से पैदा होने वाला तनाव, मातुल की बातचीत, गति, व्यवहार सबसे उत्पन्न तीव्रता और फिर विलोम का आना, ये सब नाटक को बड़ी तेज़ी से बढ़ाते भी हैं और बढ़ते हुए तनाव का आभास भी कराते हैं, साथ ही रंगमंच को पूरा जीवन भी देते हैं। राकेश की सारी कुशलता पात्रों को आमने-सामने रखने में है, जैसे कि कालिदास और दन्तुल, मल्लिका और अम्बिका, मातुल और निक्षेप, अम्बिका, कालिदास और विलोम, कालिदास और मल्लिका, इन पात्रों के परस्पर संवाद ही नाटकीय प्रभाव पैदा करने में पर्याप्त कारण है। अन्य बाह्य तत्त्वों की आवश्यकता ही पैदा नहीं होती। इस प्रकार दूसरे अंक में नये पात्र रंगिणी-संगिनी, अनुस्वार-अनुनासिक, प्रियंगुमंजरी आकर नाटक को सजीव बनाते हैं। बातचीत, व्यवहार, गति, हाव-भाव सबके द्वारा बड़ी आसानी से नागरिक सभ्यता की कृत्रिमता और ग्रामीण सादगी, स्वभाविकता का आपसी विरोध दिखाया गया है—दूसरी ओर मल्लिका और प्रियंगु को आमने-सामने लाकर दो नारी व्यक्तित्वों का अन्तर, संघर्ष, द्वन्द्व दिखाकर नाटकीयता पैदा की गयी है। प्रियंगु के जाने के बाद मल्लिका और अम्बिका का उत्तेजनापूर्ण संवाद भी नाटकीय संघर्ष की सृष्टि करता है। अनुस्वार-अनुनासिक के संवादों और गतियों, क्रियाओं, भाव-मुद्राओं में भी वैविध्य और गत्यात्मकता है जो उस ग्रामीण घर और वातावरण में एकदम विरोधी बनावटी लगता है। ये विरोधात्मक स्थितियाँ, पात्रों, भावों, स्थितियों की विविधता ही आंतरिक शिल्प का प्रमाण है। राकेश की इस खोज का परिणाम है कि रंगमंच को बाह्य उपकरणों पर आश्रित न होना पड़े। पात्रों की संक्षिप्त उपस्थिति भी नाटक में जान डालती है। लगता है कि पहली बार हिन्दी नाटककार के सामने नाटक की, रंगमंच को समूची परिकल्पना थी। जिसने दर्शकों की रुचि, मनोरंजन, समसामयिकता, सार्थक

व्यंग्य सबको एक साथ पकड़ा है। इसलिए राकेश के नाटकों में आकर्षण तत्त्व भी है, हास्य व्यंग्य भी लेकिन ऊपर नहीं और न नाटक की आत्मा से अलग वरन् उसी में गुँथा हुआ। यद्यपि तीसरे अंक में उतनी गतिशीलता और तीव्रता नहीं रह पायी है एक, मल्लिका के लम्बे स्वगत भाषण के कारण, दूसरे अंक में कालिदास के लम्बे भाषण के कारण। इस अंक में कालिदास का प्रवेश बड़ा ही नाटकीय और प्रभावोत्पादक है, लेकिन बहुत देर तक उसका निरंतर बोलते जाना, अपने को स्पष्ट करते जाना और मल्लिका का निष्क्रिय बैठे रहना पूरे नाटक में निहित तीव्रता को कम करता है। यह इसलिए भी खटकता है कि वह नाटक का चरम बिंदु है जहाँ तीव्रता में बाधा नही आनी चाहिए। इस अंक का दूसरा प्रभावशाली स्थल है, विलोम का द्वार खटखटाना और प्रवेश। तब से अन्त तक नाटक जिस दुर्दम्य गति से चलता चला जाता है और चरम परिणति तक पहुँच जाता है वह अप्रतिम है। बहुतों को यह राकेश की अतिनाटकीयता और फ़िल्मी शैली लगती है। वस्तुत: यह दोष केवल कालिदास के चरित्र चित्रण की कमज़ोरी के कारण लगता है, अन्यथा नाटक में तीव्रता, सघनता और रंगमंचीय द्वन्द्व का वह श्रेष्ठ उदाहरण है।

आषाढ़ का एक दिन के संवाद नाटकीय संवादों के सम्बन्ध में प्रचलित अवधारणा के आधार पर नहीं देखे जा सकते हैं। संवाद अभिनयात्मक हैं, संक्षिप्त हैं, चुस्त हैं या प्रवाहशील हैं, बल्कि इन संवादों की सुन्दरता उनके उस रचाव में है जहाँ नाटककार की आत्मीयता और पात्रों की आत्मीयता एक साथ दिखाई देती है। यह ध्यान देने की बात है कि आद्यन्त इस नाटक के संवाद पात्रों के व्यक्तित्व के भिन्न स्तरों से अभिन्न रूप में जुड़े हैं, इसीलिए कहीं तेज़ी है, कहीं ठहराव, कहीं भावुकता है, कहीं कठोरता, कहीं द्वन्द्व है तो कहीं यथार्थ का स्वर। मल्लिका के संवादों में निरन्तर समान गति, काव्यात्मकता का पुट और भावुकता भरी शब्दावली मिलेगी तो अम्बिका के संवादों में एक स्थिर सधा हुआ तीव्र स्वर और मातृ हृदय की पीड़ा से उत्पन्न कम्पन, कठोरता, वितृष्णा, व्यथा, चिंता, जड़ता का मिश्रित रूप। रंगिणी-संगिनी के संवाद, उनका स्वभाव सुलभ चांचल्य और कलाकार के हाव-भाव लिए हैं तो प्रियंगु के संवादों में आभिजात्य वर्ग के संस्कारों की शालीनता के साथ-साथ एक-सी

लय कम उतार-चढ़ाव है, जैसा कि उसकी गतियों और एक्शन में भी। उसके संवादों में शारीरिक क्रियाओं की गुंजाइश कम है, गतियाँ और भावप्रदर्शन के अवसर ज्यादा हैं। कालिदास की कोमलता, संवेदनशीलता, द्वंद्व, उसके संवादों से पूरी तरह अभिव्यक्त होता है। हरिणशावक को दुलराते हुए उसका बोलना छोटे-छोटे प्रश्नात्मक वाक्यों में है, जो उसके अनुकूल एक्शन और भावप्रदर्शन की पूरी छूट देता है, लेकिन अंतिम अंक में उसके संवाद इतने लम्बे होने पर भी बड़े अभिनयात्मक हैं। शिथिलता पुनरावृत्ति, अनाटकीय, स्थिरता, जड़ता का कहीं नाम भी नहीं है। दूसरी ओर विलोम जब भी बोलता है तो उसके संवादों में एक खास तरह का लहज़ा है। समयानुकूल रंग बदलने वाली व्यावहारिक दृष्टि के अनुकूल परिवर्तन और उतार-चढ़ाव है, रुकता झटका, तेज़ी से बोल जाना ये सब उसे स्पष्ट करते हैं। प्रथम अंक में वह अपने अनधिकार प्रवेश की योजना और कोशिश के अनुरूप बात करता है तो अंतिम अंक में आन्तरिक रूप से पराजित होने पर भी वह अपने साधिकार प्रवेश के टोन में बात करता है। उसकी पराजय और विजय का मिश्रित रूप उसके अट्टहास और लड़खड़ाहट, एक्शन और संवादों की लय से एक साथ उभरता है। जितने लय परिवर्तन, भाव परिवर्तन, टोन का बदलना, अभिनय शैली की विविधता और कठिनता विलोम के संवादों में है, उतनी अन्य पात्रों के संवादों में नहीं। यह सत्य उनके व्यक्तित्व का, आज की व्यावहारिकता का है, जिसे संवादों में मूर्त कर दिया गया है। कालिदास और विलोम के संवादों में दो व्यक्तियों, दो दृष्टियों का अंतर साफ़ दिखायी देता है, साथ ही दोनों का एक-दूसरे से सम्बन्ध भी। अक्सर ऐसा लगता है जो कालिदास स्पष्ट नहीं कह पा रहा है, उसे विलोम कह रहा हो। मातुल के संवाद प्रथम अंक में मल्लिका और अम्बिका के धीमी गति के संवादों के बीच में एकदम भिन्न वातावरण की सृष्टि करते हैं। तेज़ आवाज़, तेज गति, झल्लाहट, शारीरिक क्रियाओं की संभावना ज्यादा हाव-भाव की कम, क्योंकि उस जैसा चाटुकार और अवसरवादी व्यक्ति भावना और द्वन्द्व से बहुत दूर है। प्रत्यक्ष और भौतिक सत्य में विश्वास करने वाला हाथ-पैर ज्यादा चलाएगा। एक अलग दृष्टिकोण अपनी पूरी सजीवता और क्रियात्मकता के साथ संवादों की उपयुक्त रचना के

कारण मंच पर अलग उभरता है। राकेश के संवादों का सौन्दर्य और वैशिष्ट्य तब बहुत प्रभावित करता है जब विरोधी मन:स्थितियों वाले पात्र परस्पर टकराते हैं। खासतौर से कालिदास, विलोम और कालिदास, दन्तुल। राकेश की संवाद रचना में कुछ चीज़ें और ध्यान आकर्षित करती हैं, जैसे संवाद से संवाद, शब्द को पकड़कर निकलते जाना अपनी पूरी अर्थगरिमा और अभिनयात्मकता में। जहाँ तेज़ी और तीखापन लाना है, परस्पर विरोध दिखाना है, वहाँ यह युक्ति ज़्यादा काम में लायी गयी है। कहना न होगा कि संवादों की यह स्वाभाविकता और वैशिष्ट्य न अनायास आया है न सायास, यह पात्रों के अन्तर्मन तक उनके संपूर्ण व्यक्तित्व की आन्तरिकता तक राकेश की पहुँच का स्वाभाविक परिणाम है, यह भाषा शक्ति की पहचान और शब्दों की आन्तरिकता की खोज है और यह नाटक की मौलिकता और आत्मा में प्रवेश और रंगमंच के यथार्थ की पकड़ का सफल परिणाम है। बिना 'अन्तर्दृष्टि' के ऐसे लगाव के साथ संरचना सम्भव नहीं हो सकती है। अब तक हिन्दी नाटकों में संवाद पात्रों के व्यक्तित्व का परिचय मात्र ही अधिक कराते थे या कथानक का विकास करते थे—राकेश के संवाद पात्रों के व्यक्तित्व से गहरी आत्मीयता स्थापित करते हैं, उनके आंतरिक सूत्रों की पकड़ से विविधता पैदा करते हैं और साथ ही यह सम्भावना भी कि ऊपरी अभिनय शैली या वेशभूषा से ही पात्रों को एक-दूसरे से पृथक् न करना पड़े। उनके संवाद ही उनकी विशेषता और पारस्परिक अन्तर को पूरी गहराई से अभिव्यक्त कर सकते हैं। क्या कारण है कि अनुस्वार अनुनासिक के संवाद सबसे अलग, छोटे बहुत छोटे, एक सी शब्दावली, पुनरावृत्ति लिए हुए हैं? यह सकारण है। नया नाटककार आज की मनोवृत्ति को भाषा और संवाद रचना से स्पष्ट करने की सामर्थ्य रखता है। पुनरावृत्ति यहाँ सार्थक कही जायेगी, क्योंकि ये दोनों राजकर्मचारी उस वर्ग के प्रतिनिधि हैं जो बार-बार कहता बहुत है, करता कुछ नहीं, उस वर्ग की निष्क्रियता और जड़ता को बखूबी इनके संवादों में भर दिया गया है। सांकेतिकता इनका बहुत बड़ा लक्षण है। यह अर्थ शक्ति, ध्वनि और क्रिया का सामंजस्य हिन्दी नाटक की उपलब्धि है। इसमें अभिनय और निर्देशन क्षेत्र की बहुत-सी सम्भावनाएँ भी हैं। अनुस्वार अनुनासिक के ये संवाद अपनी

आंतरिक लय में मौलिक और अर्थवत्ता से पूर्ण हैं। अगर उस आन्तरिक लय का ध्यान न दिया जाये तो यह नितान्त सपाट भी लगेंगे और इनकी अर्थवत्ता भी समाप्त हो जायेगी। निश्चित रूप से राकेश की संवाद योजना कहीं भी सतही, अस्वाभाविक या भाषा जाल प्रतीत नहीं होती। इतने बड़े नाटक में एक भी पंक्ति शून्य, जड़ या अपाठ्य नहीं कही जा सकती, इसीलिए इन संवादों की 'व्याख्या' नहीं की जा सकती। उन्हें नाटकीय संरचना का अभिन्न अंग मानकर और रंगमंचीय यथार्थ की सृष्टि मानकर अनुभव करना होगा, क्योंकि इनमें अलग से कुछ भी कहा, समझाया या विश्लेषित नहीं किया गया है। इन्हें गहन अनुभूति और रंग-दृष्टि से रचा गया है। *आषाढ़ का एक दिन* में और चाहे कोई भी कमज़ोरी हो लेकिन उसके संवाद अपनी नवीनता, विविधता और विशिष्टता में अप्रतिम हैं। राकेश की नाट्यभाषा इसमें बड़ी सहायक हुई है, क्योंकि अंतत: भाषा का रचाव ही संवाद के रचाव का अनिवार्य हिस्सा है। भाषा के सम्बन्ध में—नाट्यभाषा के सम्बन्ध में राकेश ने नये सिरे से सोचा है और पहली बार साहित्यिक हिन्दी को सार्थक नाट्यभाषा का रूप इस नाटक में दिया, जैसा कि नेमिचंद जैन कहते हैं कि उसमें शब्दों की अपूर्व मितव्ययिता भी है और भाषा में ऐसा नाटकीय काव्य है जो हिन्दी नाटकीय गद्य के लिए एकदम अभूतपूर्व है और अचानक ही हिन्दी नाटक का वयस्क होना सूचित करता है।

बिम्ब प्रयोग इस नाटक को और प्रभावशाली बनाते हैं। 'वर्षा' इस नाटक का, इसके वातावरण का, भावाभिव्यक्ति का अभिन्न अंग है। राकेश ने आत्मकथा में लिखा भी है कि 'मुझे वर्षा बहुत प्रिय है और मैं किसी वर्षा के दिन से ही अपने जीवन की कहानी आरम्भ करना चाहता हूँ।' कालिदास और मल्लिका वर्षा से ही बँधे हुए हैं। बहुत दिनों बाद वर्षा में भीगकर कालिदास अपने तन-मन की थकान मिटने का सुख पाता है। वर्षा का सम्बन्ध दोनों के अन्तर्मन से, भावना से, भावना के द्वन्द्व से है।

अम्बिका का छाज में धान फटकना, धान निकालना-रखना, दूध बनाना, देना सब उस कर्म का संकेत है जो उसकी दृष्टि है, तो हरिणशावक उस कवि-सुलभ कोमलता, मानवीय संवेदना को, संवेदनशील हृदय को व्यक्त

करता है जो कालिदास में है, राजपुरुष में नहीं है। प्रथम अंक में विलोम के आने के साथ अन्धकार बादलों का ही नहीं है, अम्बिका के मन का भी, उन परिस्थितियों का भी है जिनमें पात्र घिरे हुए हैं। अग्निकाण्ड का प्रकाश जहाँ नाटकीय प्रभाव पैदा करता है, वहाँ विलोम की सायास चेष्टा को भी व्यक्त करता है। प्रथम अंक के बाद द्वितीय अंक और तृतीय अंक में वर्षों के अन्तराल को बड़ी स्वाभाविकता, रोचक तीव्रता के साथ प्रस्तुत किया है। प्रकोष्ठ की बदली हुई स्थिति, कम बरतन, कुम्भों पर जमी काई, रस्सी पर टँगे वस्त्र, टूटा मोढ़ा, आदि सब मल्लिका और उसके परिवेश का संकेत करते हैं। प्रथम अंक में दीपक अगर दो हैं तो अंतिम अंक में केवल एक, जो अम्बिका की मृत्यु और परिस्थितियों से जन्मे मल्लिका के एकाकीपन और विवशता का ही सूचक नहीं है, उसकी अकेली जलन का—आत्मदाह का भी सूचक है। मल्लिका की परिणति उसके लम्बे काल में है, कालिदास भी प्रवेश करते ही उसके विघटनकारी रूप का अनुभव करता है। वह भी अपने को अन्दर से अपने परिवेश से टूटा हुआ महसूस करने लगता है। रेशमी वस्त्र में लिपटा रखा भोजपत्र मल्लिका की भावना का प्रतीक है तो मैले कपड़ों के नीचे दबा रखा ग्रन्थ और उस पर पड़ी धूल उसकी विवशता और भावना, उसकी अपनी परिणति का भी। घोड़ों की टापों के निरंतर निकट आने और दूर जाने के स्वर से मल्लिका का सारा अन्तर्द्वन्द्व, विलोम और अम्बिका की सारी क्रियात्मकता और जड़ता को व्यक्त ही नहीं किया गया, नाटकीय संघर्ष को तीव्र प्रभाव भी दिया गया है। नाटक इस तरह के नाटकीय प्रभावों, संकेतों, दृश्य और श्रव्य बिम्बों से भरा पड़ा है जो नाटकीय युक्तियों के रूप में नहीं नाटक की अनिवार्य माँग और भाग के रूप में आये हैं और जो तीव्र भावोद्दीप ही नहीं करते भाषा का, बल्कि उससे भी कहीं अधिक सार्थक कार्य करते हैं। वे बिम्ब प्रयोग 'डेकोरेशन' के रूप में नहीं 'अनिवार्यता' के अर्थ में आये हैं, अभिव्यक्ति का एक सही माध्यम बनकर।

इसीलिए यह नाटक अपने मंचन में हमेशा एक नयी चुनौती बनकर आता रहा है और एक माने में नाट्य प्रशिक्षण का काम करता रहा है, क्योंकि इस नाटक में अभिनय पद्धति या अभिनय शैली इसी के अन्दर से खोजी जा सकती

है और नये-से-नये प्रयोग किये जा सकते हैं। जो लोग इस नाटक को 'सतही विलाप' से आगे की चीज़ नहीं मानते, वे कालिदास की चारित्रिक दुर्बलता और सतहीपन का संकेत करते हैं। कालिदास के इस दुर्बल पक्ष से किसी को भी इनकार नहीं हो सकता कि उसके द्वारा राज्य के साथ कलाकार के सम्बन्ध की समकालीन अनुभूति का विश्लेषण पूरी सच्चाई के साथ पेश नहीं किया गया, लेकिन यह कहना कि 'चरित्र-चित्रण, नाटकीय भाषा, संगठन और नाटकीय अनुभव के लिहाज़ से इनमें कोई नयी या ताज़ा या मौलिक बात नहीं है यह भी पूर्वाग्रह ही है। यह नहीं भूलना चाहिए कि राकेश ने एकदम क्रान्ति नहीं पैदा की है। लेकिन हिन्दी में नाट्यविधा जिस स्थिति में थी, उसे एक ही नाटक से इतनी समर्थ, सशक्त विधा बना देना उन्हीं का काम है। हिन्दी नाटक के परिप्रेक्ष्य में *आषाढ़ का एक दिन* और उसके रचनाकार के महत्त्व को देखना ज़रूरी होगा। इस एक नाटक से हिन्दी में सब तरफ़ तो नाट्य दृष्टि बढ़ती है, और हिन्दी नाटक के सम्बन्ध में जो दृष्टि परिवर्तन हुआ है वह जानी हुई बात है और यहीं मुझे 'नवीनता' और 'मौलिकता' के सम्बन्ध में राकेश के विचार याद आ जाते हैं। उनका कहना है कि नयी स्थितियों में जीवन की प्रतिक्रियाओं का चित्रण नवीनता का एक क्षेत्र है...मौलिकता का सम्बन्ध उतना अनुभूति से नहीं जितना अभिव्यक्ति से है। अभिव्यक्ति से ही लेखक के अपने व्यक्तित्व की छाप आ जाती है। वह छाप रचना में ताज़गी ले आती है। नवीनता और मौलिकता, राकेश के व्यक्तित्व की छाप इस नाटक में देखी जा सकती है। यह 'नवीनता' और अधिक सार्थक होती अगर कालिदास को समकालीन अनुभव और तीव्र संघर्ष से जोड़ने में राकेश उतने ही सफल हुए होते जितने कि अन्य पात्रों के चित्रण में और 'मर्यादित अभिव्यक्ति' में हुए हैं।

पात्रों के प्रति सारा विक्षोभ-वितृष्णा जिस तरह बराबर संवादों में उभरती चलती है, वह नाट्यकला की ही विशेषता है। सभी पात्रों के व्यक्तित्व पर अगर बाहरी रूपरेखा न भी बतायी जाये तो उनके संवादों की टोन-लय से ही उनके व्यक्तित्व को अन्दर से बाहर तक उनकी सारी मन:स्थिति-चिंतन को, सबकी अभिनयशैली को, उनके मुख से निकलने वाले शब्द समूह में, उनके संयोजन में आसानी से खोजा जा सकता है। हर पात्र के व्यक्तित्व के अनुरूप भाषा ढलती

चलती है, टोन बदलता जाता है, यद्यपि भाषा वह है—कुछ स्थल देखने योग्य हैं विशेषकर प्रथम अंक में कालिदास और दन्तुल की टकराहट—एक ओर कवि का दृढ़ व्यक्तित्व, अन्तर्द्वंद्व दूसरी ओर एक राजपुरुष का, अधिकारी वर्ग का अहंकार। द्वन्द्व और व्यंग्य, पीड़ा और दम्भ, सरलता और छलना, शब्दों की ध्वनियों से, भाषा की बनावट से प्रकट होते चलते हैं। यही स्थिति कालिदास और विलोम के संवादों की है। रंगिणी, संगिनी की सारी चपलता, आधुनिकता बनावट और सभ्यता के आवरण में छिपा मिथ्या अहंकार ध्वन्यात्मक रूप में अभिव्यंजित होता है, केवल कही गयी बातों में नहीं। प्रियंगुमंजरी का दर्प, राजसी व्यक्तित्व, दूसरी ओर मल्लिका के सामने उसकी आन्तरिक निराशा, पराजय, व्यावहारिक कुशलता, घबराहट, द्वन्द्व बड़ी खूबी से शब्द-संयोजन से ही पैदा किया गया है। 'लय नियोजन' ही राकेश की भाषा की एक कसौटी हो सकता है, क्योंकि उसी के नाटकीय प्रयोग उनके नाटकों में भरे पड़े हैं। अनुस्वार-अनुनासिक के संवादों को उदाहरण के लिए ले लें तो ज़ाहिर हो जाता है कि विशेष लय के संयोग से शब्द के भिन्न-भिन्न अर्थ-संसर्ग कितने चमत्कारी ढंग से पैदा होते चले जाते हैं। अगर उस पूरे स्थल में 'आंतरिक लय' को न पकड़ा जाये तो वे एकदम सपाट अर्थ-संसर्ग-हीन और निरर्थक लगेंगे, लेकिन इनमें शब्दों के लय-नियोजन को पकड़कर ही राकेश ने सारे आधुनिक अर्थ, व्यंग्य दिए हैं। नाटक के इन्हीं सब स्थलों से राकेश की यह मान्यता दृष्टि स्पष्ट हो जाती है कि किसी भी भाव से संप्रेषण के लिये सृष्टि शब्दों की नहीं, एक विशेष लय में कुछ ध्वनियों की होती है। शब्दों का सर्जनात्मक प्रयोग उन संदर्भों की लय में और नयी-नयी लय खोज सकता है। यही शब्द ऐतिहासिक संगति या व्याकरण-विश्लेषित अर्थ से परे अन्य भी सुदूर अर्थों की गूँज पैदा कर सकने में समर्थ हो जाता है और तभी शब्द ही पूरे रंगमंच की धुरी हो जाता है—अपने में सम्पूर्ण तत्त्व। शब्द की अर्थवत्ता का ऐसा प्रभावशाली रूप मोहन राकेश से पहले हिन्दी नाटक में बहुत कम दिखाई देता है। जगह-जगह एक शब्द को पकड़कर, दोहराकर राकेश ने अर्थ-संसर्ग का अच्छा-उदाहरण प्रस्तुत किया है।

अम्बिका—कैसी विचक्षणता है।

निपेक्ष—विचक्षणता ?

अम्बिका—विचक्षणता तो है।

निपेक्ष—इसमें विचक्षणता क्या है अम्बिका ?

अम्बिका—राज्य कवि का सम्मान करना चाहता है। कवि सम्मान के प्रति उदासीनता दिखाता जगदम्बा के मन्दिर में साधनानिरत है। राज्य के प्रतिनिधि मन्दिर में जाकर कवि की प्रार्थना करते हैं। कवि धीरे-धीरे आँखें खोलता है।...इतना बड़ा नाटक करना विचक्षणता नहीं है ?

यहाँ बहुतों को 'विचक्षणता' शब्द बहुत खटकता है। पहली बार पढ़ने-बोलने पर सभी को खटकता है, लेकिन एक बार स्थिति की माँग को महसूस करने पर इसकी सार्थकता समझ में आ जाती है। अम्बिका की सारी घृणा, आक्रोश, कालिदास के प्रति पूरा मनोभाव, अपनी संपूर्ण भाव-भंगिमा के साथ इस शब्द में मूर्त हो उठता है—यहाँ तक कि उसके उच्चारण तक में, लेकिन निक्षेप जब उसी शब्द को दोहराता है तो उसका कौतूहल ही प्रकट होता है, लेकिन अम्बिका के दोहराने में उसका सारा मानसिक तनाव प्रत्यक्ष होता चलता है। 'विचक्षणता' शब्द यहाँ अपने शाब्दिक अर्थ में उतना महत्त्वपूर्ण नहीं जितना अपनी ध्वन्यात्मकता में। यहाँ वह शब्द भी नहीं है, बल्कि अनिवार्य और सार्थक नाटकीय शब्द है। दूसरा उदाहरण—

कालिदास— कहो, आजकल किसी नये छन्द का अभ्यास कर रहे हो ?

विलोम—छन्दों का अभ्यास मेरी वृत्ति नहीं है।

कालिदास—मैं जानता हूँ तुम्हारी वृत्ति दूसरी है...उस वृत्ति ने सम्भवत: छन्दों का अभ्यास सर्वथा छुड़ा दिया है।

विलोम—आज निस्संदेह तुम छन्दों के अभ्यास पर गर्व कर सकते हो।

अथवा

मल्लिका—आर्य विलोम, मैं इस प्रकार की अनर्गलता क्षम्य नहीं समझती।

विलोम—अनर्गलता ?...

इनमें अनर्गलता क्या है, मैं बहुत सार्थक प्रश्न पूछ रहा हूँ। क्यों कालिदास ? मेरा प्रश्न सार्थक नहीं है ?...क्यों अम्बिका ?

अर्थात् राकेश ने उचित शब्द चुने ही नहीं हैं, उनको पूरी अर्थवत्ता दी है,

क्योंकि यहाँ शब्द, पात्र की मन:स्थिति द्वन्द्व और चरित्र से जुड़े हैं, साथ-साथ रंगमंच को 'एक पूरा अनुभव' सजीव सार्थक चेतना देने वाले हैं। 'विभिन्न' संकेतों से ध्वनियों ने ही प्राचीन कथानक और पात्रों से सारे आधुनिक संदर्भ प्रस्तुत किये हैं। नाट्य भाषा के गठन के साथ-साथ यह नाटक ऐसी भाषा का उदाहरण है जिसमें काव्यात्मक तरलता और सरसता है—जो काव्यानुभूति और नाट्यानुभूति को करीब लाती है—मल्लिका जैसी एकनिष्ठ, भावात्मक प्रवाह में डूबी प्रेयसी और कालिदास जैसे कवि-व्यक्तित्व से युक्त नाटक में भाषा का काव्यात्मक रूप आवश्यक भी है। वैसे भी *कामायनी* अगर अपने आप में पूरा नाटक है या *प्रलय की छाया, राम की शक्ति-पूजा* और *अँधेरे में* जैसी लम्बी कविताएँ अगर नाटकीय प्रयोग हैं तो *आषाढ़ का एक दिन* में एक पूरी कविता है। इलियट, चेखव; पिरेन्डेलों जैसे नाटककारों और स्टानिस्लाव्स्की और क्रेग जैसे निर्देशकों ने भी नाट्य भाषा और नाट्यकृति में काव्यतत्त्व और भावात्मक कल्पना को आवश्यक माना है। संकेत, व्यंजना, ध्वनि, दृश्यत्व और शब्द की लयात्मकता—एक काव्यमय वातावरण—पूरे नाटक का प्राण है। अर्थात् मिलर और ऑडेन दोनों ही कहते हैं कि नाटक की बनावट में काव्य एक अनिवार्य तत्त्व है। प्रसाद की नाट्यभाषा की तरह *आषाढ़ का एक दिन* में राकेश की नाट्यभाषा, अलंकारों, प्रतीकों, बिम्बों से बोझिल नहीं है, वह नाट्यानुभूति और संयम से उपजी भाषा है जो सिद्ध करती है कि गद्य और पद्य की भाषा में बहुत अन्तर नहीं है। दोनों में एक से उपकरण प्रयुक्त होते हैं। केवल भाषा ही के कारण इस नाटक में मल्लिका और कालिदास के भावनात्मक सम्बन्धों से उत्पन्न वातावरण की सृष्टि और एक आद्यन्त बाह्य रोमांटिक दृष्टि उत्पन्न होनी चाहिए थी, वह हो सकती है।

सामान्य रूप में समझना चाहें तो कह सकते हैं कि राकेश की नाट्यभाषा की पहली पहचान है भाषा और शारीरिक क्रिया का; भाषा और मन:स्थिति का गहरा सम्बन्ध। समय, जीवन और दृष्टि बदलने के साथ-साथ भाषा, उसकी लय भी अपने आप बदलती जाती है। लम्बे-लम्बे भाषणों, उपदेशों और खास तरह की फालतू हरकतों से आज चिढ़ पैदा होती है, उसी तरह नाटक में भी

ज़ोर-ज़ोर से शब्दों का उच्चारण मात्र करना और व्यर्थ हाथ-पैर हिलाकर, पटककर भाव-प्रदर्शन करना आज अस्वाभाविक लगता है। हिन्दी के अधिकांश नाटकों में शब्द अलग मिलेंगे, शारीरिक क्रिया अलग या इससे अधिक कुछ हुआ भी तो यह कि शब्द के अनुरूप क्रिया होगी, जबकि राकेश के नाटकों ने नाट्यभाषा की इस कृत्रिमता और जड़ता को तोड़ते हुए भाषा के नये मानदंड स्थापित किये।

(हिन्दी नाटक का आत्म संघर्ष, लोकभारतीय प्रकाशन, इलाहाबाद
प्रथम संस्करण : 2002, प्रथम आवृत्ति : 2008)

यथार्थवादी नाट्यकला और *आषाढ़ का एक दिन*

आशीष त्रिपाठी[*]

(1)

यथार्थवाद जीवन के यथातथ्य चित्रण पर विश्वास करता है। उन्नीसवीं सदी में विशेष रूप से उपन्यास, नाटक और रंगमंच के क्षेत्र में इसने क्रांतिकारी परिवर्तन किये। यथार्थवाद एक ओर जहाँ अपने समय की जनतांत्रिक अभिव्यक्तियों से जुड़ा था, वहीं दूसरी ओर वैज्ञानिक प्रगति से। 1833 में पेटेंट रंगशालाओं के समापन के साथ ही यूरोप ने जिन छोटी रंगशालाओं को जन्म दिया, उन्होंने यथार्थवाद को अपनाया और रंगमंच में एक नये विचार का अवतरण हुआ। यथार्थवाद विज्ञान की वस्तुपरकता, निर्वैयक्तिकता और यथातथ्य विवरण को स्वीकारता था। कार्ल मार्क्स की विचारधारा ने यथार्थवाद को एक नया आयाम दिया। फलस्वरूप 'नाटक में एक ओर स्वच्छन्दतावाद की प्रतिक्रिया के स्वरूप, आदर्श, आत्मपरकता, भावुकता, कल्पना, भव्यता, अतीत प्रेम आदि का तीव्र विरोध हुआ, दूसरी ओर यथातथ्य अनुकृति, समस्या, जनसाधारण आदि का महत्त्व बढ़ा।[1] नाटक के क्षेत्र में इब्सन, चेखव, स्ट्रिंडबर्ग और जार्ज बर्नाड शॉ यथार्थवादी धारा के प्रमुख नाटककार माने गये, हालाँकि जॉन गाल्सवर्दी, गोगोल, तुर्गनेव आदि ने भी महत्त्वपूर्ण नाटक लिखे। इन नाटककारों के 'धार्मिक, आर्थिक, सामाजिक एवं नैतिक सम्बन्धों के नवीन विवेचन विश्लेषण

---

[*]आशीष त्रिपाठी काशी हिन्दू विश्वविद्यालय, वाराणसी के हिन्दी विभाग में प्रोफ़ेसर। कविता संग्रह *एक रंग ठहरा हुआ* 2010 में प्रकाशित एवं लक्ष्मण प्रसाद मंडलोई स्मृति सम्मान से सम्मानित। आलोचना के लिए 2016 के स्पंदन सम्मान से सम्मानित। नामवर सिंह के साथ *रामचंद्र शुक्ल रचनावली* 2016 में प्रकाशित।

1. गोविन्द चातक—*रंगमंच कला और दृष्टि*—पृ. 102

ने नाटक को गंभीर समसामयिक वास्तविकताओं के उद्घाटन का माध्यम बनाया। नाटककार एक ओर तो विश्वास एवं आदर्शविहीन तथा पाखण्ड एवं जर्जर रूढ़ियों पर खड़े बुर्जुआ वर्ग की बढ़ती हुई शक्ति एवं प्रभाव को दिखा रहा था, साथ ही दूसरी ओर मैले-कुचैले दमित सर्वहारा वर्ग को क्रांतिकारी बनते हुए प्रदर्शित कर रहा था।[2]

रंगमंच पर यथार्थवाद ने रंगभूमि को नाटक में वर्णित वास्तविक घटना स्थल की प्रतिछवि दे दी। यथार्थवाद में 'मंच का रूप बिलकुल फोटोग्राफ़ के समान हो जाता है, जिसमें चित्रकार की झूठी कल्पना का अब कोई स्थान नहीं।...पर्दे के उठते ही मंच पर मर्यादित वास्तविकता का आयाम होने लगता है।...सिद्धान्तवादियों का कथन है कि निर्माता का पर्दा उठाना कमरे की चौथी दीवार को हटाने के समान है। उस चौथी दीवार के हट जाने पर भी बची हुई तीन दीवारों के भीतर की दुनिया ठीक वैसी ही बनी रहती है जैसी वह चौथी दीवार के रहने पर होती।...मंच पर अभिनेता वैसे ही पदार्पण करते हैं जैसे अपने घरों में। न कोई दिखावा, न बहाना। जो कुछ होता है वह सत्य का, वास्तविकता का आभास देता है।...आखिर यह यथार्थवाद क्या है, जिससे नाटक उतने ही स्वाभाविक लगते हैं जैसे हमारे घर की घटनायें, उतने ही जाने-पहचाने जितनी पत्र-पत्रिकाओं की कहानियाँ? वह एक कला है, कला का धर्म है। उससे इस बात को बल मिलता है कि कला का ध्येय अनुकरण है, नाटकों को खेले जाने का लक्ष्य यथार्थ का आभास है। निहितार्थ यह है कि कला अवश्य जीवन के समीप हो, स्वाभाविक हो और उसमें कल्पना के स्थान पर प्रत्यक्ष दर्शन की अभिव्यक्ति हो।'[3] रंगमंच में स्वाभाविकता और प्रत्यक्षदर्शन की माँग ने रंगभूमि को जीवन की अनुकरणात्मक प्रतिकृति बना दिया। इसका अतिवादी स्वरूप प्रकृतवाद में दिखायी दिया। शेल्डान चेनी लिखते हैं, 'यथार्थवाद की सर्वाधिक अतिवादी स्थिति वह है, जिसमें निरीक्षण पर आधारित तथ्यों की न केवल प्रधानता होती है वरन् उन पर ज़ोर दिया जाता है। ऐसा यथार्थवाद उस चित्रकार की कला के समान है जो दाढ़ी का चित्रण

---

2. रोनाल्ड पीकॉक—*दि आर्ट आफ ड्रामा* रीतारानी पालीवाल—*रंगमंच : नया परिदृश्य से उद्धृत*—पृ. 142
3. शेल्डान चेनी—रंगमंच—पृ. 545

करते समय उसके रेशे-रेशे को चित्रित करना चाहता है।'[4] परन्तु प्रकृतवाद का प्रभाव ज़्यादा नहीं रहा।

यथार्थवाद का मंच पर सर्वाधिक प्रभाव दृश्यबंध, मंच सज्जा एवं अभिनेता की कला पर पड़ा। मंच पर दृश्यबंध अब सांकेतिक या कल्पनाशील नहीं रहा वरन् उसमें दृश्य को जीवन की तरह चित्रित किया जाने लगा। फलत: दृश्य की छोटी-से-छोटी चीज़ मंच पर दिखायी देने लगी। यदि दृश्य बागों का है तो पूरा बाग, कमरे का है तो पूरा कमरा, रसोईघर है तो पूरा रसोईघर, उसके छोटे-छोटे वर्णन मंच पर दिखाई देने लगे। मंच पर विश्वसनीयता के लिए जीवित जानवर आने लगे। जाड़े के दृश्य के लिए नमक के ढेर से बर्फ़ की प्रतिकृति बनायी जाने लगी। तूफ़ान में जहाज़ों के टकराने, बर्फ़ के ग्लेशियर के गिरने जैसे विलक्षण दृश्यों में प्रेक्षक रुचि लेने लगे। फलत: यंत्रों का रंगमंच पर बड़ी तेज़ी से प्रवेश हुआ। कई परतों वाली दृश्य श्रृंखला, जिसमें अलग-अलग परतों पर अलग-अलग दृश्य बने होते और क्रमश: मंच पर आती रहती। चक्रीय रंगमंच जिसमें चक्र के विभिन्न हिस्सों पर अंकित भिन्न-भिन्न दृश्य दर्शक के सामने आते, अब सामान्य की बातें हो गयीं। गोविन्द चातक के अनुसार, ''यथार्थवाद के आग्रह से रंगद्वार का महत्त्व बढ़ा। मंच चित्र और प्रेक्षक के बीच फ़ासला बनाये रखने के लिए रंगद्वार की अनिवार्यता सामने आई। मुख्य उद्देश्य सत्याभास को पैदा करना था। यथार्थवादी मंच का सारा प्रयत्न इसी दिशा की ओर उन्मुख रहा। दृश्य-सज्जा, अभिनय, प्रकाश-योजना, रूप सज्जा सभी में इसका विशेष ध्यान रखा गया। इसके लिए सुरचित और सुगठित नाटक लिखे गए। काव्यात्मक तत्त्व और अलंकृत संवादों और स्वगत कथनों का बहिष्कार किया गया। मंच पर सहज और स्वाभाविक दृश्य-सज्जा का संयोजन किया गया। अभिनय और वेशभूषा में जीवंतता की तलाश हुई। इस चुनौती का सामना करने के लिए दृश्य-सज्जा का महत्त्व सामने आया और सबसे बड़ी बात यह है कि यथार्थवाद की मांग के साथ रंगकार्य जटिल हो उठा।''[5] यथार्थवादी निर्देशकों की दृष्टिगत

---

4. उपर्युक्त—पृ. 547
5. गोविन्द चातक—उपर्युक्त—पृ. 104

संकीर्णता के कारण यथार्थवाद का अतिशय विरोध हुआ और अभिव्यंजनावाद, प्रभाववाद, प्रतीकवाद, रंगमंचीयतावाद, प्रकृतवाद, यांत्रिकतावाद, भविष्यवाद, निर्माणवाद, दादावाद, रूपवाद, क्रियात्मकतावाद और आगे चलकर विसंगत, महाकाव्यात्मक और क्रूरता के रंगमंचों ने जन्म लिया।

यथार्थवाद के प्रभाव स्वरूप जहाँ नाटकों में अति प्राकृत, मिथकीय, अलौकिक कथानकों का निषेध हो गया, वहीं मानव मन के अंतर्द्वन्द्व व मानसिक कार्य व्यापारों को भी मंच पर दिखाना अनावश्यक समझा जाने लगा। वास्तविक जीवन के वास्तविक लगते कथानकों व चरित्रों को दिखाने का ज़ोर बढ़ा, पर चूँकि दर्शक रोज़मर्रा की सामान्य-सी लगती बातों में दिलचस्पी नहीं लेता सो वास्तविक पर असामान्य स्थितियों का ज़ोर बढ़ा। शेल्डान चेनी के अनुसार, ''अपने कृतित्व को रोचक बनाने के लिए वे यथार्थवादी कलाकार इन लोगों के अन्तर के उन भावों, उन घटनाओं तथा उन करवटों में डूबकर उन्हें ऊपर लाते हैं जो अब तक संसार की नज़रों से छिपी-छिपी फिरती थीं। वे भाव, वे घटनायें, वे करवटें छिपी हुई इसलिए होती हैं कि उनमें कोई असाधारण अस्वाभाविकता, दुर्बलता, अपराध और रोग होता है और इसीलिये लगभग नब्बे प्रतिशत यथार्थवादी नाटकों के विषय अपराध, शारीरिक आकर्षण, इन्द्रिय शक्ति तथा विकृति-निदान होते हैं और उनमें लोमहर्षक, आघातकारी, अभिव्यंजनाओं तथा घटनाओं का भी अति आधिक्य होता है।''[6] भाषा और संवादों में भी ये नाटककार हू-ब-हू पन और यथार्थ प्रतिकृति के हामी थे, फलस्वरूप यथार्थवादी नाटककारों के नाटकों में रोजमर्रा की पात्रोनुकूल भाषा का उपयोग हुआ, जिसमें व्यंजना और काव्यात्मकता को लगभग निष्कासित कर दिया गया था। यथार्थवादी दृश्य सज्जा और रंगभाषा को अपनाने के बाद भी दो नाटककार इब्सन और चेखव ऐसे हुए जिनके नाटक काव्यात्मक गुणों के कारण यथार्थवादी सीमाओं का अतिक्रमण करते हैं। उनके नाटकों की आंतरिक गहरायी और काव्यात्मक संस्पर्श के कारण आज भी मंच पर खेले जाते हैं, जबकि अन्य नाटककार इतिहास में खो गये हैं।

यथार्थवादी रंगभाषा हू-ब-हू यथातथ्य चित्रण पर आधृत थी। साधारण

---

6. शेल्डान चेनी—*रंगमंच*—पृ. 546

जीवन की दृश्यावली में फोटोग्राफ़ी का अनुकरण किया जाता था। इस कार्य में यथार्थवादी रंगमंच को सबसे अधिक सुविधा रंगदीप्ति के वैज्ञानिक प्रसाधनों से मिली। दिन का प्रकाश, चाँदनी, अँधेरी रात, घिरे हुए बादल आदि का यथार्थाभास मात्र बिजली की सहायता से संभव हो सका। विविध भावावस्थाओं तथा संवेगों की प्रभाव वृद्धि में प्रकाश के अनेक रंगों के मिश्रण से अद्भुत सफलता मिली। और इस तरह यथार्थवादी रंगमंच के माध्यम से विद्युत एवं नये आविष्कृत यंत्रों द्वारा एक नयी रंगभाषा की सृष्टि की संभावनाओं ने जन्म लिया। यथार्थवादी रंगमंच की एक महत्त्वपूर्ण उपलब्धि अभिनेता की केन्द्रीय व्यावसायिक उपस्थिति के रूप में उभर कर आयी। इसी समय स्तानिसलोव्हस्की ने यथार्थवादी नाटकों के माध्यम से ही अभिनय का एक सिद्धान्त, एक विधि एक प्रणाली विकसित की। उनका मानना था कि अभिनेता को पात्र की गहराइयों में प्रवेश करते हुए पात्र की अंतरात्मा का जीवंत चित्रण करना चाहिए। स्तानिसलोव्हस्की ने एक ऐसी तकनीक का विकास किया जिसकी सहायता से अभिनेता पात्र के आंतरिक संसार को जीवंतता, मानवीयता और पूर्णता से मंच पर प्रस्तुत कर सके। 'स्तानिसलोव्हस्की ने यह अनुभव किया कि एक कलाकार को देखना सीखना चाहिए न कि सिर्फ़ देखने का अभिनय करना चाहिये। सुनना चाहिए, सुनने का अभिनय नहीं करना चाहिए। उसे अपने साथी अभिनेता से बात करनी चाहिए न कि सिर्फ़ अपनी लाइन पढ़नी चाहिए। उसे सोचना और महसूस करना चाहिए।'[7]

(2)

हिन्दी में यथार्थवाद का गहरा असर पड़ा है। यथार्थवादी नाटक और रंगमंच समकालीन हिन्दी रंगमंच की एक प्रमुख धारा का निर्माण करते हैं। पारसी नाटकों और रंगभाषा पर इस धारा का हल्का-सा प्रभाव देखा जा सकता है, परन्तु यह प्रभावी नहीं है। तकनीक प्रधानता, चमत्कारिकता, अलौकिक दृश्य संयोजन, चक्रीय व परतदार रंगमंच के रूप में इसे देखा जा सकता है। बीसवीं सदी के पूर्वार्द्ध में रंगमंच पर तो नहीं पर नाटकों में समस्या नाटकों के रूप

---

7. रीतारानी पालीवाल— *रंगमंच : नया परिदृश्य*—पृ. 123

में यथार्थवादी नाटक शिल्प का अनुकरण बड़ी मात्रा में हुआ। लक्ष्मीनारायण मिश्र, उदयशंकर भट्ट, उपेन्द्रनाथ 'अश्क', सेठ गोविन्ददास, वृन्दावन लाल वर्मा आदि के नाटकों में भारतीय रंग परंपरा के तत्त्वों को लगभग बहिष्कृत कर दिया गया है, वहीं यथार्थवाद की दृष्टि को प्रमुखता दी गयी है। इस समय समस्या नाटकों के नाम पर हिन्दी में सैकड़ों की संख्या में नाटक लिखे गये पर हम जानते हैं कि इनमें कोई सृजनात्मक नयापन आमतौर पर नहीं है। स्वतंत्रता के बाद भी यथार्थवादी नाटक लिखे जाते रहे। जगदीश चन्द्र माथुर, मोहन राकेश, ज्ञानदेव अग्निहोत्री, भीष्म साहनी, सुरेन्द्र वर्मा, रमेश बक्शी, शंकर शेष, नंदकिशोर आचार्य, दूधनाथ सिंह, रामेश्वर प्रेम, ब्रजमोहन शाह, स्वदेश दीपक जैसे महत्त्वपूर्ण नाटककारों पर यथार्थवादी शिल्प का प्रत्यक्ष प्रभाव दिखायी देता है। पर यह भी कम महत्त्वपूर्ण नहीं है कि इनमें से अधिकतर ने उसके नकारात्मक तत्त्वों के प्रति एक विवेकी दृष्टि रखी है और वे प्रधानत: इब्सन और चेखव की धारा का अनुसरण करते हुए दिखायी देते हैं। *कोणार्क, आषाढ़ का एक दिन, अनुष्ठान, हानूश, सूर्य की अंतिम किरण से सूर्य की पहली किरण तक, देवयानी का कहना है, कोमल गांधार, देहान्तर, यमगाथा, चारपायी, त्रिशंकु, कोर्ट मार्शल, महाभोज* जैसे नाटकों को हम हिन्दी के महत्त्वपूर्ण नाटक मानते हैं तो आशय यही है कि इन नाटककारों ने यथार्थवादी रंगभाषा को सृजनात्मक तरीके से भारतीय बनाया है। उन्होंने पारंपरिक भारतीय नाटकों की काव्यात्मकता को यहाँ बनाये रखा है। मोहन राकेश जैसे नाटककार को हम सदी के उत्तरार्द्ध के सबसे बड़े नाटककार के रूप में पहचानते हैं। उन्होंने अपने पहले दो नाटकों में यथार्थवाद और काव्यात्मकता के बीच एक सेतु निर्मित किया। *आधे अधूरे* अवश्य रंगभाषा के स्तर पर पूरा यथार्थवादी नाटक लगता है, पर यहाँ भी उनकी रंगभाषा एक नयापन लिये हुए है। एक ही अभिनेता द्वारा पाँच चरित्रों के अभिनय तथा सूत्रधार की युक्तियों द्वारा उन्होंने यथार्थवादी रंगभाषा को तोड़ दिया है।

हिन्दी नाटक की अपेक्षा रंगमंच पर यथार्थवादी रंगभाषा का ज्यादा प्रभाव पड़ा। इब्राहिम अल्काजी, सत्यदेव दुबे, दिनेश ठाकुर, नादिरा बब्बर, श्यामानंद जालान, ओम शिवपुरी, राजेन्द्रनाथ, मोहन महर्षि, अमाल अल्लाना,

प्रसन्ना, रमेश तलवार, एम.एस. सथ्यू, फ़ैजल अल्काज़ी, रॉबिन दास जैसे प्रमुख निर्देशकों पर इसका गहरा असर देखा गया है । इन निर्देशकों के प्रभाव या कि अनुकरण पर छोटे-छोटे नगरों में भी बहुत अरसे तक यथार्थवादी दायरे में रहकर ही रंगकार्य किया जाता रहा है । इब्राहिम अल्काजी एक आकल्पक और निर्देशक के रूप में इस धारा के प्रतिनिधि व्यक्ति कहे जा सकते हैं । दृश्यबंध-आकल्पक और निर्देशक के रूप में उन्होंने अपना कार्य यथार्थवादी रंगमंच के दायरे में ही किया, परंतु वे काव्यात्मकता को एक महत्त्वपूर्ण तत्त्व मानते थे—' दृश्यांकनकार का यह दायित्व है कि वह रंगमंच पर उपस्थित चरित्रों के पीछे की मूलभूत काव्यात्मकता को पहचाने और इन चरित्रों की उपस्थिति को वह गरिमा और जादू प्रदान करे जो केवल काव्य द्वारा ही संभव है ।[8] उन्होंने यथार्थवादी दृष्टि का उपयोग महाकाव्यात्मक फलक के रंगमंच के निर्माण में किया । *आषाढ़ का एक दिन*, *अंधायुग*, *तुगलक*, *सुल्तान रज़िया* जैसे नाटकों के निर्देशन में उन्होंने यथार्थवादी रंगभाषा में नाटकों के विशाल एवं चाक्षुष रूपांतरण किये । गोदान के जी. कुमार वर्मा निर्देशित नाटक के आकल्पक के रूप में उन्होंने *मेघदूत* के कच्चे गोबर लिपे मंच पर उसके पीछे मिट्टी की दीवारों से लिपी-पुती झोपड़ियाँ ऐसे निर्मित कीं, कि देवेन्द्र राज अंकुर के मतानुसार लगता था कि मानो गोदान में वर्णित वह गाँव ही मंच पर जीवंत हो उठा है ।'[9] यथार्थवादी नाटकों के दृश्यबंध के सम्बन्ध में इब्राहिम अल्काजी कहते हैं—इन नाटकों में रंगमंच की प्रत्येक वस्तु, चाहे वह कोई उपकरण हो, फ़र्नीचर हो या खुली हुई खिड़की में से दिखाई पड़ने वाला दृश्य ही हो, गहनतम नाटकीय महत्त्व की होती है ।[10] दृश्यबंध—आकल्पक के रूप में एम.एस. सत्थ्यू, प्रसन्ना, निसार अल्लाना, रॉबिनदास आदि ने यथार्थवाद से ही प्रेरणा ग्रहण की । हिन्दी रंगमंच में आकल्पन को एक स्वतंत्र कला के रूप में इन्हीं लोगों ने प्रतिष्ठित किया । इसीलिए आकल्पन के प्रत्येक क्षेत्र में यथार्थवादी विचारों और तकनीक का प्रभाव रहा है ।

---

8. इब्राहिम अल्काजी— *नटरंग*/2—पृ. 8

9. देवेन्द्रराज अंकुर— *पहला रंग*—पृ. 72

10. इब्राहिम अल्काजी— *नटरंग*/2—पृ. 8

आषाढ़ का एक दिन यथार्थवादी रंग-शिल्प का नाटक है। यथार्थवाद का सबसे बड़ा और गहरा प्रभाव यह है कि नाटक की कथा, उसके पात्र, परिस्थितियाँ और घटनायें साधारण और संभव जीवन से ली गयी हैं। उनमें किसी अति प्राकृत असाधारणता, चारित्रिक दिव्यता और परिस्थितिगत भव्यता लगभग नहीं है। नाटक के चरित्र हाड़-माँस के, कमज़ोरियों और असंगतियों से भरे हैं,जो विडम्बनापूर्ण जीवन-स्थितियों में जीवन-संघर्ष करते हैं।

मोहन राकेश ने यथार्थवादी नाट्यकला को एक ऊँचाई प्रदान की है। इसमें सबसे प्रभावशाली भूमिका उनके नाट्य-आकल्पन की है। नाट्य-आकल्पन से आशय सामान्यत: उस योजना से है, जिसके तहत आधार-कथा को दृश्यों में बाँटा और उनकी दृश्यात्मक शक्ति तथा चाक्षुष सौंदर्य को उभारा जाता है।

नाट्य-आकल्पन का प्रारंभ कथा के चुनाव से होता है। नाटककार 'मूल मन्तव्य' और उद्देश्य के अनुरूप कथा का चुनाव करता है। भारतीय नाटकों में पुराणों, लोक कथाओं आदि से कथायें बड़ी संख्या में ग्रहण की गयी हैं। इनके पीछे मुख्यत: चार दृष्टियाँ रही हैं। पहला तो यह कि ये कथायें समकालीन व सृजित कथाओं की तुलना में बहुस्तरीय होती हैं और उनमें तत्काल से परे शाश्वत और सार्वभौमिक प्रश्नों से मुठभेड़ करने की शक्ति और संभावना अधिक होती है। दूसरा उनमें कुछ अति प्राकृत तत्व होते हैं जो भारतीय दर्शक के स्वभाव के अनुकूल हैं, उसे विस्मय में डालते हैं और अपनी ओर खींचते हैं। तीसरा, उनके पात्र प्राय: जाने-पहचाने होते हैं जिससे दर्शक उनको जल्दी पहचान लेता है, तादात्म्य बना लेता है और इस तरह चरित्र की प्रारंभिक बाह्य रूपरेखा बनाने के झंझट से नाटककार बच जाता है। चौथा, इनमें रंग-आकल्पन द्वारा चाक्षुष सौन्दर्य रचने की अनन्त संभावनायें होती हैं। तीसरे और चौथे कारण ऐतिहासिक पृष्ठभूमि से कथा-आधार-चुनने के भी रहे हैं। हम जानते हैं, अपने दृश्यात्मक स्वभाव के कारण नाटक 'कथन' या 'कहन' की बजाय 'होने' से पूर्ण होता है। नाटक में कथा, कहानी या उपन्यास विधाओं की तरह कही नहीं जाती अपितु उसे मंच पर घटित होते हुए

दिखाया जाता है। कुछ अंश बिना दिखाया रखा जा सकता है और यथा उचित ढंग से उपयुक्त अवसर पर उसका संकेत कर दिया जाता है। यह नाटक को अनावश्यक घटनाओं में न उलझाने की उक्ति है। नाटककार कथा के मुख्य अंशों, घटनाओं, स्थितियों और पात्रों को अपने 'मूल मंतव्य' की अभिव्यक्ति के लिए चुन लेता है और उन्हीं के माध्यम से नाटक के विविध दृश्यों का सृजन करता है। इस प्रक्रिया में सर्वाधिक महत्त्वपूर्ण है अवलोकन बिन्दुओं का निर्धारण। सामान्यत: नाटकों में अवलोकन बिंदु कोई-न-कोई चरित्र होता है, जिसके माध्यम से नाटककार अपने मूल मंतव्य को प्रकट करता है। यह चरित्र एक तरह से नाटककार की आँख है, जिसमें नाटक की कथा दिखायी देती है, पात्रों के चरित्र प्रकट होते हैं और अंतत: एक मूल्य निर्णय आकार लेता है। कथा और अवलोकन बिन्दुओं का चुनाव करते ही 'नाट्य आकल्पन' का पहला महत्त्वपूर्ण चरण पूरा होता है।

मोहन राकेश ने *आषाढ़ का एक दिन* की आधार-कथा की कल्पना भले ही अतीत के एक काल-खण्ड में जाकर की हो, परंतु उसमें अति प्राकृत और असंभव घटनाओं का निषेध है। यह यथार्थवाद के प्रभाव के कारण ही है। मात्र तीन दृश्यों द्वारा ही कालिदास और मल्लिका के पूर्ण जीवन की ओर स्पष्ट संकेत कर दिया है। उसका मूल अभिप्राय चूँकि कालिदास और मल्लिका का जीवन दिखाना नहीं है, अपितु वह उनके माध्यम से कवि और सत्ता के सम्बन्धों से उपजी त्रासदी, जो कालिदास मल्लिका के सम्मुख अलग-अलग तरह से आती है, दिखाना है। इसलिए वह कथा कहने, विडम्बना की तीव्रता और गहरायी दिखाने के लिए मल्लिका और उसके घर को चुनता है और प्राय: उसके 'अवलोकन बिन्दु' से सारी घटनायें, सारे कार्य-व्यापार दिखाता है। मल्लिका को केन्द्र बनाने या कि उसके घर के माध्यम से ही सब कुछ दिखाने की योजना नाटक का प्राण तत्त्व है, क्योंकि मल्लिका ही वह चरित्र है, जिस पर कालिदास के राजकवि बनने और सत्ता से संयुक्त होने का सबसे गहरा प्रभाव पड़ा है। त्रासदी यद्यपि कालिदास की भी कम नहीं है, पर उसके साथ सफलताओं-सार्थकताओं का भी एक सिलसिला है। मल्लिका के खाली हाथ को मिला है तो सिर्फ़ समझौता। मल्लिका इसलिए

भी, क्योंकि वह कुछ नहीं कहती, स्वीकारती चली जाती है सब कुछ। इसलिए भी, कि वह कवि कालिदास के विकास के लिए उससे अलग होना स्वीकारती है, 'कवि' के विकास और उसके परिणामों में गहरी रुचि रखती है पर 'राजपुरुष' से वह उतनी ही असंपृक्त है। इसलिए भी कि उसे 'विलोम' की पत्नी, रखैल या यौन-दासी बनना पड़ता है जो 'कालिदास का विलोम' या 'असफल कालिदास' है। कालिदास की सारी असफलतायें और असफल कालिदास सब जैसे मल्लिका से ही संयुक्त हैं। चरित्र के रूप में मल्लिका और दृश्य-भूमि के रूप में उसका घर, दोनों को अवलोकन बिन्दुओं के रूप में चुनने के पीछे मोहन राकेश की गहरी नाट्य दृष्टि है। मल्लिका की तरह ही धीरे-धीरे बिखरता जर्जर होता उसका घर जैसे मल्लिका के आंतरिक अनकहे संसार को ही व्यक्त करता है। इस तरह हम देखते हैं कि मल्लिका का चरित्र और उसका घर अर्थात् परिवेश नाटक में प्रभावशाली सम्प्रेषण का एक काव्यात्मक और प्रभावी माध्यम बन गये हैं।

मूल नाटकीय बिम्ब का सृजन नाट्य-आकल्पन का केन्द्रीय तत्व है। एक ऐसा बिम्ब जो पूरी परिस्थितियों से गहरे तक सम्बद्ध हो और जिसकी ओर बार-बार संकेत करते हुए नाटक आगे बढ़ता हो। यह नाटक को काव्यात्मक बनाने के साथ ही एक गहन अर्थवत्ता प्रदान करता है। नाटक बहुआयामी, परतदार और कई कालों में एक साथ प्रयाण कर सकने वाला होता है। *आषाढ़ का एक दिन* में आषाढ़ केन्द्रीय बिम्ब है। आषाढ़ के तीन भिन्न और समय-अंतराल में स्थित दिवसों के माध्यम से नाटककार केन्द्रीय चित्र खींचता है। आषाढ़ (बारिश) का पहला दिन प्रेम के उद्दाम संस्पर्श का बिम्ब है, जो उसकी गहरायी, उसकी तरलता, उसके 'रोमांस' को सामने रखता है। दूसरे दिन में यह विपरीत स्थितियों के बीच घिर जाने का और तीसरे दिन में असहाय हो जाने का बिम्ब है।

यथार्थवाद का नाट्यकला पर सबसे गहरा प्रभाव चरित्र-रचना और चरित्रीकरण पर पड़ा है। यथार्थवादी नाटकों में पात्र के चरित्र का गठन और अंकन इस तरह किया जाता है कि वह हमारी दुनिया से ही उभरा लगे। आहार्य अभिनय अर्थात् वेशभूषा आदि, सबसे पहले इसका पक्का विश्वास पैदा करता

है। इसके माध्यम से चरित्र की बाहरी रूपरेखा प्रकट हो जाती है। इस सम्बन्ध में सबसे जटिल और महत्त्वपूर्ण है पात्र की भावनाओं और विचारों, स्वभाव और प्रतिक्रियाओं, चेतन और अवचेतन के विभिन्न स्तरों को प्रकट और संयोजित करना। यथार्थवाद में यह सब ऐसी तकनीकों और प्रविधियों के द्वारा होना चाहिए कि चरित्र का मानुषपन प्रकट हो—वह साधारण मनुष्यों की ही तरह—देखा और जाना हुआ लगे। नाटक में यह कार्य 'वर्णन' द्वारा नहीं किया जा सकता, उसे साक्षात् दिखना होता है। इसलिए इसका उत्तरदायित्व मुख्यत: अभिनेता पर होता है, परंतु इसके लिए आधार-निर्देश नाटक के संवादों और रंग-संकेतों में नाटककार द्वारा दे दिये जाते हैं। *आषाढ़ का एक दिन* के सभी पात्र यथार्थवादी हैं और वे यथार्थवादी अभिनय द्वारा ही आकार ले सकते हैं, इसका विधान मोहन राकेश ने प्रभावी तरीके से किया है। यथार्थवादी दृश्यबंध के भीतर से जब अभिनेता मल्लिका, अम्बिका, कालिदास या विलोम के रूप में प्रकट होते हैं, तो वे मुख्यत: मोहन राकेश के संवादों और रंग संकेतों का सहारा लेते हैं। उदाहरण के रूप में हम मल्लिका को लें। नाटक का प्रारंभ एक गतिशील दृश्यबंध से होता है, जिसका निर्देशन मोहन राकेश ने इस तरह किया है :

> परदा उठने से पूर्व हल्का गर्जन और वर्षा का शब्द—हल्का मेघ—जो
> परदा उठने के अनंतर भी कुछ क्षण चलता रहता है। फिर धीरे-धीरे
> धीमा पड़-विलीन हो जाता है।

परदा धीरे-धीरे उठता है।

एक साधारण प्रकोष्ठ। दीवारें लकड़ी की हैं, परंतु निचले भाग में चिकनी मिट्टी से पोती गई हैं। बीच में चिह्न बने हैं—गेरू से स्वस्तिक—छोटे ताक हैं—सामने का द्वार अँधेरी ड्योढ़ी में खुलता है। उसके दोनों ओर छोटे ताक, जिनमें मिट्टी के बुझे हुए दीए रखे हैं। बाईं ओर का द्वार दूसरे प्रकोष्ठ में जाने के लिए है। द्वार खुला होने पर उस प्रकोष्ठ में बिछे तल्प का एक कोना ही दिखाई देता है। द्वारों के किवाड़ भी मिट्टी से पोते गए हैं और उन पर गेरू एवं हल्दी से कमल तथा शंख बनाए गए हैं। दाईं ओर बड़ा-सा झरोखा है—जहाँ से बीच-बीच में बिजली कौंधती दिखाई देती है।

प्रकोष्ठ में एक ओर चूल्हा है। आस-पास मिट्टी और काँसे के बरतन सहेज कर रखे हैं। दूसरी ओर, झरोखे से कुछ हट कर तीन चार बड़े कुंभ जिन्हें ढकने के लिए ऊपर पत्थर रखे हैं, जिन पर कालिख और काई जमी है। उन्हें साफ करने हेतु कुशा रख दिए गए हैं।

झरोखे से सटा एक लकड़ी का आसन है, जिस पर बाघ छाल-बिछी है।[11]

पात्रों में सबसे पहले अम्बिका दिखायी पड़ती है :

चूल्हे के निकट दो चौकियाँ हैं। उन्हीं में से एक पर बैठी अम्बिका छाज में धान फटक रही है। एक बार झरोखे की ओर देख कर वह लंबी साँस लेती है फिर व्यस्त हो जाती है।[12]

अम्बिका एक साधारण स्त्री के रूप में छविमान होती है। उसकी दैहिक-गतिविधियाँ और कार्य-व्यापार इसी रूप में इंद्रिय गोचर होते हैं। साधारण जीवन की पृष्ठभूमि से मल्लिका प्रकट होती है। मोहन राकेश स्पष्ट रंग-निर्देश देते हैं :

सामने का द्वार खुलता है और मल्लिका गीले वस्त्रों में काँपती-सिमटती अंदर आती है। अम्बिका आँखें झुकाए व्यस्त रहती है। मल्लिका क्षणभर ठिठकती है, फिर अम्बिका के पास आ जाती है।[13]

इस कार्य-व्यापार से मल्लिका की मनुष्यता स्थापित होने लगती है। उसके पहले संवादों और आंगिक से उसके चरित्र की भावनात्मकता और रूमानियत उभरने लगती है, जो आगे पूरी तरह स्थापित हो जाती है :

मल्लिका : आषाढ़ का पहला दिन और ऐसी वर्षा, माँ ऐसी...! देखो! और मैं भी तो...दूर तक की उपत्यकाएँ भीग गईं।–दूर! धारासार वर्षा न माँ, कैसी भीग गई हूँ!

अम्बिका उस पर सिर से पैर तक एक दृष्टि डाल कर फिर व्यस्त हो जाती है। मल्लिका घुटनों के बल बैठ कर उसके कंधे पर सिर रख देती है।

गई थी कि दक्षिण से उड़ कर आती बकुलपंक्तियों को देखूँगी—और देखो सब वस्त्र भिगो आई हूँ।

---

11. मोहन राकेश—*आषाढ़ का एक दिन*—राजपाल एण्ड सन्ज, संस्करण 2007, पृ. 05
12. उपर्युक्त—पृ. 06
13. उपर्युक्त—पृ. 06

उसके केशों को चूम कर खड़ी होती हुई ठंड से सिहर जाती है।

सूखे वस्त्र कहाँ हैं माँ? इस तरह खड़ी रही तो जुड़ा जाऊँगी। तु...म बोलतीं क्यों नहीं?[14]

मल्लिका की इन गतिविधियों और संवादों के प्रति अम्बिका की प्रतिक्रियायें उसके व्यक्तित्व के रंगों को प्रकट करना शुरू करती हैं। मल्लिका, स्वयं में इतनी डूबी है कि उसके पास इन प्रतिक्रियाओं का भार उठाने की मनोशक्ति नहीं है। उसकी यह दृश्य-मग्नता या मग्न हृदयता उसके गहरे रोमांस और भावना-शक्ति को प्रकट करती है। मोहन राकेश के संवाद और रंग-निर्देश इसे ज़्यादा से ज़्यादा स्पष्ट करते चले जाते हैं :

...मुझे भीगने का तनिक खेद नहीं। भीगती नहीं तो आज मैं वंचित रह जाती।

द्वार से टेक लगा लेती है।

चारों ओर धुआँरे मेघ घिर आए थे। मैं जानती थी वर्षा होगी। फिर भी मैं घाटी की पगडंडी पर नीचे-नीचे उतरती गई। एक बार मेरा अंशुक भी हवा ने उड़ा दिया। फिर बूँदें पड़ने लगीं।

अम्बिका से आँखें मिल जाती हैं।

वस्त्र बदल लूँ, फिर आ कर तुम्हें बताती हूँ। वह बहुत अद्भुत अनुभव था माँ, बहुत अद्भुत।

अंदर चली जाती है। अम्बिका उठ कर फटके हुए धान को एक कुंभ में डाल देती है और दूसरे कुंभ से नया धान निकाल लेती है। अंदर के प्रकोष्ठ से मल्लिका के शब्द सुनाई देते रहते हैं। बीच-बीच में उसकी झलक भी दिखाई दे जाती है।

नील कमल की तरह कोमल और आर्द्र, वायु की तरह हल्का और स्वप्न की तरह चित्रमय, मैं चाहती थी उसे अपने अंक में भर लूँ और आँखें मूँद लूँ! कितना पानी इन वस्त्रों ने पिया है! मेरा तो शरीर भी निचुड़ रहा है माँ...गीले वस्त्र उतार लूँ। ओह!

शीत की चुभन के बाद उष्णता का यह स्पर्श!

गुनगुनाने लगती है।

---

14. उपर्युक्त—पृ. 06

कुवलयदलनीलैरुन्नतैस्तोयनम्रैग...गीले वस्त्र कहाँ डाल दूँ माँ ? यहीं रहने दूँ ?

मृदुपवनविधूतैर्मंदमंद चलदि्भ...सेंद्रचापै: अपहृतमिव चेतस्तोयदै...: पथिकजनवधूनां तद्वियोगाकुलानाम् ।

बाहर आ जाती है।

माँ, आज के वे क्षण मैं कभी नहीं भूल सकती। सौंदर्य का ऐसा साक्षात्कार मैंने कभी नहीं किया। जैसे वह सौंदर्य अस्पृश्य होते हुए भी मांसल हो। मैं उसे छू सकती थी, देख सकती थी, पी सकती थी। तभी मुझे अनुभव हुआ कि वह क्या है जो भावना को कविता का रूप देता है। मैं जीवन में पहली बार समझ पाई कि क्यों कोई पर्वतमालाओं-शिखरों को सहलाती मेघ-में खो जाता है, क्यों किसी को अपने तन-आकाश में बनते मन की अपेक्षा-क्या बात है माँ...मिटते चित्रों का इतना मोह हो रहता है ? इस तरह चुप क्यों हो ?[15]

स्पष्ट है कि चरित्र आहार्य अभिनय, वाचिक अभिनय, आंगिक अभिनय और सात्विक अभिनय से रूपाकार ग्रहण करते हैं और इसके लिए बुनियादी निर्देश नाटककार मोहन राकेश ने अत्यंत सजगता से दिए हैं।

नाटक के भीतर यथार्थवादी शिल्प की प्रतिष्ठा प्रमुखतया दृश्यबंध से होती है। मोहन राकेश ने दृश्यबंध के निर्देश यथार्थवादी रंग-शिल्प में पारंगत एक सिद्ध कलावंत की तरह किये हैं। नाटक के प्रारंभिक वर्णन में ही यह प्रकट हो जाता है, जिसकी चर्चा हम चरित्र-रचना के संदर्भ में कर चुके हैं। आगे के दृश्यों में भी लगातार ऐसे निर्देश स्पष्ट रूप से दिये गये हैं। पहले अंक की तुलना में दूसरे अंक में दृश्यबंध की आंतरिक रचना जिस तरह बदलती है, उसे सिर्फ़ दृश्यबंध का बदलाव नहीं समझना चाहिए, बल्कि पात्रों के जीवन-स्थितियों में आये बदलावों का संकेत समझना चाहिए। पहले अंक में दृश्यबंध अम्बिका-मल्लिका की खुशहाली को प्रकट करता है तो दूसरे अंक में उसमें आयी गिरावट साफ़ दिखायी देती है। जैसे दृश्यबंध दर्शक की आँख में उँगली डालकर इस बात को चिल्ला-चिल्लाकर बता देना चाहता है :

---

15. उपर्युक्त—पृ. 07

वही प्रकोष्ठ।

प्रकोष्ठ की स्थिति में पहले से कहीं अंतर आ गया है। लिपाई कई स्थानों से उखड़ रही है। गेरू से बने स्वस्तिक, शंख और कमल अब बुझे-बुझे-से हैं। चूल्हे के पास पहले से बहुत कम बरतन हैं। कुंभ केवल दो हैं और उन पर कुछ भोजपत्र बिखरे हैं पर ऊपर तक काई जमी है। आसन पट्ट, कुछ एक रेशमी वस्त्र में बँधे हैं। आसन के निकट एक टूटा मोढ़ा है, जिस पर भोजपत्र सी कर बनाया एक ग्रंथ रखा है। चूल्हे के निकट कोने में रस्सी बँधी है जिस पर कुछ वस्त्र सूखने के लिए फैलाए गए हैं। अधिकांश वस्त्र फटे हैं और उन पर जगह-जगह टाँकियाँ लगी हैं।[16]

तीसरे अंक का दृश्यबंध मल्लिका के जीवन में आयी अतिशय विपन्नता, टूटन और दरकन को लगभग विलाप करते हुए बताता है :

वर्षा और मेघ गर्जन का शब्द। परदा उठने पर वही प्रकोष्ठ। एक दीपक जल रहा है। प्रकोष्ठ की स्थिति में पहले से बहुत अंतर दिखाई देता है। सब कुछ जर्जर और अस्तव्यस्त है। कुंभ केवल एक है और उसका भी कोना टूटा है। आसन अपने स्थान से हटा हुआ है और उस पर अब बाघ छाल नहीं है। दीवारों पर से स्वस्तिक आदि के चिह्न लगभग बुझ चुके हैं। चूल्हे के पास केवल दो-एक बरतन हैं—जिन पर स्याही चढ़ी है। एक कोने में फटेमैले वस्त्र-एकत्रित हैं। प्रकोष्ठ में कोई नहीं है।[17]

आषाढ़ का एक दिन के प्राय: सभी आकल्पकों ने मोहन राकेश के संकेतों के अनुरूप दृश्यबंध बनाया। इसकी शुरुआत इब्राहिम अल्काजी ने एक प्रभावशाली दृश्यबंध बनाकर की। ब.व. कारंत जैसे निर्देशक *आषाढ़ का एक दिन* की इब्राहिम अल्काजी के निर्देशन आकल्पन में हुई प्रस्तुति से हिन्दी रंगमंच का प्रारंभ मानते हैं। यह नाटक जैसा कि हमने कहा यथार्थवादी नाटक

---

16. उपर्युक्त—पृ. 49
17. उपर्युक्त—पृ. 87

है और उन्होंने इसका दृश्यबंध वैसा ही रखा। उनके अनुसार *आषाढ़ का एक दिन* में दृश्यबंध को अम्बिका और उसकी बेटी मल्लिका की उपस्थिति से परिविष्ट होना चाहिए। उसमें किसी ग्रामीण घर के परिवार की गार्हस्थिक आवश्यकताओं के लिये ज़रूरी सब वस्तुएँ होनी चाहिए। अनाज कूटने के लिये मूसल, ईंधन रखने की जगह, छोटा सा देव-स्थान, कंडे सुखाने के लिए नीची सी दीवार, मिट्टी का चूल्हा, बर्तन, माँजने की जगह आदि साथ ही उस दृश्यबंध में एक व्यवस्थित तथा कुशलतापूर्वक चलती हुई गृहस्थी क्रमशः टूटते-टूटते जर्जर होती दिखाई पड़ती है और इस प्रकार वह मल्लिका के दुख भरे जीवन को दृष्टिगोचर रूप में अभिव्यक्त करता है।''[18]

दृश्यबंध के साथ ही पात्रों के आंगिक अभिनय के लिये दिये गये निर्देश अर्थात् रंग-संकेत चरित्रीकरण और अभिनय को रूपायित होने में अपनी भूमिका निभाते हैं। तीसरे अंक में प्रारंभिक रंग संकेत के माध्यम से इसके महत्व को समझा जा सकता है :

मल्लिका अंदर से आती है। उसके वस्त्र फटे हैं, रंग पहले से काला पड़ गया है और आँखों का भाव भी विचित्र-सा लगता है। उसके व्यक्तित्व में भी प्रकोष्ठ-सी ही जीर्णता है। किवाड़ खुलने पर अंदर का जो भाग दिखाई देता है-की वहाँ अब तल्प के स्थान पर एक टूटा पालना रखा है।[19]

पात्रों के परिचालन के विविध उपायों से भी नाटककार अपने मंतव्य को व्यक्त करते रहे हैं। पहला उपाय है, 'परस्पर विरोधी, विपरीत और विसदृश पात्रों को आमने-सामने रखना।' मोहन राकेश के *आषाढ़ का एक दिन* में कालिदास और विलोम दो पात्र हैं, जिसमें विलोम का अर्थ है 'विपरीत'। दो चरित्रों की इस विपरीतता से उन्हें आमने-सामने रखने से ही राकेश के कुछ मूलभूत विचार सम्प्रेषित हुए हैं। इन दोनों पात्रों में एक व्यावहारिक है, दुनियादार है, और दूसरा स्वप्नदर्शी है। इन दोनों की विसदृशता, उनकी शक्ति, और दुर्बलता दोनों

---

18. इब्राहिम अल्काजी— *नटरंग*/2—पृ. 8

19. मोहन राकेश— *आषाढ़ का एक दिन*—राजपाल एण्ड सन्ज़, संस्करण 2007, पृ. 05

ही उनके समक्षीकरण द्वारा उद्घाटित होती हैं।[20] पात्रों की यह विपरीतता और वैषम्य इसी नाटक में मल्लिका और अम्बिका तथा मल्लिका और प्रियंगुमंजरी में देखा जा सकता है। अम्बिका और प्रियंगुमंजरी के सामने आने से मल्लिका का चरित्र जहाँ ऊँचा उठता दिखाई देता है, वहीं उसकी विडम्बना अत्यंत गहन और तीखी होती नज़र आती है। यूँ तो यह तकनीक पुरातन है, *रामायण* और *महाभारत* से लेकर *अभिज्ञान शाकुंतलम्* और *मृच्छकटिक* तक में इसे देखा जा सकता है, परन्तु मोहन राकेश ने अपने सभी नाटकों में इसे प्रभावशाली तरीके से इस्तेमाल किया है।

मोहन राकेश एक यथार्थवादी नाटककार हैं। उन्होंने एक पारंगत कलाकार की तरह अपने पहले नाटक *आषाढ़ का एक दिन* में अपने रंग शिल्प के माध्यम से यह प्रकट और सिद्ध किया है।

---

20. नेमिचन्द्र जैन—*रंगकर्म की भाषा*—पृ. 5

स्त्री-विमर्श के परिप्रेक्ष्य में

आभा गुप्ता ठाकुर[*]

1. स्वातंत्र्योत्तर भारत में स्वाधीन स्त्री का आविर्भाव

भारतीय समाज में स्त्री की स्वतंत्र अस्मिता का विकास कोई आकस्मिक घटना नहीं है, बल्कि एक लंबी संघर्ष-प्रक्रिया का परिणाम है। बीसवीं शताब्दी के प्रारंभिक चरण में समाज-सुधार आंदोलन के साथ-साथ स्त्री की परंपरागत अवधारणा टूटने लगती है और स्वाधीनता आंदोलन के दौरान अपनी अस्मिता के प्रति सजग स्त्री अपनी नयी भूमिका के लिए तैयार होती दिखायी देती है। इसी समय नारी मुक्ति आंदोलन ज़ोर पकड़ता है और भारतीय स्त्रियों की जड़ता टूटती दिखायी देती है। इस जड़ता के टूटने का केन्द्रीय कारण यद्यपि आर्थिक स्वतंत्रता है, किन्तु इसके साथ ही सामाजिक, नैतिक, सांस्कृतिक आदि तमाम तरह की स्वतंत्रताएँ भी महत्त्वपूर्ण हैं। इस संदर्भ में विश्वप्रसिद्ध लेखिका 'सिमोन द बउआ' की यह बात सटीक जान पड़ती है कि—''हमें यह भी नहीं समझ लेना चाहिए कि केवल आर्थिक स्थिति के बदलते ही स्त्री में पूर्ण परिवर्तन हो जाएगा। यद्यपि मानव विकास के क्रम में आर्थिक अवस्था एक आधारभूत तत्त्व है, जो व्यक्ति का नियंता है, किन्तु इसके बावजूद नैतिक, सामाजिक, सांस्कृतिक आदि अवस्थाओं में भी परिवर्तन की पूरी ज़रूरत है, जिनके बदले बिना नई स्त्री का आविर्भाव संभव नहीं होगा।''[1]

एक स्वाधीन स्त्री को संस्थानों के अनेक रूपों से जूझना पड़ता है।

---

[*]आभा गुप्ता काशी हिन्दू विश्वविद्यालय में असोसिएट प्रोफेसर हैं। *समय के निकष पर मोहन राकेश का रंगकर्म* और *संस्कृति का ताना बाना* आदि इनकी प्रमुख पुस्तकें हैं।

1. *स्त्री उपेक्षिता* : सीमोन द बउआ, (*द सेकण्ड सैक्स* का प्रभा खेतान द्वारा अनुवाद), पृ. 343

राजनीति, समाज, परिवार, धर्म, सम्बन्ध आदि बाहरी चीज़ों के साथ-साथ उसे स्वयं से भी जूझना पड़ता है, क्योंकि स्त्री की पराधीनता के पीछे अपने पारंपरिक स्वरूप से गहरी आसक्ति भी है। वह अपनी विनम्र, शालीन तथा काल्पनिक छवि की रक्षा में प्राणपण से लगी रहती है। इस संदर्भ में सिमोन द बउआ की स्थापना थोड़े अतिरेक के बावजूद काफ़ी सहमति की गुंजाइश रखती है : ''यह ठीक है कि आधुनिक समाज में पहले की अपेक्षा स्त्री के लिए अधिक अनुकूल परिस्थितियाँ मिलती हैं, किन्तु अब भी उसको पहला कदम सामाजिक विद्वेष के बीच ही उठाना पड़ता है...। एक नई शुरुआत में, जो एक गोरे अमरीकी को पहले से विरासत में मिली होती है, एक औरत को एक नीग्रो की ही तरह अपने आस-पास के माहौल से जूझना पड़ता है। स्त्री चाहे विवाहिता हो या अपनी गृहस्थी और परिवार में रहती हो, एक पुरुष की तुलना में परिवार उसके कार्य-व्यवसाय को अपेक्षित महत्त्व नहीं देता। परिवार उस पर कार्यों का बोझ तो लादता ही जाता है, आचार-व्यवहार के नाम पर कदम-कदम पर उसके कार्यों में अनावश्यक हस्तक्षेप भी करता है।[2]

संस्थानों से टकराने और टकराकर टूटने, बिखरने, अपमानित होने और अंतत: उन्हीं संस्थानों के प्रति समर्पित हो जाने की नियति को अनेक रचनाकारों ने अभिव्यक्त किया है। इन लेखकों के नारी पात्रों की मूल आकांक्षा सुखद भविष्य और सामाजिक स्वीकृति है। स्वातंत्र्योत्तर भारतीय नारियों की तरह 'स्वाधीन व्यक्तित्व' और 'स्वतंत्र कैरियर' जैसी उलझी हुई माँगें उनके यहाँ प्राय: नहीं मिलती हैं। स्वाधीनता आंदोलन के दौरान सामाजिक मान्यताओं को ज़बरदस्त चुनौती देने वाली नारियाँ ज़रूर दिखाई देती हैं, लेकिन वे अपने 'स्वाधीन व्यक्तित्व' के लिए चिन्तित नहीं हैं, बल्कि अमानवीय परिस्थितियों में जीने के लिए अभिशप्त स्त्रियों के जीवन को थोड़ा मानवीय बनाना चाहती हैं। ये नारियाँ संस्थानों के अनेक रूपों—पति, संतान, परिवार, समाज, परंपरा और संस्कारों से जूझती हैं और जूझकर वह उपलब्धि अर्जित करना चाहती हैं ताकि आने वाली पीढ़ियाँ उन यातनाओं से मुक्त रहें, जिनसे ये क्षत-विक्षत हुई हैं। इन स्त्रियों की आकांक्षा संस्थानों से टकराकर अपनी स्वतंत्र अस्मिता

---

2. उपर्युक्त, पृ. 327

का निर्माण करना नहीं है, बल्कि संस्थानों के भीतर रहते हुए अपने लिए सुखद जीवन की तलाश है। एक छोटा-सा घर, पति और संतान, पारस्परिक सौहार्दपूर्ण सम्बन्ध-विधान तथा जीवन-निर्वाह के लायक परिस्थितियाँ—यानी वे सभी चीज़ें जो एक व्यक्ति के जीवन को सुखद और संतुष्ट बना सकती हैं, यही स्वतंत्रता आंदोलन के दौरान स्त्री-आकांक्षा का बुनियादी रूप है। प्रेमचन्द, शरत्चन्द्र, जैनेन्द्र आदि के उपन्यासों में 'देवि, माँ, सहचरि, प्राण' के रूप में स्वयं को खोजती स्त्री सहज ही नज़र आ जाती है। जयशंकर प्रसाद के नाटकों में ध्रुवस्वामिनी, अलका, मालविका आदि स्त्री पात्रों में नई स्त्री के आविर्भाव के संकेत मिल जाते हैं।

भारतीय स्त्रियों की आकांक्षा की प्रकृति सामाजिक संरचना के परिवर्तन से गहरे रूप से जुड़ी हुई है। भारतीय समाज का प्रारंभिक रूप 'स्वायत्त ग्रामीण-व्यवस्था' का रहा है, जिसमें संयुक्त परिवार की प्रथा आधारशिला के रूप में विद्यमान रही है। अंग्रेजों के आगमन, औद्योगिक विकास, महानगरों के विस्तार और अनेक पंचवर्षीय योजनाओं के कार्यान्वयन से भारतीय समाज का यह बुनियादी ढाँचा धीरे-धीरे क्षतिग्रस्त होने लगता है और उसका स्थान व्यक्ति-प्रधान इकाइयाँ लेने लगती हैं। स्वतंत्रता पूर्व के भारतीय जीवन में जहाँ परिवार और समाज का महत्त्व केन्द्रीय था, स्वातंत्र्योत्तर भारजीय जीवन में 'व्यक्ति' का महत्त्व केन्द्रीय हो गया। सामाजिक संरचना में परिवर्तन के कारण भारतीय स्त्रियों की आकांक्षा में भी परिवर्तन आया। सभ्यता के विस्तार और सामाजिक संरचना के अधिकाधिक जटिल हो जाने के कारण भारतीय नारियों की आकांक्षा भी अधिक जटिल और उलझी हुई हो गई। स्वतंत्रता के पहले की भारतीय नारियों की इच्छा एक घर, पति, संतान और सुखद भविष्य तक सीमित है, लेकिन स्वातंत्र्योत्तर भारतीय नारियाँ इनके साथ-साथ 'स्वतंत्र व्यक्तित्व', यश, प्रतिष्ठा और 'बेहतर कैरियर' भी चाहती हैं। पहले भारतीय नारियाँ जहाँ सामाजिक सम्बन्धों में अपनी सार्थकता की तलाश करती थीं, स्वातंत्र्योत्तर भारतीय नारियाँ—'व्यक्तिगत उपलब्धि' को अपनी सार्थकता का पर्याय मानती हैं। वस्तुत: 'कैरियर वुमन' का जन्म स्वतंत्रता के बाद ही होता है। शिक्षित, सुसंस्कृत एवं सम्मानित नागरिक बनने की चाह स्त्रियों में दिनोदिन तीव्र होने

लगी, जिससे उन्हें 'द्वितीय श्रेणी' से मुक्ति मिल सके। 'सुवर्ण' के माध्यम से आशापूर्णा देवी ने भारतीय नारियों की सामूहिक इच्छा को साकार कर दिया है। 'किन्तु उसके चाहने की सीमा इतनी ही है क्या ? एक टुकड़ा बरामदा, छत पर जाने की एक सीढ़ी ? बस ? और कुछ नहीं ! आजीवन सुवर्णलता ने इतना ही चाहा ? नहीं ! बेहया सुवर्णलता ने और भी बहुत कुछ चाहा ! पाया नहीं, फिर भी चाहा ! चाहने के कारण लांछित हुई, उत्पीड़ित हुई, हास्यास्पद हुई, फिर भी उसके चाहने की परिधि बढ़ती ही गई। सुवर्णलता ने भव्यता चाही, सभ्यता चाही, आदमी की तरह जीना चाहा। बाहर की दुनिया से नाड़ी का योग रखना चाहा। उसने देश के बारे में सोचना चाहा, देश की पराधीनता का अंत चाहा। तो फिर सुवर्णलता को उसका पति, सास, जेठ, देवर पागल क्यों न कहें।'[3]

आज भारतीय नारियाँ घर की चार दीवारी या रसोई घर तक अपने को सीमित रखना नहीं चाहती हैं, बल्कि अपने क्षितिज का विस्तार करना चाहती हैं। राष्ट्रीय और सामाजिक जीवन की मुख्यधारा में शामिल होकर वे अपने लिए, अपने समाज के लिए और अपने राष्ट्र के लिए पूर्ण स्वाधीनता चाहती हैं। समाज और राष्ट्र की वास्तविक स्वाधीनता प्राप्त करने का एक मुख्य साधन है—'राजनीति' और इस धरातल पर नारियाँ पूरी तरह जागरूक और सक्रिय हैं।

आर्थिक आत्मनिर्भरता स्वातंत्र्योत्तर भारतीय नारियों का केन्द्रीय सरोकार रहा है। राष्ट्र की स्वाधीनता, महानगरों के विकास और महिलाओं के लिए रोज़गार के नये-नये अवसर—इन सब चीज़ों ने मिलकर भारतीय समाज में एक स्वतंत्र नौकरीपेशा महिला वर्ग का अस्तित्व संभव बनाया और तभी से भारतीय समाज में महिलाओं की एक स्वतंत्र वर्गीय पहचान संभव हो पायी। छठे-सातवें दशक में भारतीय समाज में नारी-मुक्ति के आंदोलन का दूसरा दौर प्रारंभ होता है, जब स्त्रियाँ अनेक व्यापारिक संगठनों, सहकारी समितियों और रचनात्मक कार्यों को प्रोत्साहित करने वाली संस्थाओं का गठन करती हैं। नारी-मुक्ति आंदोलन के इस चरण में नारियाँ न सिर्फ़ कलाकर्म को स्वतंत्र पेशे के रूप में अपनाती हैं बल्कि शिक्षा, प्रशासन, सामाजिक कार्य, राजनीति, पत्रकारिता और स्वतंत्र व्यावसायिक उद्यम को भी अपने 'कैरियर' के रूप में चुनती हैं। अब तो सेना, पुलिस,

---

3. सुवर्णलता : *आशापूर्णा देवी*, पृ. 38-39

विमान-चालन आदि नये क्षेत्रों में भी इन्होंने प्रवेश करना प्रारंभ कर दिया है। नारी मुक्ति आंदोलन के इस दूसरे चरण का भारतीय स्त्रियों के जीवन पर आमूल परिवर्तनकारी प्रभाव पड़ा और इसने भारतीय साहित्य में महिला रचनाकारों की एक सशक्त पीढ़ी को जन्म दिया। भारतीय नारियों के जीवन में आने वाले इस सांस्कृतिक और सामाजिक जागरण के सम्बन्ध में लक्ष्मी होल्मस्ट्रोम की बात पूरी तरह युक्तिसंगत लगती है—सातवें दशक में नारी जागरण के दूसरे दौर को स्पष्टतः लक्षित किया जा सकता है, जब झोंपड़पट्टीवासियों तथा जनजातीय लोगों को संगठित करने के लिए अनेक स्त्रियाँ, व्यापारिक संघों और सहकारी समितियों की स्थापना में मदद करती हैं। इस बीच महिलाओं की शिक्षा तथा विभिन्न प्रकार के कामों में लगी हुई स्त्रियों की संख्या में तेज़ी से वृद्धि हुई है। अनेक नवोदित महिला रचनाकार इस सक्रिय परिवेश की उपज हैं।[4]

महिलाओं के नौकरीपेशा होने के कारण पारिवारिक ढाँचे में आमूल परिवर्तन उपस्थित होता है और इसके कारण स्त्री तथा पुरुष का आपसी संबंध सबसे अधिक प्रभावित होता है। स्त्री-पुरुष सम्बन्ध का पुराना ढाँचा क्षतिग्रस्त हो जाता है और स्त्रियाँ अब पुरुषों के सामने अपने हक का दावा पेश करती हैं। इसका नतीजा यह होता है कि स्त्री और पुरुष का सम्बन्ध, जो पहले समर्पण का था, अब प्रतियोगिता और चुनौती का हो जाता है। अपने स्वतंत्र व्यक्तित्व और स्वतंत्र आकांक्षाओं के कारण स्त्री-पुरुष एक दूसरे के सामने चुनौती देते हुए खड़े हो जाते हैं।

आधुनिक नारी की आकांक्षा का एक अन्य पहलू है 'कैरियर' के प्रति इनकी प्रतिबद्धता। लेकिन इन नौकरीपेशा महिलाओं को पारिवारिक और सामाजिक स्वीकृति के लिए काफ़ी संघर्ष करना पड़ता है और तब भी स्वीकृति उन्हें बहुत मुश्किल से मिल पाती है। सबसे पहली चुनौती इन्हें अपने परिवार वालों की झेलनी होती है और विशेषतः पुरुष की, क्योंकि कोई भी पुरुष अपनी

---

4. A second wave of the women's movement can be clearly seen in the seventies when many women helped to found trade unions and co-operatives to organise slum-dwellers and tribal people. Mean while there has been a rapid growth in women's education and number of women in all forms of work, many of the younger women writers are part of this activist ambience.

The Inner Court yard : Lakshmi Holmstorm, p. xi.

स्त्री का उत्थान वहीं तक चाहता है, जहाँ तक उसके व्यक्तित्व को कोई ठेस न पहुँचे और उसकी सामाजिक प्रतिष्ठा बरकरार रहे। पुरुष साधारणत: अपने 'प्रभुत्व' को ठेस पहुँचाने वाली महत्त्वाकांक्षी स्त्री को सहर्ष स्वीकार नहीं कर पाता और परिणामत: उनका पारिवारिक जीवन तनावपूर्ण हो जाता है।

दूसरों के द्वारा दिये गए आधे-अधूरे समाधान की जगह स्वयं अपने लिए स्वतंत्र जीवन मूल्यों और जीवन पद्धतियों की खोज स्वातंत्र्योत्तर भारतीय नारियों की आकांक्षा का एक प्रमुख बिन्दु रहा है। परंपरागत संस्थान स्वतंत्र जीवन मूल्यों का निषेध करते हैं और सहज स्वाभाविक जीवन को अवरुद्ध करते हैं। आज की नारी स्वयं को 'टाइप' बनाये जाने का विरोध करती है। 'वस्तु' के रूप में परिभाषित होने पर उसे आपत्ति है और व्यावसायीकरण के इस अतिरेक का अस्वीकार नारी–आक्रोश के रूप में आधुनिक साहित्य में यत्र-तत्र बिखरा पड़ा है। पहले की नारी के लिए जहाँ घर की देहरी, मर्यादा, एकनिष्ठता, समर्पण आदि महत्त्वपूर्ण थे, आधुनिक नारी इन मूल्यों को अस्वीकार करते हुए अपने लिए सहज और मुक्त जीवन का वरण करना चाहती है। परंपरागत भारतीय नारियों में जहाँ काम-सम्बन्धों के प्रति एक प्रकार का अपराधबोध मिलता है, आधुनिक नारियों के दृष्टिकोण में देहराग की सहज स्वीकृति है।

इस प्रकार स्वाधीनता आंदोलन के दौरान तथा बाद में स्वातंत्र्योत्तर भारत में नारी-मुक्ति के विभिन्न आंदोलनों के द्वारा एक नए प्रकार की स्त्री का जन्म होता है—जो आधुनिक है, शिक्षित है, अपने व्यवसाय/कॅरियर के प्रति जागरूक है, पारंपरिक संस्थाओं के बंधनों को अस्वीकार करती है और अपने लिए संपूर्ण स्वाधीनता चाहती है।

2. राकेश के नाटकों में स्त्री अस्मिता के विविध आयाम

क्रांतिकारी ईरानी कवयित्री मर्जियेह ऑस्कोई ने स्त्री अस्मिता की तलाश को अपनी कविता के माध्यम से अभिव्यक्त किया है :

'मैं एक माँ

एक बहन

एक बेटी

एक अच्छी पत्नी

एक औरत हूँ
एक औरत जो न जाने कब से
नंगे पाँव रेगिस्तानों की धधकती बालू में
भागती...रही है।

... ...

एक औरत जो न जाने कब से

धान के खेतों और चाय के बगानों में

अपनी ताकत से ज़्यादा मेहनत करती आयी है।

... ...

एक औरत जो पहाड़ों की गोद में बच्चे जनती है

जिसकी बकरी मैदानों में कहीं मर जाती है

और वह बैन करती रह जाती है।

... ...

जो अपने हाथों से फैक्ट्री में

देवकाय मशीनों के चक्के घुमाती है

वे मशीनें जो उसकी ताकत को

ऐन उसकी आँखों के सामने

हर दिन नोचा करती हैं

... ...

एक औरत जिसके लिए तुम्हारी बेहूदा शब्दावली में

एक शब्द भी ऐसा नहीं

जो उसके महत्त्व को बयान कर सके

तुम्हारी शब्दावली केवल उसी की बात करती है

जिसके हाथ साफ़ हैं

जिसका शरीर नर्म है

जिसकी त्वचा मुलायम है

और जिसके बाल खुशबूदार हैं।[5]

---

5. सफ़दर हाशमी द्वारा लिखित चौक-चौक पर गली गली में नामक पुस्तक से उद्धृत, पृ. 1–3

राकेश के नाटकों में भी स्त्री सिर्फ़ माँ, बहन, बेटी, और पत्नी के रूप में ही दर्शायी नहीं गयी है, बल्कि कस्तूरी मृग सी स्वयं को तलाशती भी नज़र आती है। प्रसाद ने जिस प्रश्न को ध्रुवस्वामिनी के माध्यम से उठाया था—आज यह फ़ैसला हो जाए कि मैं 'कौन' हूँ? राकेश के सभी स्त्री पात्र इस प्रश्न से रू-ब-रू हैं। अपने पहले नाटक *आषाढ़ का एक दिन* में 'भावना में भावना का वरण' करने वाली मल्लिका भी स्पष्ट शब्दों में यह कहती है कि—

''मल्लिका का जीवन उसकी अपनी संपत्ति है। वह उसे नष्ट करना चाहती है तो किसी को उस पर आलोचना करने का क्या अधिकार है?''[6]

मल्लिका के चरित्र में परंपरागत संस्कार और आधुनिकताबोध दोनों का सामंजस्य मिलता है, इसी कारण वह पूरी तरह न तो स्वाधीन हो पाती है और न ही विवाहित होकर घर की चारदीवारी में सुखी। सम्बन्धों के स्तर पर जीने वाली मल्लिका के चरित्र का यही विरोधाभास उसकी त्रासदी को घनीभूत करता है। स्त्री के कोमल, स्नेहमयी एवं प्रिय रूप को मल्लिका साकार करती है। हरिणशावक के प्रति उसका अनुराग, कालिदास में आस्था, प्रकृति से लगाव, माँ से प्यार और अपनी बेटी के प्रति उत्तरदायित्व की भावना, उसकी चरित्रगत विशेषताओं को उभारकर उसकी गरिमा को बढ़ाते हैं। कालिदास को स्वयं से दूर करके अपनी भूमि से विरोपित कर उज्जयिनी भेजने की ज़िद करने वाली मल्लिका जानती थी कि कालिदास के जाने पर उसके अन्दर का कोई कोना रिक्त हो जाएगा। वह यह भी जानती थी कि शायद आदर, सत्कार, संपत्ति और पद के मोह में कालिदास उसे भूल जाएँ, किन्तु फिर भी स्वयं को होम कर कालिदास के जीवन को सफल बनाना उसका ध्येय था। श्रद्धा के सम्बन्ध में जयशंकर प्रसाद द्वारा लिखित ये पंक्तियाँ मल्लिका के चरित्र को भी पूरी तरह परिभाषित करती हैं—

इस अर्पण में कुछ और नहीं केवल उत्सर्ग छलकता है,
मैं दे दूँ और न फिर कुछ लूँ, इतना ही सरल झलकता है।[7]

उज्जयिनी में कालिदास *ऋतुसंहार, कुमारसंभव, मेघदूत* आदि लिखते रहे और मल्लिका आत्म प्रवंचना में जीती रही—

---

6. *आषाढ़ का एक दिन* : मोहन राकेश, पृ. 12
7. *कामायनी* : जयशंकर प्रसाद, पृ. 45

मैं रो नहीं रही हूँ माँ। मेरी आँखों में जो बरस रहा है, यह दुख नहीं है। यह सुख है, माँ, सुख...।[8]

खुद को दुख देकर अपने प्रिय को सुख देना भी अपनी गरिमा को बढ़ाना ही है और इस छलावे के पीछे है अपने परंपरागत रूप से गहरी आसक्ति।

परंपरागत संस्कार जहाँ उसे एक ओर घर से बाँधते हैं, वहीं दूसरी ओर उसके आंतरिक सौंदर्य को उभारते भी हैं। अम्बिका के सामने वह अपने को खोल कर रख देती है और एक हठी, चंचल किन्तु निर्भीक बालिका के रूप में नज़र आती है, वहीं प्रियंगुमंजरी और विलोम के साथ उसके संवाद तल्खी और व्यंग्य से भरे हुए हैं। प्रियंगुमंजरी द्वारा आत्मग्लानिवश दी गई सुविधाओं को स्वीकार करना मल्लिका के स्वाभिमानी व्यक्तित्व को आहत करता है इसलिए वह इन समस्त सुविधाओं को अस्वीकार कर देती है। विलोम का उसके घर एवं जीवन में हस्तक्षेप मल्लिका को कभी भी रुचिकर नहीं लगा। यही कारण है कि विलोम की उपस्थिति उसमें आक्रोश भर देती है। मातुल के प्रति उसका पितावत आदर और प्रेम झलकता है, तो अपने परिवेश के प्रति उसका लगाव भी पूरे नाटक में विद्यमान है। 'कनुप्रिया' की राधा जिस तरह कृष्ण के इतिहास-पुरुष बनने में अहम भूमिका निभाती है, उसी तरह मल्लिका भी कालिदास की प्रेरणा का स्रोत है। अपनी इस महत्त्वपूर्ण भूमिका से मल्लिका पूरी तरह अवगत है। कालिदास के संन्यास लेने की खबर सुनकर वह आहत हो उठती है और इस प्रसंग में व्यक्त उसके उद्गार उसके अस्मिताबोध को पूरी तरह मुखर करते हैं—

मैं यद्यपि तुम्हारे जीवन में नहीं रही, परन्तु तुम मेरे जीवन में सदा बने रहे हो, मैंने कभी तुम्हें अपने से दूर नहीं होने दिया। तुम रचना करते रहे और मैं समझती रही कि मैं सार्थक हूँ, मेरे जीवन की भी कुछ उपलब्धि है। और आज तुम मेरे जीवन को इस तरह निरर्थक कर दोगे?

... ...

तुम जीवन से तटस्थ हो सकते हो, परन्तु मैं तो अब तटस्थ नहीं हो सकती।

... ...

जो भाव तुम थे, वह दूसरा नहीं हो सका, परन्तु अभाव के कोष्ठ में किसी दूसरे की जाने कितनी-कितनी आकृतियाँ हैं। जानते हो मैंने अपना नाम खोकर एक विशेषण अर्जित किया है और अब मैं अपनी दृष्टि में नाम नहीं, केवल विशेषण हूँ।

... ...

परन्तु मैंने यह सब सह लिया। इसलिए कि मैं टूटकर भी अनुभव करती रही कि तुम बन रहे हो। क्योंकि मैं अपने को अपने में न देखकर तुममें देखती थी। और आज यह सुन रही हूँ कि तुम सब छोड़कर संन्यास ले रहे हो ? तटस्थ हो रहे हो ? उदासीन ? मुझे मेरी सत्ता के बोध से इस तरह वंचित कर दोगे ?[9]

अपना सर्वस्व समर्पण करने वाली मल्लिका का उपर्युक्त वक्तव्य उसके अस्मिताबोध की भावना को पूरी तरह उजागर कर देता है। अपना सब कुछ खो चुकने एवं अत्यंत द्रारिद्रय की स्थिति में जीते हुए भी वह सत्ता के बोध से वंचित होना नहीं चाहती है। यही वह बिन्दु है जहाँ मल्लिका परंपरागत भारतीय नारी के समर्पणमूलक स्वरूप को प्रस्तुत करते हुए भी अस्मिताबोध की प्रखर चेतना के कारण आधुनिकता के रंग में भी सराबोर हो उठती है।

कालिदास की अपेक्षा मल्लिका का चरित्र संतुलित, निश्चित और द्वन्द्वरहित है। रोमानी तत्त्व की प्रधानता होने के बावजूद, वह कभी भी यथार्थ से कतराती नहीं है। प्रतिकूल परिस्थितियों का सामना भी वह धैर्य एवं संयम के साथ करती है। जीवन जैसा भी है, उसे उसी रूप में सहर्ष स्वीकार करना मल्लिका के चरित्र की महत्त्वपूर्ण विशेषता है। इसी कारण बच्ची के रोने का शब्द सुनकर कालिदास हतप्रभ रह जाते हैं किन्तु मल्लिका निर्भीक स्वर में यह कहने का साहस रखती है कि—यह मेरा वर्तमान है—स्वयं अपने आपसे और जीवन यथार्थ से भागते कालिदास की कमज़ोरी मल्लिका के चारित्रिक वैशिष्ट्य को और भी प्रखर रूप से उजागर करती है।

आषाढ़ का एक दिन का दूसरा महत्त्वपूर्ण नारी पात्र है—अम्बिका। मल्लिका के विपरीत अम्बिका का जीवन भावना का नहीं, वरन् कर्म का विषय

---

9. उपर्युक्त, पृ. 93-94

है। वह जीवन की क्रूर वास्तविकताओं से पूरी तरह अवगत है, इसलिए उसकी जीवनदृष्टि अधिक व्यावहारिक है। मल्लिका और कालिदास के सम्बन्ध को वह तटस्थ भाव से विश्लेषित करती है। इसलिए वह समझ पाती है कि मल्लिका कालिदास के लिए सिर्फ़ एक उपादान है, जिसके माध्यम से कालिदास स्वयं से प्रेम करता है। मान-मर्यादा, लोक-अपवाद, लोक-नीति जैसे सामाजिक व्यवहार अम्बिका की जीवनदृष्टि को बनाने में महत्त्वपूर्ण भूमिका अदा करते हैं। अम्बिका जीवनपर्यंत मल्लिका को कालिदास के प्रभाव से बचाने की चेष्टा करती रही। इस प्रयत्न में कई बार उसने तीखे व्यंग्य, अशोभनीय व्यवहार एवं आरोप-प्रत्यारोपों का भी सहारा लिया, किन्तु मल्लिका की ज़िद के आगे उसके ममत्व को झुकना पड़ा। अम्बिका के चेहरे की झुर्रियाँ उसके शरीर एवं आत्मा पर समय की चोट के निशान हैं। अपनी बेटी को अभाव से बचाने के लिए वह स्नेहमयी माँ जीवन भर तिल-तिल कर गलती रही। समय के थपेड़ों ने अम्बिका की कोमलता को नष्ट कर उसे शुष्क और श्रीहीन कर दिया था, लेकिन ऊपर से शुष्क होते हुए भी अंदर से वह स्नेहमयी एवं संवेदनशील थी। प्रियंगुमंजरी जब मल्लिका को अपनी संगिनी बनाकर अपने साथ उज्जयिनी ले जाने का प्रस्ताव रखती है और उनके घर के परिसंस्कार हेतु स्थपतियों को निर्देश देती है, तो अम्बिका अपने आक्रोश को दबा नहीं पाती है। इस प्रसंग में अम्बिका का विलाप तीखे व्यंग्य के रूप में अभिव्यक्त होता है :

अम्बिका—लो, *मेघदूत* की पंक्तियाँ पढ़ो। इन्हीं में न कहती थीं उसके अन्तर की कोमलता साकार हो उठी है ? आज इस कोमलता का और भी साकार रूप देख लिया... ?

आज वह तुम्हें तुम्हारी भावना का मूल्य देना चाहता है, तो क्यों नहीं स्वीकार कर लेतीं ? घर की भित्तियों का परिसंस्कार हो जाएगा और तुम उनके यहाँ परिचारिका बनकर रह सकोगी। इससे बड़ा और क्या सौभाग्य तुम्हें चाहिए ?

मल्लिका—राजकन्या की अपनी जीवनदृष्टि है माँ। उसके लिए और कोई कैसे उत्तरदायी है ?

अम्बिका—परन्तु राजकन्या के यहाँ आने के लिए कौन उत्तरदायी है ?

निस्संदेह यह किसी की इच्छा के बिना यहाँ नहीं आयी। राज्य के स्थपति घर की भित्तियों का परिसंस्कार कर देंगे। आज वह शासक है, उसके पास संपत्ति है। उस शासन और संपत्ति का परिचय देने के लिए इससे अच्छा और क्या उपाय हो सकता था ?[10]

यद्यपि अम्बिका के चरित्र में 'स्त्री' पर 'माँ' हावी है, किन्तु स्त्री का आत्मसम्मान एवं आत्म-गौरव उसने अभाव की ज़िन्दगी जीते हुए भी बचाकर रखा है। उसका उपर्युक्त वक्तव्य एक स्त्री के आहत आत्माभिमान की प्रत्यक्ष अभिव्यक्ति है। व्यंग्य उसके स्वभाव का हिस्सा नहीं, बल्कि जीवन की विडम्बनापूर्ण परिस्थिति में स्वयं को और अपने परिवार को बचाये रखने का अस्त्र है। जीवन से निरंतर संघर्ष करती हुई अम्बिका 'भावना' के स्तर पर नहीं, बल्कि यथार्थ के स्तर पर जीती है। इसलिए कालिदास के प्रति मल्लिका का प्लैटोनिक (Platonic) प्रेम उसे बिलकुल प्रभावित नहीं कर पाता। इस प्रेम से थोड़ी देर मन तो बहलाया जा सकता है, लेकिन जीवन नहीं जिया जा सकता। अम्बिका का निम्नलिखित वक्तव्य उसकी यथार्थपरक जीवनदृष्टि का साफ़ तौर पर संकेत करता है :

''तुम जिसे भावना कहती हो वह केवल छलना और आत्म-प्रवंचना है। ...भावना में भावना का वरण किया है !...मैं पूछती हूँ भावना में भावना का वरण क्या होता है ? उससे जीवन की आवश्यकताएँ किस तरह पूरी होती हैं ?... भावना में भावना का वरण। हूँ !''[11]

आषाढ़ का एक दिन का एक अन्य महत्त्वपूर्ण स्त्री पात्र है—प्रियंगुमंजरी। राजसत्ता का दर्प, सौंदर्य का अभिमान एवं राजनैतिक ज्ञान की ठसक, प्रियंगुमंजरी के व्यक्तित्व के महत्त्वपूर्ण आयाम हैं। मल्लिका के सौंदर्य को लेकर स्पर्धा भाव और ग्राम्य प्रांतर के वातावरण को अपने साथ उज्जयिनी ले जाने का हठ, उसके वैवाहिक जीवन के रहस्यों को उद्घाटित करता है। वह ऐसा समझती है कि शायद यहाँ का वातावरण ले जाने से कालिदास की उदासीनता और बेचैनी कम हो जायेगी। मल्लिका के घर का परिसंस्कार वह अपने 'घर' को बचाने के

---

10. उपर्युक्त, पृ. 77
11. उपर्युक्त, पृ. 13

लिए करना चाहती है। अपराधबोध एवं हीनता-ग्रंथि से ग्रस्त होने के कारण वह कालिदास पर अपने प्रभाव की घोषणा बार-बार करती है—

साहित्य उनके जीवन का पहला चरण था। अब वे दूसरे चरण में पहुँच चुके हैं। मेरा अधिक समय इसी आयास में बीतता है कि उनका बढ़ा हुआ चरण पीछे न हट जाये... ।...बहुत परिश्रम पड़ता है इसमें।[12]

कालिदास के ऊपर अपने अधिकार को बनाये रखने के लिए ही वह मल्लिका से उज्जयिनी के किसी राजकर्मचारी से विवाह कर लेने का हठ करती है। आत्ममुग्धा प्रियंगुमंजरी अपने अधिकार और प्रभुता के सामने मल्लिका को छोटा दिखाना चाहती थी, किन्तु मल्लिका की सादगी ने अंतत: उसे ही बौना सिद्ध कर दिया। एक कुलीन राजकन्या के रूप में प्रियंगुमंजरी स्त्री को सिर्फ़ 'त्वचा' तक ही सीमित अर्थ में ग्रहण करती है। यही कारण है कि स्त्री अस्मिता का कोई महत्त्वपूर्ण आयाम उसके चरित्र में नहीं मिलता।

रंगिणी-संगिनी राज्याश्रय प्राप्त ऐसी प्रतिभावान नारियाँ हैं, जिनकी प्रतिभा एवं कला-साधना राजकीय सम्मान एवं साधन उपलब्ध होने पर अब लगभग चुक सी गई है। वे अब प्रतिभावान हैं नहीं, किन्तु फिर भी राज्याश्रय के लालच में कुछ नया एवं अद्भुत खोजने का, रचने का ढोंग करती हैं। उनकी कला अब कुंद हो चुकी है किन्तु फिर भी वे राजकीय सम्मान के लोभ में कुछ असाधारण खोजने के अपने दावे से हाथ नहीं धोना चाहतीं। स्त्री आकांक्षा के खोखले, दंभी और झूठे रूप का ये प्रतिनिधित्व करती हैं। राज्याश्रय कभी-कभी कलाकार को कितना कुंद कर देता है इसका साक्षात् प्रमाण इनका व्यक्तित्व है।

ऐसा कहा जाता है कि राकेश का स्त्री सम्बन्धी दृष्टिकोण मध्ययुगीन है, किन्तु *आषाढ़ का एक दिन* की अम्बिका की प्रखरता और मल्लिका का सौम्य लेकिन दृढ़ व्यक्तित्व इस धारणा का खंडन करता है। राकेश के दूसरे नाटक *लहरों के राजहंस* का केन्द्रीय चरित्र 'सुन्दरी' 'मल्लिका' का विस्तारित रूप प्रतीत होती है। 'सुन्दरी' के संपूर्ण व्यक्तित्व में अपनी सत्ता एवं अधिकार का बोध तथा सौंदर्य का दर्प कूट-कूटकर भरा हुआ है। सुन्दरी के बहुआयामी एवं तेजस्वी व्यक्तित्व का परिचय हमें संपूर्ण नाटक में देखने को मिलता है।

---

12. उपर्युक्त, पृ. 15

'नंद' नाटक का केंद्रीय पात्र होते हुए भी सुन्दरी की तरह प्राणवान प्रतीत नहीं होता एवं सुन्दरी का प्रभाव नाटक पर आद्यंत छाया हुआ रहता है। 'नंद' पर 'सुन्दरी' का प्रभाव किसी यक्षिणी से कम नहीं है और इस बात की पुष्टि नंद के निम्नलिखित संवादों से सहज ही हो जाती है :

सुन्दरी—(कटोरी लेकर रखती हुई) पता है, लोग क्या कहते हैं ?

नंद—क्या कहते हैं ?

सुन्दरी—कहते हैं, आपका ब्याह एक यक्षिणी से हुआ है जो हर समय आपको अपने जादू से चलाती है।

नंद—इसमें झूठ क्या है ?

सुन्दरी—झूठ नहीं है ?

नंद—यक्षिणी हो या नहीं, यह तो मैं नहीं कह सकता पर मानवी तुम नहीं हो। (स्थिर दृष्टि से उसकी ओर देखता हुआ) ऐसा रूप मानवी का नहीं होता।[13]

नंद—एक बात का मैं कभी निश्चय नहीं कर पाता।

सुन्दरी हाथ रोककर उसकी ओर देखती है।

सुन्दरी—किस बात का ?

नंद—कि मैं किस पर अधिक मुग्ध हूँ...तुम्हारी सुन्दरता पर या तुम्हारी चातुरी पर ?[14]

सुन्दरी—अतिथियों के आने तक शयन कक्ष में विश्राम करना चाहेंगे ?

नंद—(जैसे कुछ चौंककर) अतिथियों के आने तक ?... नहीं...।
तुमने पहले ही कह दिया था कि आज विश्राम नहीं होगा।

सुन्दरी—मैंने कहा तो था, पर तब यह कहाँ सोचा था कि...

नंद—तुम्हारी कही हुई बात तुम्हारे लिए उतना महत्त्व नहीं रखती जितना मेरे लिए। (उसके कंधों पर थोड़ा झुककर) यह तुम नहीं जानतीं।[15]

नंद और सुन्दरी के उपर्युक्त संवाद यह स्पष्ट करते हैं कि सुन्दरी के इस

---

13. *लहरों के राजहंस*, पृ. 79
14. उपर्युक्त, पृ. 76
15. उपर्युक्त, पृ. 50

चुंबकीय प्रभाव का कारण सिर्फ़ सौंदर्य नहीं, बल्कि वे सब बुनियादी गुण हैं जिनकी आकांक्षा पुरुष एक स्त्री से करता है। सुन्दरी महज़ एक रूपगर्विता नारी नहीं है, बल्कि उसके व्यक्तित्व में स्नेह, ओज, गरिमा, वाक्‌-चातुर्य, बुद्धि कौशल, दया आदि अनेक गुणों की छवियाँ विद्यमान हैं। उसका व्यक्तित्व इन्द्रधनुष की तरह विविध रंगों की छटाओं से निर्मित है। आज की नारी की तरह वह अपनी आकांक्षाओं को खुलकर अभिव्यक्त कर सकती है। वह इच्छाओं का दमन कर एवं घुटकर जीने में विश्वास नहीं रखती, बल्कि जीवन को पूरे उल्लास एवं आनंद के साथ जीना चाहती है। इस सम्बन्ध में उसके मन में किसी प्रकार का द्वन्द्व नहीं है। उसकी यह संशयरहित भावना और देवी यशोधरा से स्पर्धा भाव उक्त उद्धरण से स्पष्ट हो जाता है :

सुन्दरी—क्यों ? यह सच नहीं ? राजकुमार सिद्धार्थ क्यों चुपचाप एक रात घर से निकल पड़े ? बात बहुत साधारण-सी है, अलका! नारी का आकर्षण पुरुष को पुरुष बनाता है, तो उसका अपकर्षण उसे गौतम बुद्ध बना देता है।''

अलका—(पल भर चुप रहकर) तो आप यह कहना चाहती हैं कि...।

सुन्दरी—कहना चाहने की बात नहीं, अलका। मैं एक छोटी-सी सच्चाई तुझे बतला रही हूँ। लोग कहते हैं कि गौतम-बुद्ध ने बोध प्राप्त किया है, कामनाओं को जीता है। पर मैं कहती हूँ कि कामनाओं को जीता जाए, यह भी क्या मन की एक कामना नहीं है ? और ऐसी कामना किसी के मन में क्यों जगती है ?[16]

इस उद्धरण से यह साफ़ ज़ाहिर होता है कि सुन्दरी 'कामना' को मनुष्य की स्वाभाविक वृत्ति के रूप में देखती है और अस्वीकृति या निषेध को मनुष्य की सहज प्रवृत्ति के प्रतिकूल मानती है। जीवन को अंतिम क्षण तक जीने की यह ललक उसकी जीवनेच्छा (Libido) को साकार करती है। यशोधरा के दीक्षांत समारोह से पूर्व सुन्दरी सोची-समझी रणनीति के तहत अपनी व्यवस्ता, बुद्धिकौशल, परिचालन क्षमता एवं गृहसज्जा की क्षमता का परिचय देती हुई कामोत्सव का आयोजन करती है, किन्तु इस उत्सव में आर्य मैत्रेय को छोड़कर कोई भी अतिथि शामिल नहीं होता। अतिथियों का न आना और अपने कामोत्सव के आयोजन को विफल होते देखना सुन्दरी को कदापि मंज़ूर नहीं।

---

16. उपर्युक्त, पृ. 37

अपनी कामनाओं का स्थगत या दमन उसे किसी शर्त पर स्वीकार नहीं। उसकी कामेच्छा उसकी जीवनेच्छा का ही विस्तारित रूप है :

सुन्दरी—(मदिराकोष्ठ की ओर जाती हुई)

कामोत्सव कामना का उत्सव है, आर्य मैत्रेय। मैं अपनी आज की कामना कल के लिए टाल रखूँ...क्यों ? मेरी कामना मेरे अंतर की है। मेरे अंतर में ही उसकी पूर्ति भी हो सकती है। बाहर का आयोजन उसके लिए उतना महत्त्व नहीं रखता, जितना कुछ लोग समझ रहे हैं।[17]

सुन्दरी के उपर्युक्त वक्तव्य से यह स्पष्ट है कि वह वर्तमान में जीनेवाली नारी है और अपनी कामना की पूर्ति के लिए वह दूसरों पर निर्भर नहीं है। उसके कामोत्सव में लोग अनुरोध करने से आयें, यह उसके स्वाभिमान के खिलाफ़ प्रतीत होता है। अपने पति नंद द्वारा अतिथियों को स्वयं बुलाने के बावजूद उनका कामोत्सव में शामिल न होना सुन्दरी के स्वाभिमान को आहत करता है और सुन्दरी के आहत स्वाभिमान की अभिव्यक्ति निम्नलिखित संवाद में साकार हो उठती है :

मैत्रेय—मैं आज्ञा चाहूँगा, कुमार ! यहाँ आकर और रुककर मैं राजकुमारी के उद्वेग का कारण नहीं बनना चाहता।

नंद—ठहरो मैत्रेय। तुम्हें सोचना चाहिए कि सुन्दरी के उद्वेग का वास्तविक कारण...।

सुन्दरी—(आपे से बाहर होकर) अपने उद्वेग का वास्तविक कारण मैं स्वयं हूँ। और किसी को यह अधिकार मैं नहीं देती कि वह मेरे उद्वेग का कारण बन सके। आर्य मैत्रेय यदि जाना चाहते हैं, तो इन्हें भी जाने दीजिए। कह दीजिए कि जिनके यहाँ से होकर आए हैं, जाते हुए भी एक बार उनके यहाँ होते जायें। उन सबसे कह दें कि मेरे यहाँ आने के लिए किसी कल की प्रतीक्षा में न रहें। वह कल अब उनके लिए कभी नहीं आएगा, कभी नहीं ![18]

उपर्युक्त संवाद इस तथ्य को स्पष्ट करता है कि सुन्दरी अपने जीवन में किसी का अनधिकार हस्तक्षेप स्वीकार नहीं करती। वह अपनी राह स्वयं चुनती है और उसका यह चुनाव बाहरी हलचलों से प्रभावित नहीं होता। सुन्दरी को नंद

---

17. उपर्युक्त, पृ. 61
18. उपर्युक्त, पृ. 62

के ऊपर अपने प्रभाव एवं नंद के प्रेम में गहरी आस्था है। यही कारण है कि वह स्वयं नंद को गौतम बुद्ध के पास जाने की इजाज़त देती है, क्योंकि उसे विश्वास है कि नंद उसके पास वापस अवश्य आएगा। सुन्दरी का यह आत्मविश्वास जहाँ एक ओर उसके व्यक्तित्व की दृढ़ता को रेखांकित करता है, वहीं दूसरी ओर उसके प्रखर स्वाभिमान को भी अभिव्यक्त करता है :

सुन्दरी—मैंने कहा है अलका, मैं अपने स्वाभिमान को और नहीं छल सकती। नदी-तट तक आने-जाने में जितना समय लगता है, उसके अतिरिक्त घड़ी भर समय और...यह उन्होंने कहा था। मैंने विश्वास से उन्हें भेजा था। चाहती तो उस समय उन्हें रोक भी सकती थी। परन्तु रोकना मैंने नहीं चाहा... ? (झूले के पास जाकर एक हाथ उस पर रख लेती है) क्योंकि रोकना दुर्बलता होती। मन में कहीं यह साल बनी रहती कि मैंने उन्हें नहीं जाने दिया, जिसका अर्थ होता कि उन पर और अपने पर मुझे विश्वास नहीं था।[19]

सुन्दरी का उपर्युक्त संवाद अपने ऊपर गहरे विश्वास की भावना को व्यक्त करता है। सुन्दरी नन्द को तथागत के पास जाने से इसलिए नहीं रोकती क्योंकि वह नंद को चुनाव के अधिकार से वंचित कर नारी सुलभ दुर्बलता का परिचय नहीं देना चाहती। उसे मात्र अपने रूप सौंदर्य पर ही नहीं, बल्कि सम्बन्ध की गहनता पर भी अगाध विश्वास है। यही कारण है कि जब श्वेतांग, सुन्दरी को सूचित करता है कि नंद अपने केशों की खोज में गए हैं, क्योंकि उनकी पत्नी को उन केशों की आवश्यकता है, तो यह सुनकर सुन्दरी स्तंभित रह जाती है। नंद के साथ अपने सम्बन्ध पर सुन्दरी को गहरी आस्था थी, लेकिन सुन्दरी को नागवार गुज़रता है जब नंद यह समझ कर अपने केश वापस लेने के लिए घर से चला जाता है कि उसे मुंडित रूप में देखना सुन्दरी को सह्य नहीं हुआ। नंद का यह बर्ताव सुन्दरी के आत्मसम्मान को ठेस पहुँचाता है, क्योंकि उसका क्षोभ नंद के केशहीन रूप के कारण नहीं, बल्कि इस कारण से है कि उसने सुन्दरी के विश्वास को खंडित किया है। इसलिए आत्मप्रवंचना की इस स्थिति में सुन्दरी कहती है :

''इतना ही तो समझ पाते हैं ये लोग... । बस इतना ही तो इनकी समझ में

---

19. उपर्युक्त, पृ. 99

आ पाता है।...इससे अधिक कभी समझ भी नहीं पायेंगे ये...कभी नहीं समझ पायेंगे।''[20]

प्रखर आत्मसम्मान एवं दृढ़निश्चय से युक्त होने के साथ-साथ सुन्दरी के व्यक्तित्व के कई अन्य आयाम भी हैं जो उसे संवेदनशील नारी के रूप में रेखांकित करते हैं। प्रकृति के साथ गहरा लगाव, राजहंसों के जोड़ों के प्रति अनुराग एवं अपनी दासी अलका के प्रति स्नेह उसके व्यक्तित्व के कोमल पक्ष को उजागर करते हैं। अलका के कहने पर न केवल वह श्यामांग की धृष्टता (कमलताल में राजहंसों के जोड़े पर पत्थर फेंकना) को माफ़ करती है बल्कि अलका की देख-रेख में उसके समुचित उपचार की व्यवस्था भी करती है। इस प्रकार *लहरों के राजहंस* में अभिव्यक्त सुन्दरी का चरित्र जीवन को उसकी संपूर्णता के साथ ग्रहण करने वाली एक ऐसी नारी का है जो हर चुनौती को स्वीकार करती है और बिना किसी कुंठा के अपनी कामनाओं को अभिव्यक्त करती है। आत्मविश्वास में पगी यह दृढ़निश्चयी स्त्री कोमल भी है एवं कठोर भी, सौम्य भी है, निरंकुश भी, आत्ममुग्धा भी है और अपनी सत्ता के बोध से परिचित भी। उसके इस बहुआयामी व्यक्तित्व में मानवी और यक्षिणी का अभूतपूर्व सामंजस्य है, जिसके जादू से वह अपने आस-पास के कार्यव्यापार को संचालित करती है। उसका यह बहुआयामी व्यक्तित्व शेक्सपियर के प्रसिद्ध नारी चरित्र क्लियोपेट्रा की याद दिलाता है जिसके बारे में शेक्सपियर ने लिखा है—

'क्लियोपेट्रा के असीम सौंदर्य को न समय धुँधला कर सकता है, न परंपराएँ बासी। अन्य स्त्रियाँ जहाँ क्षुधा शांत करती हैं, वहीं क्लियोपेट्रा का सौंदर्य जितना भूख को तृप्त करता है उतना ही भड़काता भी है।'[21]

सुन्दरी के चरित्र में भी ऐसी ही विविधता है जो उसे हिन्दी नाट्य साहित्य के एक अभूतपूर्व नारी पात्र के रूप में स्थापित करती है।

लहरों के राजहंस का एक अन्य नारी पात्र है : अलका, जो सुन्दरी की सखी भी है और दासी भी। वह श्यामांग के प्रति अनुरक्त है तथा सुन्दरी के

---

20. उपर्युक्त, पृ. 125

21. "Age can not wither, nor custom stale/Her infinite variety, other women cloy the appetites they feed/She makes hungry, wheremost she satisfies/" The complete works of Walliam Shakespeare : Antony and Cleopatra [II (ii) 753]

प्रति समर्पित और अपनी दोनों ही भूमिकाओं में वह प्रभावी जान पड़ती है। वह विनम्र है किन्तु चाटुकार नहीं और एक सच्ची सखी की तरह हमेशा सुन्दरी को सही मार्ग दिखाती है। यद्यपि नाटककार ने इस चरित्र की सूक्ष्म रेखाओं का अंकन नहीं किया है तथा नाटक में उसे एक गौण पात्र के रूप में ही स्थान दिया है, तथापि अपनी संपूर्णता में यह पाठकों एवं दर्शकों को प्रभावित अवश्य करती है। सुन्दरी एवं अलका का साहचर्य भी उनके सम्बन्ध की गहनता, स्त्री की संवेदनशीलता तथा आपसी समझ की भावना को दर्शाता है। दोनों सखियाँ अपने आत्मसम्मान की रक्षा भी करती हैं एवं एक-दूसरे की भावनाओं को ठेस भी नहीं पहुँचातीं। यद्यपि दोनों का रिश्ता बराबरी का नहीं है किन्तु फिर भी वर्ग-भेद कभी उनकी दोस्ती में आड़े नहीं आता। *लहरों के राजहंस* के ये दोनों ही स्त्री पात्र स्त्री आकांक्षा के अनेक रूपों का उद्घाटन करते हैं।

अपने तीसरे पूर्ण नाटक *आधे-अधूरे* में राकेश ने आधुनिक नारी की आकांक्षा को 'सावित्री' के माध्यम से अभिव्यक्त किया है। सावित्री के विषय में राकेश ने लिखा है कि उसकी उम्र चालीस के लगभग है, पर चेहरे पर यौवन की चमक और चाह फिर भी शेष है। इससे स्पष्ट है कि समकालीन जीवन के दबावों से संघर्ष करती हुई इस स्त्री ने अभी तक जीवन से हार नहीं मानी है। एक ओर वह अपनी अस्मिता के प्रति सचेत है तो दूसरी ओर अपने परिवार के प्रति दायित्व का भी पूरा निर्वाह करती है। इस नाटक में सावित्री अपने को 'वस्तु' के रूप में परिभाषित होने देने का निषेध करती है एवं इस्तेमाल होने की मानसिकता के खिलाफ़ संघर्ष करती है। इब्सन की डोरा की तरह ही वह भी स्त्री अस्मिता से जुड़े प्रश्नों का हल खोजती प्रतीत होती है। नाटक के प्रथम अंक में सावित्री के जीवन की घुटन एवं खीज सिर्फ़ उसकी व्यक्तिगत भावनाओं को ही नहीं दर्शाती हैं, बल्कि आज की कामकाज़ी महिला के जीवन की स्थिति को भी रूपायित करती हैं। इस प्रकार सावित्री स्वातंत्र्योत्तर भारत की 'कॅरियर वुमन' के प्रतिनिधि चरित्र के रूप में सामने आती है। अपने जीवन की आकांक्षाओं को सावित्री अपने पति और घर के माध्यम से मूर्त रूप देना चाहती है और इसलिए महेन्द्रनाथ को वह 'संपूर्ण पुरुष' के रूप में देखना चाहती है। लेकिन ऐसा नहीं हो पाया और सावित्री की जिजीविषा और चाहत व्यंग्य और

तल्ख़ी के रूप में परिवर्तित हो गई। न तो वह महेन्द्रनाथ जैसे आधे-अधूरे पति के साथ संतुष्ट हो पाती है और न ही उससे पूरी तरह मुक्त हो पाती है। अभाव की ज़िन्दगी सावित्री को कभी रास नहीं आयी और निरंतर क्षीण होती हुई अपने परिवार की आय की वृद्धि का प्रयास वह सदैव करती रही। अशोक की नौकरी लगाने की चेष्टा के तहत वह सिंहानिया को अपने घर पर निमंत्रित करती है, जिससे एक ओर परिवार में कलह पैदा होती है एवं दूसरी ओर अशोक भी इस प्रयास की सराहना नहीं करता। आर्थिक रूप से स्वतंत्र होने के कारण उसके स्वर में प्रभुता स्पष्ट झलकती है। संबंधहीनता, रिश्तों में ठंडापन एवं कड़वाहट सिर्फ़ सावित्री एवं महेन्द्रनाथ के सम्बन्ध तक ही सीमित नहीं है, बल्कि इसका असर परिवार के हर सदस्य के ऊपर दिखाई पड़ता है।

'इतनी गर्द भरी रहती है हर वक़्त इस घर में!' जैसे वाक्य दर्शाते हैं कि सावित्री और महेन्द्रनाथ के घर में रिश्ते भी गर्द की चादर में ढँके हुए हैं। परंपरा और आधुनिकता जैसे प्रश्न सावित्री के सामने प्रश्नचिन्ह बनकर खड़े रहते हैं और वह निर्णय लेने से कतराती है। दरअसल आधुनिकता जब पुरुषों में आती है तब वह चर्चा एवं विवाद का विषय नहीं बनती, लेकिन स्त्रियों से यह अपेक्षा सदा रहती है कि वह परंपरा की वाहक बनेंगी। यही कारण है कि सावित्री घर की आर्थिक एवं पारिवारिक ज़िम्मेदारी उठाते-उठाते ख़ुद यंत्रवत् जीवन जीने को विवश होती है और 'घर' की दहलीज़ पार करने से हिचकिचाती है। परंपरा में स्त्रियों ने औरतों को जो ज़िम्मेदारियाँ सौंपी थीं, कमोबेश आज भी उनके हिस्से में वे सब ज़िम्मेदारियाँ हैं। घर-गृहस्थी, बच्चे—ये सब पहले भी औरतों की बुनियादी ज़िम्मेदारियाँ थीं और आज भी हैं। उनकी पारंपरिक भूमिका में कोई काट-छाँट नहीं हुई है लेकिन आधुनिक जीवनशैली ने उन पर कुछ और ज़िम्मेदारियाँ भी लाद दी हैं। सावित्री भी अपनी पारंपरिक एवं आधुनिक दोनों भूमिकाओं के पाटों में पिसती और घिसती नज़र आती है। वह चाह कर भी आसानी से जीवन की कड़वी सच्चाइयों से भाग नहीं पाती। अंततः जब वह पत्नी और माँ से हटकर सिर्फ़ स्त्री बनने का जोखिम उठाती है तो बहुत देर हो चुकी होती है। सावित्री में दांपत्य जीवन के संस्कार अभी भी शेष हैं, यही कारण है कि लक्ष्मणरेखा को पार करने में वह हिचकती है। मर्यादाओं के प्रति कटु होने के उपरांत भी उसमें झिझक

शेष है। सावित्री का परिसंस्कार कुक्कू में कितनी मुश्किल से हो पाता है, इसका बहुत ही सुन्दर दृश्य-बिम्ब राकेश ने प्रस्तुत किया है—

बड़ी लड़की : और सोच लेतीं थोड़ा...।

स्त्री : कब तक और?

गले की माला को उँगली में लपेटने लगती है, झटके से माला टूट जाती है। परेशान होकर वह माला को उतार देती है और जाकर कबर्ड से दूसरी माला निकाल लेती है।

साल पर साल...इसका यह हो जाए, उसका वह हो जाए!

मालाओं का डिब्बा रखकर अलमारी को बन्द करना चाहती है। पर बीच की चीज़ों के अव्यवस्थित हो जाने से अलमारी ठीक से बन्द नहीं होती।

एक दिन... ...दूसरा दिन!

नहीं ही बन्द होता, तो उसे पूरा खोलकर झटके से बंद करती है।

एक दिन... ...दूसरा साल!

अब भी सोचूँ थोड़ा!

कब तक... क्यों!

घर दफ़्तर... घर दफ़्तर!

सोचो... सोचो!

चख् चख्... किट् किट्... चख् चख्... किट् किट्...! क्या सोचो?
(उसाँस के साथ) कुछ मत सोचो!

होने दो जो होता है।[22]

परंपरागत नारी से आधुनिक नारी के इस संक्रमण का ऐसा दृश्यांकन दुर्लभ है। राकेश की अवधारणा थी कि आर्थिक आज़ादी ही नारी की स्वतंत्रता

---

22. *आधे-अधूरे :* मोहन राकेश, पृ. 65–68

का मूल है। जीवन स्थितियों की जटिलता ही जटिल पारिवारिक सम्बन्ध विधान को जन्म देती है और सोचना मनुष्य को अन्तत: उलझाता ही है, अत: सावित्री अपनी सोच से मुक्ति चाहती है, अपने लिए खुला आकाश चाहती है—निर्द्वन्द्व होकर सिर्फ़ अपने लिए जीना चाहती है, अपने लिए तय किए गए, ओढ़े हुए अपने तमाम रिश्तों से मुक्ति चाहती है। जगमोहन उसके लिए एक आलम्बन है, वह साधन है जो शायद उसे इस दम-घोंटू वातावरण से मुक्त करा सके। इस पूरे दृश्य में सावित्री अत्यंत विश्वसनीय प्रतीत होती है। सावित्री में जिजीविषा अभी शेष है, वह आधुनिक है एवं अपने लिए जीना चाहती है। जब वह दूसरों के लिए कुछ करती है तब भी अंतत: अपने अहं की पुष्टि करती है। जब अशोक उसके द्वारा ज़िम्मेदारी वहन करने पर भी उससे रुष्ट रहता है और उसके त्याग को नकारता है तब वह विद्रोह कर उठती है—

''तो ठीक है। आज से मैं सिर्फ़ अपनी ज़िन्दगी को देखूँगी...तुम लोग अपनी-अपनी ज़िन्दगी को खुद देख लेना। मेरे पास अब बहुत साल नहीं हैं जीने को। पर जितने हैं, उन्हें मैं इस तरह और निभाते हुए नहीं काटूँगी। मेरे करने से जो कुछ हो सकता था इस घर का, हो चुका आज तक, मेरी तरफ़ से यह अंत है उसका...। निश्चित अंत।''23

आधे-अधूरे नाटक में दूसरा स्त्री-चरित्र है—बिन्नी, सावित्री की बेटी। बिन्नी एक तरह से अपनी माँ का ऐक्सटेंशन ही है। एक वही है जो सावित्री के प्रति सहानुभूति रखती है। सारे नाटक में आद्योपांत बड़ी लड़की स्टेज पर रहती है। उसे लगता है कि यदि यह घर बच गया तो उसका घर भी बच जाएगा। पिता, अशोक, किन्नी सभी घर से बाहर रहना चाहते हैं। एक बिन्नी ही है जो घर के प्रति चिंतित है। बिन्नी ऐसे माहौल में बड़ी हुई जिसमें कटुता-रिक्तता, तल्खी और अनमनापन था। उसने अपने माता-पिता के बीच सम्बन्ध को टूटते, बिखरते देखा था, उनको वहशियाना अंदाज़ में लड़ते-झगड़ते देखा था। 'घर' तो सिर्फ़ उसके लिए मकान बन कर रह गया और वह किसी-न-किसी तरह इस माहौल से छुटकारा पाना चाहती थी। उसे पहला मौका मिला—मनोज की शक्ल में और वह इस घुटन भरी ज़िन्दगी से भाग निकली, लेकिन कुछ ऐसा

---

23. उपर्युक्त, पृ. 55

था जो वह इस घर से अपने साथ ले गई थी जिसने उसे सामान्य रूप से जीवन जीने नहीं दिया और वह बार-बार अपने घर लौटती—कि शायद उसे वह चीज़ मिल जाये जिसे लेकर मनोज उसे लांछित करता है। अपने भीतर ढेर-सा गुबार लिए वह बस इन्तज़ार में रहती कि कोई बहाना मिले कि वह उसे बाहर निकाल सके। वह अपने घर लौटती है कि शायद वह उस कारण को ढूँढ़ पाये जिसकी वजह से उसका घर भी बन नहीं पा रहा। अपनी माँ के साथ अंतरंग क्षणों में वह कहती है—

''मेरा अपना घर...! हाँ और मैं आती हूँ कि एक बार फिर खोजने की कोशिश कर देखूँ कि क्या चीज़ है वह इस घर में जिसे लेकर बार-बार मुझे हीन किया जाता है। (लगभग टूटते स्वर में) तुम बता सकती हो ममा, कि क्या चीज़ है वह? और कहाँ है वह? इस घर की खिड़कियों-दरवाज़ों में? छत में? दीवारों में? तुममें? डैडी में? किन्नी में? अशोक में? कहाँ छिपी है वह मनहूस चीज़ जो वह कहता है कि मैं इस घर से अपने अन्दर लेकर आयी हूँ...''[24]

बड़ी लड़की भी अपने आप को बहुत बेगाना महसूस करती है। वह निरंतर उस हवा में जीती है जिसमें हर व्यक्ति दूसरे से कटा हुआ है। वह भी इस दमघोंटू-वातावरण से निकास की तलाश करती प्रतीत होती है।

छोटी लड़की किन्नी घर में सभी के स्नेह से वंचित, देख-रेख के अभाव में उद्दंड हो गयी है और बहुत-सी ऐसी बातों और कामों में दिलचस्पी लेने लगी है जो उसे नहीं करनी चाहिए। उसके विकास में घर का सहयोग नहीं मिला, जबकि तलाश उसे भी 'घर' की ही है।

3. स्त्री-पुरुष सम्बन्ध

स्त्री-पुरुष का रिश्ता एक ऐसा रिश्ता है, जो प्राकृतिक भी है और सामाजिक भी। इसमें आकर्षण भी है और दुराव भी। लगाव और तनाव की यह द्वन्द्वात्मक स्थिति रचनात्मक भी है और ध्वंसात्मक भी। संभवत: इसी कारण आदम और हौवा के ज़माने से कला और साहित्य का केन्द्र बिन्दु यह स्वाभाविक एवं नैसर्गिक सम्बन्ध रहा है, जिसकी बुनियाद पर ही सृष्टि का आरंभ और विकास

---

24. उपर्युक्त, पृ. 29

संभव हुआ। इस विषय में कार्ल मार्क्स ने लिखा है—

'व्यक्ति का व्यक्ति से प्रत्यक्ष, प्राकृतिक और ज़रूरी रिश्ता स्त्री से पुरुष का रिश्ता है। इस प्राकृतिक प्रजातीय रिश्ते में प्रकृति से मनुष्य का रिश्ता तत्काल मनुष्य से उसका रिश्ता बन जाता है। ठीक उसी तरह जैसे मनुष्य से उसका रिश्ता तत्काल प्रकृति से उसका रिश्ता बन जाता है—जिसे हम एक तथ्य की तरह लक्ष्य कर सकते हैं कि मानव सत्व किस हद तक मनुष्य के लिए स्वाभाविक हो गया है। अत: इस रिश्ते से हम मानव विकास के समग्र स्तर की परख भी कर सकते हैं।'[25]

इस उद्धरण से यह स्पष्ट है कि यह रिश्ता मानव-इतिहास के क्रमिक विकास को परिभाषित करता है। स्त्री-पुरुष सम्बन्धों के रचाव में जितना सुख है, उतनी ही पीड़ा।

राकेश के लिए स्त्री एक जादुई शब्द है जो उनके समस्त कथा-साहित्य को आकार देती है। विषय कोई भी हो—ऐतिहासिक या समकालीन, केन्द्रीय चरित्र के रूप में स्त्री ही उभरती है। राकेश ने स्वयं स्वीकार किया है कि उन्होंने जब-जब लिखने का प्रयत्न किया स्त्री-पुरुष सम्बन्ध के इतिहास को फिर-फिर दोहराया है और जब कभी उससे हटकर लिखना चाहा तो रचना प्राणवान नहीं हुई। स्त्री-पुरुष के सम्बन्ध के विषय में उन्होंने लिखा है कि—

'प्रेम तिकोन—एक स्त्री-दो पुरुष, दो स्त्रियाँ-एक पुरुष, एक स्त्री-एक पुरुष और एक अदृश्य कुछ जो खलनायक की भूमिका में आ खड़ा होता है... यह एक ही तरह की कहानी न जाने कितनी बार और कितने हाथों से लिखी जा चुकी है। फिर भी इस विषय की नवीनता आज तक समाप्त नहीं हुई।'[26]

आषाढ़ का एक दिन एवं *आधे-अधूरे* नाटकों में इस प्रेम तिकोन की स्थिति सहज रूप से लक्षित की जा सकती है। *आषाढ़ का एक दिन* में स्त्री-पुरुष सम्बन्धों के विविध स्तरों का उद्घाटन किया गया है। इसमें मल्लिका का प्रेयसी रूप है, जो त्याग और समर्पण में ही जीवन की सार्थकता समझती है।

---

25. *इकोनॉमिक एंड फिलॉसाफिक मैनुस्क्रिप्ट्स ऑफ 1844 : कार्ल मार्क्स* (राजकिशोर द्वारा रचित *स्त्री-पुरुष : कुछ पुनर्विचार* से उद्धृत)

26. स्मारिका—मोहन राकेश नाट्य समारोह (3–20 दिसम्बर 1992), पृ. 9

स्वयं मिटकर कालिदास को प्रसिद्धि के शिखर तक ले जाना ही उसका ध्येय है। यहाँ वह कामायनी की श्रद्धा से मेल खाती है—

'समर्पण लो-सेवा का सार,

सजल-संसृति का यह पतवार,

आज से यह जीवन उत्सर्ग,

इसी पद-तल में विगत-विकार'[27]

मल्लिका और कालिदास का यह सम्बन्ध बराबरी पर आधारित नहीं है। कालिदास मल्लिका का उपयोग एक उपादान के रूप में करता है, अपनी रचनात्मकता के शिखर पर पहुँचने के लिए। इस बिन्दु पर मल्लिका कनुप्रिया की राधा से मेल खाती है। उसकी नियति भी बहुत हद तक राधा जैसी ही है।

'वह, आज कितना, कितना, कितना महान हो गया है

लेकिन मैं कुछ नहीं सोच पाती

सिर्फ—

जहाँ तुमने मुझे अमित प्यार दिया था,

वहीं बैठकर कंकड़, पत्ते, तिनके, टुकड़े चुनती रहती हूँ

तुम्हारे महान बनने में,

क्या मेरा कुछ टूटकर बिखर गया है कनु!'[28]

फिर भी मल्लिका अपने जीवन को सार्थक मानती है, पर कालिदास के संन्यास लेने की चर्चा उसे तोड़ देती है। वर्षों से तिल-तिलकर गलती हुई स्त्री का क्षोभ मल्लिका के निम्नलिखित संवाद में फूट पड़ता है—

''मैं यद्यपि तुम्हारे जीवन में नहीं रही, परंतु तुम मेरे जीवन में सदा बने रहे हो। मैंने कभी तुम्हें अपने से दूर नहीं होने दिया। तुम रचना करते रहे, और मैं समझती रही कि मैं सार्थक हूँ और आज तुम मेरे जीवन को इस तरह निरर्थक कर दोगे? क्या जीवन को तुम मेरी दृष्टि से देख सकते हो? जानते हो मेरे जीवन के ये वर्ष कैसे व्यतीत हुए हैं? मैंने क्या-क्या देखा है? क्या से क्या हुई हूँ? इस जीव को देखते हो? पहचान सकते हो? यह मल्लिका है जो धीरे-धीरे

---

27. जयशंकर प्रसाद : *कामायनी*, पृ. 25

28. *कनुप्रिया* : धर्मवीर भारती, पृ. 63

बड़ी हो रही है और माँ के स्थान पर अब मैं इसकी देखभाल करती हूँ... ।...यह मेरे अभाव की संतान है। जो भाव तुम थे, वह दूसरा नहीं हो सका, परंतु अभाव के कोष्ठ में किसी दूसरे की जाने कितनी-कितनी आकृतियाँ हैं। जानते हो मैंने अपना नाम खोकर एक विशेषण उपार्जित किया है और अब मैं अपनी दृष्टि में नाम नहीं केवल विशेषण हूँ... । व्यवसायी कहते थे उज्जयिनी में अपवाद है कि तुम्हारा बहुत-सा समय वारांगनाओं के साथ सहवास में व्यतीत होता है। परंतु तुमने वारांगना का यह रूप भी देखा है ?''[29]

इन पंक्तियों में जहाँ एक ओर मल्लिका के चरित्र की दृढ़ता उद्घाटित होती है, वहीं कालिदास एक कमज़ोर व्यक्ति के रूप में उभरता है। प्रेयसी और प्रेमी के इस सम्बन्ध में भी स्त्री ही छली जाती है। दूसरी ओर कालिदास-प्रियंगुमंजरी के सम्बन्ध में दर्शकों की सहानुभूति प्रियंगुमंजरी को ही मिलती है, क्योंकि कालिदास उसके साथ भी न्याय नहीं करता, जबकि वह अपने पत्नी होने के दायित्व का निर्वाह पूरी ईमानदारी से करती है और कालिदास को प्रसन्न रखने का हरसंभव प्रयास करती है। अत: यह स्पष्ट है कि पत्नी एवं प्रेयसी किसी के साथ कालिदास न्याय नहीं कर पाता और दोनों रूपों में स्त्री की दासता के तंतु प्रच्छन्न रूप से मिलते हैं, जिससे यह सिद्ध होता है कि ये दोनों सम्बन्ध गैर-बराबरी पर आधारित हैं और उनमें स्त्री को उसका जायज हक नहीं मिला। इस नाटक में स्त्री-पुरुष के सम्बन्ध का एक अन्य आयाम भी देखने को मिलता है—मल्लिका और विलोम के सम्बन्ध में। यह संबंध चूँकि मल्लिका की मजबूरी पर आधारित है, अत: स्वाभाविक रूप से इसमें पति-पत्नी के सम्बन्धों की सहजता और ऊष्मा नहीं मिलती। एकतरफ़ा होने के कारण इस सम्बन्ध का समुचित विकास न हो सकता था और न ही हुआ।

अपने दूसरे नाटक *लहरों के राजहंस* में राकेश ने स्त्री-पुरुष सम्बन्ध के दो भिन्न आयामों को अभिव्यक्त किया है। एक ओर नंद और सुन्दरी का उद्दाम मांसल प्रेम है, जो देहराग की स्वीकृति और कामनाओं की पूर्ति पर आधारित है, तो दूसरी ओर अलका और श्यामांग के आदर्श और निश्छल प्रेम का भी संकेत मिलता है। नंद और सुन्दरी का प्रेम स्त्री के दुर्निवार आकर्षण और वाक्-चातुर्य पर आधारित है।

---

29. *आषाढ़ का एक दिन* : मोहन राकेश, पृ. 93-94

देहराग पर आधारित यह प्रेम उद्दाम और प्रखर होने के बावजूद अपने आप में पर्याप्त नहीं है। यही कारण है कि नंद को सिर्फ़ सुन्दरी का आकर्षण संतुष्ट नहीं कर पाता और जीवन की सार्थकता की तलाश में वह बुद्ध की ओर आकृष्ट होता है। स्त्री-पुरुष सम्बन्ध में मौजूद अपर्याप्तता को श्रीकांत वर्मा ने इन पंक्तियों के माध्यम से अत्यंत सक्षम ढंग से व्यक्त किया है—

'सच है तुम्हारे बिना जीवन अपंग है

लेकिन! क्यों लगता है मुझे

प्रेम अकेले होने का ही

एक और ढंग है।'[30]

श्रीकांत वर्मा की इन पंक्तियों में नंद का जीवन-यथार्थ पूरी तरह मुखर हो उठता है। नंद के लिए सुन्दरी का यह प्रेम अनिवार्य है जिसके बिना उसके जीवन की गति अवरुद्ध जान पड़ती है। लेकिन यह प्रेम उसे अकेला भी करता है और अपनी मुक्ति की तलाश के लिए प्रेरित भी। नंद की स्थिति उस त्रिशंकु की तरह है जो मुक्ति और स्त्री के आकर्षण के दो ध्रुवों के बीच स्वयं को नितांत असहाय और अकेला महसूस करता है। स्त्री और मुक्ति की चाह के बीच का यह द्वन्द्वात्मक सम्बन्ध नंद की दुविधा का मूल आधार है। नंद के मन में अंत तक अपनी पत्नी के प्रति अनुराग शेष है और लौकिक प्रेम के इस आकर्षण को नाटककार ने नंद के इस संवाद के माध्यम से अत्यंत सफलतापूर्वक अभिव्यक्त किया है—

''सुख सुख नहीं है, काई पर फिसलते हुए पाँव का एक स्पन्दन मात्र है, मात्र रेत में डूबती हुई बूँद की एक अकुलाहट... ...परंतु वह स्पन्दन, वह अकुलाहट ही क्या जीवन का पूरा अर्थ, जी लेने का कुल पुरस्कार नहीं है? आकाश में कहीं लटकते हुए नीले-काले बिन्दु—कोरे सिद्धान्तों के—वे अधिक स्थाई, अधिक सत्य कैसे हैं? पर मैं पूछता हूँ कि जब होने-न-होने में कोई अंतर नहीं है, तो मेरे केश क्यों कटवा दिये? कटवा ही दिए तो उससे अंतर क्या पड़ता है? कुछ ही दिनों में फिर नहीं उग आएँगे? अंतर पड़ता यदि मेरा हृदय

---

30. *स्त्री-पुरुष : कुछ पुनर्विचार : राज किशोर,* पृ. 16

बदल जाता, आँखें बदल जातीं। मेरे हृदय में तुम्हारे लिए अब भी वही अनुराग है, आँखों में तुम्हारे रूप की अब भी वही छाया है।''[31]

नंद और सुन्दरी के प्रेम-सम्बन्ध में अनुराग और आकर्षण होते हुए भी उसमें जीवन की गहरी समझ का अभाव प्रतीत होता है। एक-दूसरे को न समझ पाने की पीड़ा नंद में भी है और सुन्दरी में भी। मुंडित केश वाले नंद को देखकर सुन्दरी को गहरा धक्का लगता है, क्योंकि उसके लिए केश का न रहना बुद्ध के प्रभाव का प्रतीक है। इसी प्रकार नंद भी सुन्दरी की प्रतिक्रिया को समझे बिना, केशों की खोज में पुन: निकल पड़ता है। इसके कारण वह स्वयं को आहत महसूस करती है, क्योंकि उसे लगता है कि नंद ने अब तक उसे समझा ही नहीं—'इतना ही तो समझ पाते हैं ये लोग... ।...बस इतना ही तो इनकी समझ में आ पाता है।' अत: इस नाटक में स्त्री-पुरुष सम्बन्ध की मूल समस्या दोनों के अहं की टकराहट की है एवं एक-दूसरे को अपनी बात समझा सकने की असमर्थता की है। सम्प्रेषण न कर पाने की पीड़ा स्त्री की भी है और पुरुष की भी।

स्त्री-पुरुष सम्बन्धों की जो यात्रा—मोहन राकेश ने *आषाढ़ का एक दिन* से शुरू की थी उसकी चरम परिणति उनकी तीसरी महत्त्वपूर्ण कृति *आधे-अधूरे* में परिलक्षित होती है। इस नाट्य-कृति में स्त्री-पुरुष के सम्बन्ध के अन्तर्गत आनंद, प्रेम, पूर्णता, समर्पण आदि का चित्रण बहुत कम हुआ है। इसमें अधिकांशत: सम्बन्धों के बीच की घुटन, ऊब, तनाव, मनमुटाव एवं अलगाव को ही मुख्य रूप से दर्शाया गया है। इस नाटक के पात्र सुख या आनंद की प्राप्ति नहीं चाहते, ऐसा नहीं है, परंतु न तो वे सुख पाते हैं, न आनंद। न वे स्वयं को पूर्ण बना पाते हैं और न दूसरे में पूर्णता का साक्षात्कार कर पाते हैं। सब के सब 'आधे अधूरे' से रह जाते हैं। सावित्री और महेन्द्रनाथ शायद कभी एक-दूसरे को प्यार करते होंगे, पर महेन्द्रनाथ के व्यवसाय में असफल होने के बाद सावित्री के हिस्से की ज़िम्मेदारी दिनोदिन बढ़ती गयी और महेन्द्रनाथ दयनीय तथा असहाय होता गया। सावित्री के स्वर में प्रभुता की स्पष्ट झलक मिलती है, जो उसकी आर्थिक आत्मनिर्भरता से जुड़ी हुई है। मजबूरी और

---

31. *लहरों के राजहंस*, पृ. 114-115

निर्भरता दोनों को एक दूसरे से बाँधे हुए है। वे दोनों खुद अपनी कमज़ोरियों से बेज़ार दूसरे के दोष ढूँढ़ने में ही रत रहते हैं और एक-दूसरे की आज़ादी को अनवरत तोड़ते रहते हैं। सामाजिक स्वीकृति और स्थिरता का आधार विवाह है, इस परंपरागत अवधारणा को यह नाटक तोड़ता है। मल्लिका कालिदास की सफलता में अपनी सार्थकता समझती है, लेकिन सावित्री महेन्द्रनाथ के बनने-बिगड़ने से खुद को जोड़कर नहीं देखती। उसकी महत्त्वाकांक्षा उसकी अपनी है, वह सफल पति अवश्य चाहती है पर उसकी सफलता के लिए स्वयं को होम नहीं करना चाहती। किसी भी सफल दाम्पत्य जीवन का आधार है—स्त्री-पुरुष का आपसी सहयोग एवं साहचर्य की भावना। किन्तु सावित्री में अस्मिताबोध इतना प्रखर है कि वह अपनी मुक्ति और अपनी सार्थकता की तलाश तो करती है लेकिन पति-पत्नी के बीच टूटते हुए संबंध विधान को जोड़ने की सार्थक पहल नहीं करती। महेन्द्रनाथ स्वयं भी पराजित एवं थके-हारे व्यक्ति के रूप में हमारे सामने आता है, जो अपनी पत्नी के पुरुष मित्रों को लेकर सावित्री पर फब्तियाँ तो कसता है किन्तु एक बार असफल हो जाने के बाद न तो खुद अपने पैरों पर खड़ा होने की कोशिश करता है और न ही वैवाहिक सम्बन्धों को सुधारने की चेष्टा ही। विवाह को लेकर सावित्री की स्पष्ट धारणा है, जो उसके निम्नलिखित संवाद में पूरे तौर पर मुखर हो उठी है—

''मुझे उस असलियत की बात करने दीजिए जिसे मैं जानती हूँ...। एक आदमी है—घर बसाता है। क्यों बसाता है? एक ज़रूरत पूरी करने के लिए। कौन-सी ज़रूरत। अपने अन्दर के किसी उसको...एक अधूरापन कह लीजिए उसे...उसको भर सकने की। इस तरह उसे अपने लिए...अपने में पूरा होना होता है। किन्हीं दूसरों को पूरा करते रहने में ही ज़िन्दगी नहीं काटनी होती।''[32]

यह सर्वविदित तथ्य है कि गृहस्थ आश्रम जीवन का सर्वाधिक कठिन आश्रम होता है। दाम्पत्य-सूत्र में बँधने के कुछेक प्रारंभिक वर्षों के मधुमास को छोड़कर शेष जीवन की सफलता ज़िम्मेदारी के निर्वाह एवं साँझे सहयोग पर आधारित होती है। एक सुखी परिवार की बुनियाद स्त्री-पुरुष के मज़बूत रिश्ते एवं आपसी विश्वास पर आधारित होती है। *आधे-अधूरे* नाटक में अभिव्यक्त

---

32. *आधे-अधूरे* : मोहन राकेश, पृ. 84

सावित्री-महेन्द्रनाथ के सम्बन्ध की विडम्बना यही है कि वह मज़बूत रिश्ता बन ही नहीं पाता जो उनकी बढ़ती हुई ज़िम्मेदारियों और समय के दबाव को झेल पाये। यही कारण है कि आर्थिक बदहाली और स्नेह से वंचित बच्चों का उत्तरदायित्व वे वहन नहीं कर पाते और उनका परिवार धीरे-धीरे ढह जाता है। एक अन्य स्तर पर इस नाटक में स्वाधीन भारत की कामकाज़ी महिला (कैरियर वुमन) के विवाहेतर सम्बन्धों को भी दर्शाया गया है। यह एक ऐसा पहलू है, जो सिर्फ़ आधुनिक युग में ही स्त्री की आर्थिक स्वतंत्रता के बाद संभव हुआ। अलग-अलग पुरुष मित्रों के साथ सावित्री का व्यवहार भी अलग है, जो उसके व्यक्तित्व के विविध पक्षों को उजागर करता है। सिंहानिया के साथ सावित्री का सम्बन्ध अतिरिक्त मिठास, शिष्टाचार और अवसरवादिता से समन्वित है। ऐसा नहीं है कि वह सिंहानिया की असलियत से अनजान है, पर उसके मातहत काम करना उसकी मजबूरी है और वह जानती है कि सिंहानिया जैसे बॉस को वह विनम्र और शालीन होकर ही जीत सकती है। सिंहानिया और अपने सम्बन्ध को वह एक ऐसे 'चेक' के रूप में देखती है, जिसे अवसर मिलने पर उसे भुनाना है—अपने बेटे अशोक को नौकरी दिलाकर। यह रिश्ता बेहद औपचारिक, कृत्रिम एवं गैर-बराबरी का है। अपने दूसरे पुरुष मित्र जगमोहन के साथ सावित्री का रिश्ता काफी पुराना, घनिष्ठ, अनौपचारिक और बेफ़िक्री का है। यही कारण है कि वह उसे 'जोग' नाम से बुलाती है। जगमोहन के साथ उसके रिश्ते में चूँकि किसी प्रकार का दायित्व शामिल नहीं है, इसलिए यह रिश्ता रोमानियत से भरा हुआ है। पहले कभी जगमोहन सावित्री से विवाह करने की इच्छा रखता था परंतु निर्णय के किसी क्षण में सावित्री ने महेन्द्रनाथ से विवाह कर लिया, जिसका पछतावा उसे जीवनपर्यंत रहा। परिस्थितियों से लड़ती हुई अपने जुझारूपन का परिचय देती हुई सावित्री इस निष्कर्ष पर पहुँचती है कि घर के लिए इतना कुछ करने पर भी जब घर नहीं बन पा रहा तो स्वयं अपने विषय में क्यों न सोचे? दाम्पत्य जीवन के संस्कार धीरे-धीरे घिस गए हैं पर फिर भी वे शेष हैं, यही कारण है कि लक्ष्मणरेखा को पार करने से वह हिचक रही है। 'कुक्कू' के रूप में उसका संक्रमण एक कठिन निर्णय है, लेकिन उसके हिसाब से यह ज़रूरी है। यह सावित्री की विडंबना ही है कि जब

वह घर छोड़ने का निर्णय लेती है तो जगमोहन कई वाजिब कारण सुनाकर उसे टाल देता है। इस तरह सम्बन्धों के नखलिस्तान में सावित्री और जगमोहन का सम्बन्ध 'ओएसिस' (मरुद्यान) (Oasis) बनकर रह जाता है जो इस शुष्क, रूखे नाटक को थोड़ा रोमानी तो बनाता है, पर किसी सार्थक जीवनानुभव की ओर अग्रसर नहीं करता। यह संबंध भी अंतत: आधा-अधूरा ही रह जाता है और उसे अपनी मंज़िल नहीं मिलती। सावित्री और जुनेजा के संबंध में शायद पहले कभी मिठास थी—इसका संकेत नाटक में मिलता है। यह तब की बात है जब वह जुनेजा को एक काबिल, भरोसेमंद और लायक आदमी समझती थी। पर जुनेजा धीरे-धीरे महेन्द्रनाथ के करीब होता गया और सावित्री से दूर होता गया। नाटक के अंत में वह महेन्द्रनाथ का पक्ष लेकर सावित्री को अत्यंत निर्ममता से उधेड़ता है। सावित्री और जुनेजा के बीच इतनी कटुता थी कि उनमें रिश्ते की कोई गुंजाइश नहीं थी। जुनेजा के माध्यम से लेखक ने सावित्री की स्थापनाओं को तोड़ा है और मनोज और सावित्री के सम्बन्ध को उभारकर सावित्री के चरित्र पर उँगली भी उठाई है, जिससे सावित्री की स्थापित मूर्ति ढह जाती है। जुनेजा पुरुष की सामंतवादी प्रकृति का पोषक है और पुरुष द्वारा स्त्री पर हाथ उठाने को गलत नहीं समझता।

इस नाटक में राकेश ने बिन्नी और मनोज के सम्बन्ध के माध्यम से सावित्री और महेन्द्रनाथ के सम्बन्ध की ही पुनरावृत्ति की है। बिन्नी और मनोज का रिश्ता भी धीरे-धीरे टूट रहा है, जिसकी झलक सावित्री और बिन्नी के संवादों में अनायास ही मिल जाती है—

बड़ी लड़की—क्योंकि मुझे नहीं लगता है कि...कैसे बताऊँ, क्या लगता है ? वह जितने विश्वास के साथ यह बात कहता है, उससे...मुझे अपने से एक अजीब-सी चिढ़ होने लगती है। मन करता है...मन करता है, आस-पास की हर चीज़ को तोड़-फोड़ डालूँ। कुछ ऐसा कर डालूँ जिससे...।

स्त्री—जिससे ?

बड़ी लड़की—जिससे उसके मन को कड़ी-से-कड़ी चोट पहुँचा सकूँ। उसे मेरे लम्बे बाल अच्छे लगते हैं। इसलिए सोचती हूँ, इन्हें जाकर कटा आऊँ। वह मेरे नौकरी करने के हक में नहीं है। इसलिए चाहती हूँ कहीं भी, कोई भी

छोटी-मोटी नौकरी ढूँढ़कर कर लूँ। कुछ भी ऐसी बात जिससे एक बार तो वह अन्दर से तिलमिला उठे।[33]

मनोज, बिन्नी अर्थात् बड़ी लड़की को हमेशा यह एहसास दिलाता है कि कोई ऐसी मनहूस चीज़ है इस घर में जिसे वह अपने साथ लेकर गयी है और वह चीज़ उसे सहज नहीं रहने देती। नाटक में इस बात का संकेत है कि बिन्नी घर के घुटन भरे वातावरण से मुक्ति चाहती थी और पहला मौका मिलते ही वह मनोज के साथ भाग खड़ी हुई। पहले उसे लगता था कि वह मनोज को अच्छी तरह जानती है, लेकिन शहरी जीवन के दबाव और जटिल परिस्थिति ने उसकी धारणा को खोखला साबित कर दिया। साथ-साथ रहने पर भी दोनों एक-दूसरे के लिए अजनबी बने रहे। इस प्रकार बिन्नी और मनोज के सम्बन्ध में सुखी तथा स्वस्थ दांपत्य जीवन के संकेत नहीं मिलते। वस्तुत: नाटक *आधे-अधूरे* स्त्री-पुरुष के बीच लगाव और तनाव को अत्यंत प्रामाणिक रूप से अभिव्यक्त करता है और इस प्रकार यह नाटक मध्यवर्गीय जीवन का महत्त्वपूर्ण दस्तावेज़ बन जाता है।

4. निष्कर्ष एवं मूल्यांकन

अपने नाटकों के माध्यम से राकेश ने यह दर्शाने की कोशिश की है कि स्त्री-पुरुष सम्बन्धों में कोई समीकरण संभव नहीं है। उनके सभी स्त्री-पात्रों में जीवनेच्छा प्रचुर मात्रा में पाई जाती है। जीने की ललक, जुझारूपन, अपनी अस्मिता का बोध एवं अपने दायित्व का निर्वाह राकेश के स्त्री-पात्रों को उनके पुरुष-पात्रों की अपेक्षा अधिक सबल बनाते हैं। यही कारण है कि केन्द्रीय चरित्र के रूप में 'मल्लिका', 'सुन्दरी' एवं 'सावित्री' ही उभरती हैं और नाटक इन्हीं के इर्द-गिर्द घूमता प्रतीत होता है। उनके स्त्री-पात्रों में एक ओर परंपरागत भारतीय संस्कार दिखाई देते हैं, तो दूसरी ओर आधुनिक जीवनदृष्टि भी। जहाँ उनमें स्नेह, समर्पण, निष्ठा जैसे सामाजिक मूल्यों की प्रधानता है, वहीं प्रखर अस्तित्वबोध भी है। कुल मिलाकर राकेश के नाटकों में स्त्री-अस्मिता के विविध आयामों

---

33. उपर्युक्त, पृ. 29

(*समय के निकष पर मोहन राकेश का रंगकर्म*, विश्वविद्यालय प्रकाशन, वाराणसी, प्रथम संस्करण : 2008)

को रूपायित किया गया है। इसके साथ ही नाटककार ने स्त्री-पुरुष सम्बन्धों के विविध धरातलों को भी उद्घाटित किया है। उनकी रचनाएँ स्त्री-पुरुष संबंधों के लगाव और तनाव को पूरी प्रामाणिकता के साथ अभिव्यक्त करती हैं। इनमें अभिव्यक्त सम्बन्ध विधान किसी पूर्व निर्धारित मान्यता पर आधारित नहीं है, बल्कि जटिल और निरन्तर विकासशील सामाजिक जीवन के अनुरूप ही संश्लिष्ट और सतत् परिवर्तनशील है।

भाषिक और संवादीय संरचना

गोविन्द चातक[*]

अनुभूति और चिन्तन की विशिष्टता के साथ अभिव्यक्ति के लिए मनोनुकूल भाषा की तलाश हर जागरूक लेखक के लिए आवश्यक हो जाती है। राकेश ने जब लिखना शुरू किया था, उससे पहले भी छायावाद के कवियों ने इस समस्या को महसूस किया था और उसके समाधान के रूप में हिन्दी को एक साहित्यिक ढाँचा प्रदान करने का प्रयास भी किया था। ज़ाहिर है कि इस भाषा का संस्कार रोमानी भाव कोमल कांत पदावली, संस्कृत के चिकने-चुपड़े शब्दों, अलंकार और चमत्कार की वृत्ति से ग्रस्त था और इस तरह हिन्दी का वैभव तब संस्कृत की पुनर्जीवित परंपरा पर खड़ा करने का प्रयास किया गया था। आधुनिकों की दृष्टि में 'यह भाषा, भाषा नहीं, शब्द-योजना की शैली मात्र थी।'[1] राकेश के अनुसार, 'यह एक ऐसी ऐन्द्रजालिक भाषा थी जिसमें जीवन की जटिल और साहसिक अभिव्यक्ति संभव न थी। उसकी उपलब्धि किशोर वय की भावुकता में तत्सम शब्दों के माध्यम से प्रौढ़ता का आभास कराने अथवा किसी मन:स्थिति के इर्द-गिर्द हेत्वाभासी दार्शनिकता का जाल बुनकर चमत्कार पैदा कराने तक ही सीमित थी।'[2]

राकेश और उनके साथियों ने जब लिखना शुरू किया तब पुराने कथ्य और शुद्धिवादी भाषा के विरुद्ध एक चेतना सक्रिय रूप से जाग चुकी थी। एक नए

---

[*]गोविन्द चातक हिन्दी के प्रमुख नाट्य आलोचक हैं। *प्रसाद के नाटक : स्वरूप और संरचना* और *आधुनिक हिन्दी नाटक का अग्रदूत : मोहन राकेश* आदि इनकी प्रमुख पुस्तकें हैं।

1. मोहन राकेश : *बकलम खुद*, पृ. 94
2. वही, पृ. 24

युग के साथ नया भाव जाग रहा था जिसे नई भाषा की तलाश थी। कमलेश्वर के शब्दों में, 'चारों तरफ़ विचारों, प्रतिक्रियाओं, वादों-प्रतिवादों, आंदोलनों, नारों, शोषण, अत्याचार, असुरक्षा वगैरह की इतनी उलझी हुई आवाज़ें थीं कि आदमी अपनी पुरानी भाषा की आवाज़ें सुन ही नहीं पा रहा था।[3] इस प्रकार एक नए आंतरिक संकट के कगार पर खड़े आदमी के लिए पुरानी भाषा अर्थहीन और छलछंदपूर्ण हो गई थी। फलत: अनुभव का क्षेत्र बदलते ही नई भाषा की खोज हुई जिसका समारंभ कविता-कहानियों की विधाओं से होता हुआ आधुनिक नाटक तक अग्रसर हुआ। प्रसाद बहुत समय तक नाटक की भाषा पर हावी रहे; विकास के क्रम में भी कई नाटककारों को उससे समझौता करना पड़ा, किन्तु जगदीश चंद्र माथुर, उपेन्द्र नाथ 'अश्क', धर्मवीर भारती और मोहन राकेश तक आते-आते उसकी अपनी अस्मिता के लक्षण उभरने लगे। इसकी सबसे बड़ी विशेषता यह थी कि भाषा मात्र साहित्यिक न रहकर जीवन, अनुभव और मंच से अधिक निकट से आ जुड़ी। इस प्रक्रिया में नाटक की भाषा जीवन की भाषा ही हो सकती थी। मोहन राकेश इसलिए इस समस्या से पूरी तरह अवगत थे; वे कहते थे—मैं जानने की भाषा के बजाय निरन्तर जीने की भाषा की ओर जाना चाहता हूँ।[4]

वस्तुत: प्रयोग के स्तर पर राकेश ने अपने नाटकों में नवीन संवेदना के अनुरूप जिस भाषा का सर्जनात्मक संस्कार किया, वह समकालीन संवेदना से सीधे साक्षात्कार करने वाली भाषा है, जो पूर्ववर्ती भाषा के बने-बनाये साहित्यिक ढाँचे को तोड़कर उभरी है। उनकी दृष्टि में नाटक का रंगीय दृश्य तत्व महत्त्वपूर्ण था, किन्तु भाषा का महत्त्व भी उनकी दृष्टि में कम नहीं था। अत: वे 'अनुकूल नाटकीय शब्द' की तलाश में थे और वे दृश्य और शब्द के अन्त:सम्बन्धों, शब्द के रंग तत्व और अर्थ के संदर्भों पर विभिन्न दृष्टियों से अध्ययन कर रहे थे। शब्द और ध्वनि, ध्वनि और मौन, बिम्ब और प्रतीक, लय और स्वराघात तथा शब्दों का विशिष्ट विन्यास, नृत्य और संगीत जैसे अनेक बिन्दुओं से वे भाषा की अर्थवत्ता को पहचानने का प्रयास करते रहे। उनके नाटकों में इसलिए भाषा एक बाहरी खोल की तरह प्रयुक्त नहीं हुई, उसके

---

3. *नई कहानी की भूमिका*, पृ. 204
4. *इनेक्ट 73-74*, मोहन महर्षि द्वारा लिया गया साक्षात्कार *चेंचिंज रोल ऑफ वर्ड*।

पीछे उनका चिन्तन और अनुभव भी विद्यमान है।

राकेश की भाषा के कई स्तर हैं। इसका कारण उनका विकसित होता हुआ लेखन और विषयवस्तु दोनों हैं। *आषाढ़ का एक दिन* और *लहरों के राजहंस* ऐतिहासिक कथावस्तु के कारण अपनी भाषा का स्वरूप एक विशिष्ट प्रकार से निर्धारित करते हैं। *आधे-अधूरे* की भाषा अपने कथ्य के अनुरूप बोलचाल के मुहावरे से जुड़ी है, किन्तु भाषा का सर्जनात्मक प्रयोग उनके 'बीज नाटकों' में विशेष रूप से दिखाई देता है।

यह निर्विवाद सत्य है कि राकेश के पहले दो नाटकों की भाषा पर प्रसाद के नाटकों की भाषा जैसा बोझ नहीं है, किन्तु रोमान की संयमित स्थिति अवश्य है। *आषाढ़ का एक दिन* समस्त आधुनिकताबोध और अस्तित्ववादी चिन्तन के बावजूद भावना का नाटक है और उसकी संवेदना काव्यमयी है। अच्छी बात यह है कि उसका काव्य शब्द पर उतना आश्रित नहीं है जितना स्थिति, पात्र और बिम्ब पर। उसमें रोमान है, किन्तु जहाँ वह एक सीमा तक पहुँचने लगता है, वहाँ उससे पूर्व ही राकेश उसे तनाव में झोंक देते हैं। उदाहरण के लिए जहाँ मल्लिका का 'भावना में भावना का वरण' भाषा पर हावी होने लगता है, वहीं अम्बिका और विलोम के कटु यथार्थ संवाद उस पर तीव्र प्रहार करते हैं। इसीलिए कोमल भावनाओं और कटु यथार्थ के जैसे तंतु *आषाढ़ का एक दिन* की भाषा बुनती है, वैसे अन्यत्र दुर्लभ हैं। *लहरों के राजहंस* में प्रौढ़ गांभीर्य के साथ तीव्र सौन्दर्यबोध और भोग-लालसा हैं। किंतु साथ ही साथ उस पर नियंत्रण रखने वाली विरोधी मानसिकता के कारण संतुलन और संयम भी है। इसीलिए यदि *आषाढ़ का एक दिन* में प्राय: भाषा का मुक्त वर्षण है तो *लहरों के राजहंस* की भाषा अधिक संयत, भावुकता रहित और बौद्धिक हो गई है। नाटक में अनुभूति का तत्त्व तो है किन्तु ऐसा प्रतीत होता है कि जैसे नाटक की कथावस्तु लेखक के जेहन में बहुत गहराई से नहीं उतर पायी और नंद की भाँति वह भी अपने को राग-विराग किसी से नहीं जोड़ पाया। इसीलिए जहाँ स्थितियों को बहुत दूर तक खींचा गया है, भाषा में पैनापन नहीं आ पाया और सबसे विचित्र स्थिति नाटक के अंत में है, जहाँ नंद और सुन्दरी आमने-सामने हैं, पर नंद के पास वह भाषा ही नहीं जिससे ऐसे क्षणों में संप्रेषण संभव है। कुल

मिलाकर इस नाटक की भाषा में एक प्रकार का आरोपित संयम, अभिजात्य और बनाव-कटाव का ऐसा सौष्ठव विद्यमान है जो उसे सहज नहीं रहने देता। उद्वेग की स्थिति में शब्दों से बचने की प्रक्रिया के कारण भावना की तरलता तल में ही छँट जाती है और नाट्य स्थितियों में पात्रों की सीधी टकराहट न होने के कारण कई स्थलों पर भाषा द्वन्द्व से नहीं पैदा होती। विरोधी स्थितियाँ हैं किन्तु सीधा संघर्ष न होने के कारण इस नाटक की भाषा में तीव्रता और गति नहीं है। बुद्ध के भिक्षाटन के लिए राजद्वार पर उपस्थित होने के बाद ही भाषा में कुछ त्वरा आती है। फिर भी इंद्रिय संवेग और बौद्धिकता, यथार्थ और अति कल्पना जगाने तथा चेतना की ज्ञात-अज्ञात गुहाओं के द्वार उद्घाटित करने में *लहरों के राजहंस* की भाषा दोहरी भूमिका निभाती है।

आषाढ़ का एक दिन में मेघ को केन्द्र में रखकर भावना का नीड़ बुना गया है। *लहरों के राजहंस* में अनेक प्रतीकों का प्रयोग हुआ है और नाटककार का लक्ष्य मुख्यत: अतिप्राकृत वातावरण का निर्माण करना रहा है। *आषाढ़ का एक दिन* की गति वर्तुल है, *लहरों के राजहंस* की गति धारा के विरुद्ध है और पात्रों पर अचेतन हावी है। इसीलिए जहाँ एक सम्पूर्ण अनुभव देता है, दूसरा खण्डित स्थितियों का नाटक बनकर रह जाता है, जिसमें कसाव और बिखराव दोनों हैं। संवाद एक स्थिति से दूसरी स्थिति को लाँघ जाते हैं। उनमें भाषा और संवाद की भंगिमाएँ बदल जाती हैं; पर वे कोई रसमय प्रभाव नहीं छोड़ जाते।

कुल मिलाकर राकेश के दोनों प्रारम्भिक नाटक साहित्यिकता से सम्पन्न रंग नाटक हैं। यह ठीक है कि उनकी साहित्यिकता रंगमंच के विरोध में नहीं है और वह नाटक में न खप सकने वाली अतिरिक्त साहित्यिकता भी नहीं है। फिर भी राकेश उतने से संतुष्ट नहीं थे; उनका कहना था—अगर आप मुझसे पूछें तो मैं कहूँगा कि हमारे नाट्य लेखन में आज तक इतनी अधिक साहित्यिकता है कि जितनी जल्दी उसके अतिरेक को झाड़ा जा सके, उतना ही अच्छा।[5] उनकी दृष्टि में स्वीकृति साहित्यिकता की नहीं, शब्द के सही दायित्व को मिलनी चाहिए। सवाल न साहित्यिक शब्दों के प्रयोग का है, न इस बात का ही कि तत्सम की जगह तद्भव शब्द उतारा जाये, बल्कि सही शब्दों को चुनने का है। अपने नाटकों

---

5. मोहन राकेश : साहित्यिक और सांस्कृतिक दृष्टि, पृ. 94

में राकेश ने इस दायित्व को पूरी तरह स्वीकार किया। वे चाहते तो *आषाढ़ का एक दिन* और *लहरों के राजहंस* में सरल शब्दों का प्रयोग कर सकते थे। *आषाढ़ का एक दिन* के रेडियो के लिये लिखे पहले ड्राफ़्ट में उन्होंने ऐसा किया भी। किन्तु रंग नाटक के रूप में उन्होंने सामने, घाटी, शक्कर, शैया, साधन, घोषणा, हाथ जोड़कर, बिका हुआ, अतिथि, प्रदेश, उपजाऊ, निर्माता, चिकनी, अस्थिर जैसे शब्दों के स्थान पर तल्प, उपत्यका, शर्करा, आस्तरण, उपादान, उद्‌घोष, अभिस्तुति, क्रीत, अभ्यागत, प्रान्तर, उर्वर, स्थपति, श्लक्ष्ण, विक्षुब्ध आदि कठिन और तत्सम शब्दों का प्रयोग ही उपयुक्त समझा।[6] यह परिवर्तन बोलचाल के शब्दों के स्थान पर संस्कृत के शब्द रखने जैसा प्रयास नहीं है। इसके पीछे नाटककार की सर्जनात्मक या सांस्कृतिक ही नहीं, शब्द को परखने वाली दृष्टि भी विद्यमान है। *लहरों के राजहंस* की मुख्य शब्दावली तत्सम है, किंतु वह बोलचाल में पूरी तरह ढली प्रतीत होती है। प्रसाद की तुलना में वह सरल और अनुभूति में तपी हुई है। इसलिए वहाँ बाधा शब्दावली की नहीं, क्योंकि वह आधुनिक बोलचाल के मुहावरों, स्वरों और गतियों में घुली-मिली है। यह अवश्य कहा जा सकता है कि उसमें एक प्रकार की सामान्यता की अपेक्षा अभिजात्य गरिमा है।

इससे भिन्न *आधे-अधूरे* में अभिजात्य का आरोप नहीं है और उसकी भाषा बोलचाल की भाषा की सर्जनात्मक उपलब्धि की ओर संकेत करती है। अपने कथ्य के अनुरूप यह भाषा जीवन के सामान्य अनुभवों को सामान्य लोगों की शब्दावली में बखूबी व्यक्त करती है। यह यथार्थ की पकड़ से परिपूर्ण है, किन्तु इसकी उपलब्धि इसका यथार्थ होना मात्र नहीं है और न इसे केवल बोलचाल की भाषा कहना मात्र पर्याप्त है। वस्तुत: उसकी महत्ता उसके सर्जनात्मक प्रयोग में निहित है। इसमें भी भाषा के सर्जनात्मक संस्कार के लिए राकेश ने उन्हीं युक्तियों का प्रयोग किया है, जिनका वे अपने पिछले नाटकों में प्रयोग कर चुके थे। अंतर इतना ही है कि इस नाटक की भाषिक सामग्री दूसरी है। यह जन-सामान्य और दैनंदिन जीवन के बहुत निकट है—यह निकटता अति परिचय के कारण अपने प्रभाव में शून्य भी हो सकती थी, किन्तु राकेश साहित्यिक उपादानों का प्रयोग करते हुए उस स्थिति को बचा लेते हैं। सबसे

---

6. तुलनीय इस नाटक का रेडियो-रूप, जो 'रात बीतने तक' में संकलित है।

बड़ी बात यह है कि स्थितियों की विसंगति को व्यक्त करने के लिए वे उसी के अनुरूप भाषा को खंडित; विरूपित और सर्जित कर डालते हैं। अपने 'बीज नाटकों' में वे इस प्रयोग को और आगे ले गये हैं। *छतरियाँ* में इससे भी हटकर भाषा और संवाद के स्तर पर एक और प्रयोग है। इसमें न पात्रों का वार्तालाप है और न एकालाप—केवल कुछ आवाज़ें हैं जो नेपथ्य से उभरती हैं। अत: भाषा और संवाद नगण्य हुए प्रतीत होते हैं। इस प्रकार *आषाढ़ का एक दिन* से लेकर *छतरियाँ* तक राकेश ने भाषा और संवाद के क्षेत्र में कई प्रयोग किये हैं। भाषा के गुणात्मक स्वरूप की दृष्टि से कहें तो *आषाढ़ का एक दिन* में कवित्व, *लहरों के राजहंस* में बौद्धिकता, *आधे-अधूरे* में विस्फोटक स्थितियाँ और बीज नाटकों में जीवन की ऊब और एकरसता भाषा के स्वरूप को निर्धारित करती है।

पृथक्-पृथक् नाटकों की भाषिक उपलब्धि से हटकर विचार करें तो जो चीज़ राकेश के नाटकों में अलग से भासित होती है वह है—उनका शब्द-प्रयोग। राकेश ने रंगमंच की शब्द-निर्भरता को स्वीकार करते हुए शब्दों का उपयुक्त चयन ही नहीं किया, उन्हें नाटकीयता से युक्त भी किया जिससे वे निर्दिष्ट प्रभाव, प्रतिक्रिया और अनुक्रिया जगा सकें। इस प्रकार के कई शब्द उनके नाटकों में संकेत शब्दों तथा उद्दीपक शब्दों के रूप में कार्य करते हैं। उदाहरण के लिए *आषाढ़ का एक दिन* में मेघ, वर्षा, भीगना, गीले वस्त्र, अँधेरा, दूध, भावना, अतिथि, संपत्ति, अधिकार, सूत्र, भूमि, आकृतियाँ, वातावरण इसी प्रकार के शब्द हैं। *लहरों के राजहंस* में हंस, छाया, मृग, उलझना, सोचना, बुद्ध, यशोधरा, अँधेरा, दीपक, किरण, नींद, रात, दर्पण, कामना, मदिरा आदि और *आधे-अधूरे* में घर, चाय, बॉस, आना-जाना, हवा, हलाक, आदमी, चेहरा, सोच, फ़ैसला, अंकल, अधूरा, खाली, भरना आदि शब्दों का बहुत प्रयोग हुआ है। बहुत दूर तक इन नाटकों की संवेदना इन शब्दों के इर्द-गिर्द घूमती है। उदाहरण के लिए *आषाढ़ का एक दिन* के इस संवाद में 'भूमि' शब्द को लिया जा सकता है—कालिदास—मैं अनुभव करता हूँ कि ग्राम प्रांतर मेरी वास्तविक 'भूमि' है। मैं कई सूत्रों से इस भूमि से जुड़ा हूँ।...यहाँ से जाकर मैं अपनी 'भूमि' से उखड़ जाऊँगा। मल्लिका—यह क्यों नहीं सोचते कि 'नई भूमि' तुम्हें यहाँ से अधिक संपन्न और उर्वर मिलेगी। इस 'भूमि' से तुम जो कुछ ग्रहण कर

सकते थे, कर चुके हो। तुम्हें आज 'नई भूमि' की आवश्यकता है जो तुम्हारे व्यक्तित्व को अधिक पूर्ण बना दे। कालिदास—नई भूमि सुखा भी तो सकती है। मल्लिका—कोई भूमि ऐसी नहीं होती जिसकेअन्तर में कोमलता न हो।'

यहाँ केवल शब्द की पुनरावृत्ति नहीं है। विभिन्न विशेषणों के साथ अर्थ की छवियाँ भिन्न होती गई हैं। वस्तुत: राकेश शब्द-योजना कुछ इस प्रकार करते हैं कि शब्द संवेदना का तंतु ही नहीं बुनता, अर्थ के नए संदर्भों को भी उजागर करता है और एक स्थिति से दूसरी स्थिति तथा एक अर्थ से दूसरे अर्थ की ओर ले जाता है। बहुत ही सामान्य शब्दों से राकेश शब्द में अनुपस्थित अर्थतत्त्व को व्यंजित करने की क्षमता रखते हैं। उनके शब्द पात्र की मानसिकता में संदर्भों और मन:स्थितियों के पुंज बने दिखाई देते हैं। फलत: पात्र की ज़बान पर आते ही वे अर्थ के कई स्तरों को खोलने लगते हैं। इसी नाटक में धारासार वर्षा में भीगती मल्लिका जब अम्बिका को अपने हृदय की उन्मुक्त अभिव्यक्ति में सहभागिनी होते नहीं पाती तो वह उसे 'निष्ठुर' कहकर पुकारती है। पर उसी क्षण अम्बिका उसे दूध पीने को कहती हुई उसकी उलाहना का उत्तर जब यह कहकर देती है, ''मैं जैसी निष्ठुर हूँ रहने दो'' तो मल्लिका सहसा कह उठती है—नहीं, तुम निष्ठुर नहीं हो। मैंने कब कहा तुम निष्ठुर हो। यहाँ 'निष्ठुर' शब्द एक संदर्भ में जो अर्थ रखता है, दूसरे में वह बिलकुल भिन्न हो जाता है। दोनों बार एक ही शब्द की व्यंजनाएँ अलग-अलग हैं। इसी प्रकार विलोम के संवादों में जितनी आक्रामकता है उतनी ही व्यंजना भी। प्रियंगुमंजरी की उक्तियाँ प्रच्छन्न और सूक्ष्म व्यंजनाओं और नाटकीय विडम्बनाओं से परिपूर्ण हैं। उसकी मल्लिका से कही 'तुमसे स्पर्द्धा होती है।' 'तुम भी हमारे साथ क्यों नहीं चलतीं ?...इसमें बाधा क्या है ? यहाँ तुम किसी ऐसे सूत्र से बँधी नहीं हो कि...' और फिर 'तुम जिससे भी चाहोगी तुम्हारा विवाह करा दूँगी'—आदि उक्तियों में शब्दों के दुहरे अर्थों की गूँज विद्यमान है।

एकल शब्दों की लाक्षणिकता पर भी संवाद की अर्थवत्ता निर्भर करती है। वह, इस, उस, कोई जैसे सामान्य सर्वनामों का भी *आधे-अधूरे* में कुछ ऐसा ही अर्थपूर्ण प्रयोग हुआ है। सावित्री का अपने बॉस के लिए प्रयुक्त 'वह' (''वह आज फिर आने वाला है थोड़ी देर में'') शब्द एक अर्थ देता है तो उसी

के संदर्भ में लड़के की यह प्रतिक्रिया ''अच्छा...वह आदमी'' ठीक दूसरे भाव को व्यक्त करता है। इसी प्रकार कोई, कौन, नया बहुत सामान्य शब्द हैं, किन्तु वे सावित्री को जैसे नंगा करके रख देते हैं—स्त्री—अभी कोई आने वाला है बाहर से और—/बड़ी लड़की—कौन आने वाला है ?/पुरुष एक—सिंहानिया। इसका बॉस। यह नया आना शुरू हुआ है आजकल। 'खड़ा होना' और 'बैठा रहना' सामान्य-सी क्रियाएँ हैं किन्तु राकेश उनको नाटकीय स्थितियों में अद्भुत ध्वन्यार्थ से मंडित कर दिखाते हैं। *आधे-अधूरे* में महेन्द्रनाथ सावित्री की बात पर तिलमिलाकर उठ खड़ा होता है। इस पर वह कहती है—खड़े क्यों हो गए ? महेन्द्रनाथ और तिलमिला कर पूछ बैठता है—क्यों, मैं खड़ा नहीं हो सकता ? तब सावित्री का यह उत्तर 'हो तो सकते हो पर इस घर के अन्दर ही' खड़े होने का एक विशिष्ट अर्थ देने लगता है। *आषाढ़ का एक दिन* में जहाँ मल्लिका अम्बिका के आगे कालिदास के प्रति अपने प्रेम भाव को व्यक्त करना चाहती है, वहीं वह कार्य-व्यस्तता का बहाना बनाकर उठ जाना चाहती है। किन्तु मल्लिका उसे रोकती हुई कहती है—नहीं, उठो नहीं। इसी तरह बैठी रहो...राज्य उन्हें सम्मान दे रहा है। उन्हें राजकवि का आसन प्राप्त होगा। इस उक्ति में राजकवि के सम्मान तथा वैभवपूर्ण आसन और अम्बिका के बैठे-बैठे सुखोपभोग करने की कल्पना में एक समीकरण है जो कालिदास और मल्लिका के सम्बन्ध को ही प्रकट नहीं करता, वरन् भावी ऐश्वर्य की स्थिति की भी व्यंजना करता है।

राकेश ऐसी भाषा लिखने में दक्ष हैं जिसमें अर्थ शब्दों के बीच से उभरता है। अर्थ की इस विवृत्ति में संवादों का शाब्दिक गठन महत्त्वपूर्ण हो जाता है। कहीं-कहीं उनकी शब्द योजना ऐसी होती है कि अभिधेय अर्थ और शब्द के बीच अलगाव लगता है। अनुस्वार-अनुनासिक के संवादों की भाषिक संरचना इसी प्रकार की है—अनुस्वार—मैं इससे सहमत हूँ। अनुनासिक—तो। अनुस्वार तो ?/अनुनासिक—तो इसे हटा देना चाहिए।/अनुस्वार—हाँ अवश्य हटा देना चाहिए।/अनुनासिक—तो ?/अनुस्वार—तो ? अनुनासिक—हटा दो।/अनुस्वार— मैं ?/अनुनासिक—हाँ। यह संवाद-योजना शाब्दिक अर्थ की अभिव्यक्ति के लिए नियोजित नहीं हुई है। जो अर्थ है वह अलग-अलग संवादों से नहीं बल्कि उनके एक पूरे समुदाय से प्रभावी रूप में उभरता है और वह अर्थ है राज्य सत्ता की

विसंगति। इसी प्रकार *आधे-अधूरे* में सिंघानिया के संवाद अभिधा का अतिक्रमण कर स्थिति और सम्बन्धों के बेहूदेपन को प्रकट करते हैं। ऐसे प्रयोगों में मोहन राकेश ने ऐब्सर्ड नाटकों की भाषिक पद्धति से लाभ उठाया है।

राकेश यह मानते थे कि नाटक 'बिम्ब प्रधान माध्यम है—शब्दों और बिम्बों का एक संतुलित माध्यम।'[7] और 'रंगमंच में बिम्ब का उद्‍भव शब्दों के बीच से होता है।[8] एक स्थिति पर पहुँचकर बिम्ब और प्रतीक ही अनकहे अर्थों को व्यंजित करने लगते हैं। *आषाढ़ का एक दिन* में कई शब्दों और संवादों से राजसत्ता का क्रूर बिम्ब उभरता है। उसी प्रकार मेघ का बिम्ब मल्लिका की अनुभूतियों से जुड़कर उसके उद्दीप्त यौवन की भावनाओं, कामनाओं और मांसल अनुभूतियों को मुखर करता है। समय और संदर्भ के साथ बिम्ब अपना अर्थ बदलता जाता है। जो मेघ मल्लिका को रस-सिक्त और भाव-विभोर करते हैं, वे ही अम्बिका को अनायास रुला देते हैं। कालिदास के रहते जो मेघ मांसल अनुभव जगाते थे, वही उसके चले जाने पर मल्लिका के जीवन में अँधेरा कर जाते हैं और तब मेघ और मल्लिका दोनों की आँखें एक साथ बरसने लगती हैं—देखो माँ, चारों तरफ़ कितने मेघ घिरे हैं। कल ये मेघ उज्जयिनी की ओर उड़ जायेंगे। और जब कालिदास अन्त में लौट आता है तो मल्लिका को कालिदास की भाँति मेघ भी पराये और बदले-बदले-से लगते हैं—सोचती थी, तुम आओगे तो उसी तरह मेघ घिरे होंगे—परन्तु आज तुम आए हो तो सारा वातावरण ही और है। और—और—नहीं सोच पा रही कि तुम भी वही हो या— ? वहाँ मेघ रस, यौवन और प्रेम के पुराने संदर्भ से कट जाता है और वह विपत्ति का प्रतीक बन जाता है (मातुल के शब्दों में—यह आषाढ़ की वर्षा मेरे लिए काल हो रही है)। मल्लिका का द्वार कालिदास के लिए केवल एक शरणस्थल रह जाता है। विलोम द्वारा द्वार खटखटाने पर मल्लिका के पास बैठा कालिदास जब कहता है—देख लो, कौन आया है तो मल्लिका उत्तर देती है— वर्षा का दिन है। कोई भी हो सकता है। यहाँ आकर कालिदास भी 'कोई' हो जाता है। इस प्रकार *आषाढ़ का एक दिन* में मेघ एक सम्पूर्ण संदर्भ बन जाता है।

---

7. *मोहन राकेश : साहित्यिक और सांस्कृतिक दृष्टि*, पृ. 90
8. *वही*, पृ. 92

लहरों के राजहंस में ऐसा *अनुभूतिपरक* बिम्ब-विधान नहीं है। वस्तुत: उसमें अधिक बल प्रतीक तत्त्व पर है और प्रतीक भी भावना से कम और विचार से अधिक जुड़े हैं। ये प्रतीक पात्रों को समझने में मदद करते हैं और उनमें से कुछ बिम्ब की क्षमता भी ग्रहण कर लेते हैं। इनमें राजहंस का बिम्ब नाटकीय अर्थ को प्रभावी बनाता है। इसके साथ ही 'बिना घाव अपनी ही क्लांति से मरा मृग' नन्द के साथ तादात्म्य स्थापित कर लेता है। कामोत्सव के आयोजन के बीच उसे लगता है जैसे 'घने वृक्षों की ओट में वह सदा से इसी तरह अटका है—इस आशा में कि कोई उसे वहाँ पड़ा देख लेगा और बाँहों में उठाकर ले जायेगा।' नंद की परवर्ती मनोदशा का सही प्रतिनिधित्व यही बिम्ब करता है। जहाँ तक *आधे-अधूरे* का प्रश्न है, उसमें खंडित घर का एक बिम्ब उभरता है, पर उसकी सिद्धि कई पृथक् और असंबद्ध स्थितियों, क्रियाओं आदि से की गई है। घर में चीज़ों का बिखराव, लटकता पायजामा, पुरुष का फ़ाइलें झाड़ना, लड़के का पैंट में कीड़ा घुस जाने का अभिनय करना, जैसी अनेक बातें रंग-युक्तियाँ बनकर रह गई हैं जो नाटक में भराव का काम करती हैं। शोभना भूटानी ने ठीक ही कहा है—प्रतीकों का सहारा लेकर दोहरी रिक्तता को भरने की जो कोशिश की गई है, वह भी अतिरिक्तता मात्र लगती है।—स्थूल चरित्रों की भावनात्मक स्थितियों का मुहावरा प्रतीक हो ही नहीं सकते।—दूसरे नाटककार प्रतीकों को इतना खींचता है कि वे प्रतीक रह ही नहीं जाते।[9] स्पष्ट है कि जहाँ पूर्ववर्ती दो कवित्वपूर्ण नाटकों में प्रतीक और बिम्ब योजना सार्थक रही है, वहीं *आधे-अधूरे* की गद्यात्मकता में वह खप नहीं पाई और उसके भाषा और संवादों की अर्थवत्ता तथा वातावरण की सृष्टि में कोई वृद्धि नहीं हुई है। सामान्यत: राकेश के जिन नाटकों में बिम्ब विधान नाटक का अंग बनकर आया है, वहाँ वह भाषा की मितव्ययता के साथ काव्यात्मक अनुभव दे जाता है। वहाँ वह वस्तु और चरित्र की संरचना में ही मदद नहीं करता, बल्कि वातावरण, अर्थ और भाव के सूत्रों के विस्तार में भी अपना योगदान करता है, किन्तु जहाँ तक *आधे-अधूरे* का प्रश्न है, उसकी भाषिक क्षमता के आधार कुछ और हैं, प्रतीक विधान नहीं।

राकेश की भाषिक क्षमता का एक प्रमाण उनके वाक्य-विन्यास, लाक्षणिक

---

9. *नटरंग* 11-12, पृ. 55-56

प्रयोग और उपचार वक्रता में भी देखा जा सकता है। इसके लिए उन्होंने अंग्रेज़ी से प्रभावित वाक्य विन्यास का आश्रय लिया है—अवसर किसी की प्रतीक्षा नहीं करता। यह मेरा वर्तमान है। आज मैं उस सबसे मुक्त हूँ जो मुझे वर्षों से कसता रहा है। लगता है तुमने अपनी आँखों से इन कोरे पृष्ठों पर बहुत कुछ लिखा है, इन पर एक महाकाव्य की रचना हो चुकी है। आदि कई प्रकार के प्रयोग *आषाढ़ का एक दिन* में बिखरे पड़े हैं। आगे चलकर लाक्षणिक प्रयोग या उपचार वक्रता राकेश के नाटकों में उतनी महत्त्वपूर्ण नहीं रह गई जितनी सांकेतिकता, ध्वनि, या अनकहे अर्थ की प्रतीति। वाक्य-विन्यास की दृष्टि से उनकी सबसे महत्त्वपूर्ण उपलब्धि है, शब्दों की लय से अर्थ की अनुगूँज पैदा करना। उस लय के कारण ही, शब्द चाहे तत्सम हों, तद्भव या देशज, वे अपनी भाषा को समसामयिक मुहावरे में ढालने में सफल हुए। विशेषत: *आधे-अधूरे* की भाषा में लय की ऐसी परिपूर्णता है कि शब्दों में वाक्य खण्डों के बीच उसकी उपस्थिति अर्थ के नए द्वार खोलती है और उसी रूप में संवाद अपनी संक्षिप्ति, विस्तार, गति आदि को ग्रहण करता दिखाई देता है।

भाषा चाहे कितनी ही व्यंजनापूर्ण और अर्थवत्ता लिए हुए हो, यदि वह संवादों की नाटकीय संरचना के बीच से नहीं उभरती तो उसे उपयुक्त नहीं कहा जा सकता। यह मानना भी गलत है कि कवित्व, बिम्ब, प्रतीक, वक्रता अथवा लाक्षणिकता युक्त शब्दावली मात्र अच्छी नाट्य भाषा की निर्णायक है। सच्चाई यह है कि अच्छी नाट्य भाषा की पहचान सामान्य-से लगने वाले संवादों और उनके समुच्चय पर निर्भर करती है। इसलिए नाट्य भाषा में संवादों की उस संरचना का विशेष मूल्य है जो एक वज़न जुटाने में सहायक होती है। राकेश ने *आधे-अधूरे* के संवादों में शब्दों की साहित्यिकता की अपेक्षा उनके बहुत सामान्य प्रचलित रूप को काम में लाकर संवाद-योजना में विशिष्ट दक्षता दिखाई है और इस बात का प्रमाण प्रस्तुत किया है कि बहुत सामान्य शब्दों को विशिष्ट संवाद-योजना के बल पर असाधारण महत्त्व दिलाया जा सकता है। वस्तुत: नाटक की अर्थवत्ता, शब्दों के अंत:सम्बन्ध और संवादों की आंतरिक बुनावट पर निर्भर करती है। तब अर्थ शब्दों से नहीं, शब्दों के बीच से उभरता है और संवादों में उनकी सूत्रता सेतु का निर्माण करती है। इससे संवादों का

ढाँचा संबद्ध रूप में स्वत: खड़ा हो जाता है और उसके साथ ही अर्थ के कपाट खुलते जाते हैं। एक उदाहरण लीजिए—स्त्री—मैं इस वक्त तुमसे बात नहीं कर रही। पुरुष एक—पर बात तो मेरे घर की हो रही है ।/स्त्री—तुम्हारा घर? हँह !/ पुरुष एक—तो मेरा घर नहीं है? कह दो नहीं है ।/स्त्री—सचमुच तुम अपना घर समझते हो इसे ?/पुरुष एक—कह दो, कह दो, जो कहना चाहती हो ।/स्त्री—दस साल पहले कहना चाहिए था मुझे...जो कहना चाहती हूँ।/पुरुष एक—कह दो अब भी इससे पहले कि दस साल ग्यारह साल हो जायँ ।/स्त्री—नहीं होने पायेंगे ग्यारह साल—इसी तरह चलता रहेगा सब कुछ तो। इस संवाद में स्पष्टत: वह, तुम, बात, घर, दस साल, कहना जैसे कुछ शब्द संवादों की बुनावट में सहायक हुए हैं और वे क्रमश: अर्थ के सोपानों का निर्माण करते जाते हैं।

इससे भिन्न स्तर पर नाटक की व्यापक संरचना में उन संवादों की बुनावट महत्त्वपूर्ण होती है जो नाटकीय विडम्बना के तंतु बुनते हैं। नाटकीय विडम्बना से युक्त संवाद सारी कृति के संदर्भों, प्रसंगों और पात्रों की उक्तियों को परस्पर जोड़ते हैं और अंतत: पात्र की नियति को व्यंजित करने में सहायक होते हैं। *आषाढ़ का एक दिन* में अम्बिका, विलोम और प्रियंगु मंजरी के संवाद नाटकीय व्यंग्य के आधार बनते हैं। *लहरों के राजहंस* में कामोत्सव सम्बन्धी आयोजन के संदर्भ में सुन्दरी के बुद्ध और यशोधरा के प्रति कहे गये संवाद बाद में स्वयं उसी की नियति का उपहास करते हैं। यशोधरा के प्रति कही उसकी यह उक्ति 'नारी का आकर्षण पुरुष को पुरुष बनाता है तो उसका अपकर्षण उसे गौतम बुद्ध बना देता है।' क्या स्वयं उसके जीवन की विडम्बना नहीं बनती ? क्या उसका अपना आकर्षण नंद को बाँध पाता है ? इसी प्रकार *आधे-अधूरे* में सावित्री जगमोहन के पास जाते हुए जो कुछ कहती है उसमें एक नाटकीय व्यंग्य उभरता है— तुझसे एक बात कहना चाहती थी। अगली बार मैं तुझे यहाँ न मिलूँ शायद। मैं जानती थी...एक दिन आना ही था ऐसा।—भाग्य की विडम्बना देखिए वह दिन कभी आता ही नहीं। वस्तुत: यहाँ राकेश ने संवादों के द्वारा नाटकीय व्यंग्य को निर्मित करने का कुशल प्रयास किया है।

राकेश की संवाद-योजना में 'चेतना प्रवाह' का विशेष हाथ दिखाई देता है। *आषाढ़ का एक दिन और लहरों के राजहंस* में कुछ भाव, बिम्ब और

प्रतीक पात्रों की चेतना में डूबते-उतराते बार-बार अभिव्यक्ति के तल पर आते हैं। ऐसी स्थिति में आशिल्पन में आवर्तन, समांतरता आदि की प्रवृत्तियाँ विशेष रूप से दिखाई देती हैं—वह बहुत अद्भुत अनुभव था माँ, बहुत अद्भुत।/जैसे सौन्दर्य अस्पृश्य होते हुए भी मांसल हो। मैं उसे छू सकती थी, देख सकती थी, पी सकती थी। (*आषाढ़ का एक दिन*)—जानती हूँ कि जितने साधारण और लोग हैं, उतने ही साधारण आप भी हैं। कि जितनी आसानी से वे सब प्रभावित हो सकते हैं, उतनी ही आसानी से आप भी हो सकते हैं...। (*लहरों के राजहंस*)—*आधे-अधूरे* की संवादीय संरचना पर आशिल्पन पूरी तरह हावी है। एक तरह से पुनरावृत्ति, प्रतिसाम्य, समानांतरता, वैषम्य आदि संरचनात्मक और शैलीय उपकरणों के कारण ही उसके संवादों में पैनापन आया है। इसके अतिरिक्त संवादों में भावों की पुनरावृत्ति का सबसे सुन्दर उदाहरण 'बीज नाटकों' में प्रस्तुत किया गया है। एक विचित्र ठहराव की स्थिति में जब ममा और पपा अथवा स्त्री और पुरुष जीवन की ऊब को तोड़ने का प्रयास करते हैं तो दोनों अपनी प्रच्छन्न अव-अन्तश्चेतना के क्षणों में कभी विविध संदर्भों को उभारते हुए कुछ ऐसा बोल उठते हैं कि उनकी बातें एक-दूसरे से उलझ जाती हैं। उनसे कभी वे जुड़ते हैं तो कभी दूर छिटक जाते हैं। कुछ प्रश्न होता है, कुछ उत्तर मिलता है और फिर होती हैं बेतुकी बातें, पुरानी स्मृतियों के खण्डित बिम्ब, टोका-टोकी, सुनी-अनसुनी करना, उल्टे-सीधे अधूरे संवाद और चुप्पी। कुछ संवाद शुरू होते हैं और खत्म होने से पहले ही टूट जाते हैं या पीछे छूट जाते हैं और बहुत कुछ कहा-अनकहा रह जाता है। ये संवाद असंबद्ध या अधूरे लग सकते हैं, किन्तु राकेश पुनरावृत्ति के माध्यम से ऐसा अभिकल्प रचते हैं कि आगे चलकर वे खंडित सूत्रों को दुबारा संवादों में समेट लेते हैं और इस प्रकार असम्बद्धता के बीच सबद्धता बनी रहती है।

कहीं-कहीं भाषिक और संरचनात्मक समानांतरता की अपेक्षा भावों की समानांतरता के आधार पर संवादों का गठन राकेश को विशेष प्रिय रहा है। *लहरों के राजहंस* में इस युक्ति का सौन्दर्य दर्शनीय है। नंद की चेतना को श्यामांग के माध्यम से व्यक्त करने के प्रयत्न में लेखक ने नंद के प्रति सुन्दरी के मन की प्रतिक्रिया को सीधे न व्यक्त कराकर श्यामांग को माध्यम बनवाया है। श्यामांग

ज्वर में प्रलाप करता है और नंद अनिद्रित अवस्था में उसका प्रलाप सुनकर आत्मगत कुछ कह उठता है। दोनों के संवादों में गठन एक-सा नहीं है, किन्तु चेतना की समानांतरता उन्हें परस्पर गूँथ देती है—नेपथ्य (श्यामांग)—कहाँ हूँ मैं? क्यों हूँ यहाँ? मेरा स्वर, पानी की लहरों का स्वर। सब कुछ एक आवर्त में घूम रहा है। एक चील...एक चील झपट कर लिए जा रही है। इसे रोको, इसे रोको/नंद-आधी रात में अब तक यह स्वर नहीं रुका। परन्तु यह स्वर जैसे रात पर नहीं, मेरी चेतना पर पहरा दे रहा है। यही मुझे भी सोने नहीं देता।/नेपथ्य —यह चील मुझे लिए जा रही है—जाने कहाँ?—इसे रोको—और इसके बाद ठीक ही एक लम्बे स्वगत में नंद अपनी उस स्थिति का परिचय देता है जिसमें, 'कुछ है जो चेतना पर कुंडली मारे बैठा रहता है और मुझे अपने से मुक्त नहीं होने देता।'

इसमें कोई संदेह नहीं कि राकेश की भाषा अभिभूत पात्रों की भाषा है। पर चेतना प्रवाह की निरंतरता को महत्त्व देते हुए भी राकेश उसका अनाटकीय प्रयोग नहीं करते। उसे अपेक्षित नाटकीयता प्रदान करने के लिए वे भिन्न प्रकार की निर्मिति करते दिखाई देते हैं जिसमें संबद्धता अथवा निरंतरता को जानबूझकर भंग करने का प्रयत्न मिलता है। संवाद को चरम पर पहुँचाने के क्षण से पहले ही राकेश कहीं अप्रत्याशित रूप से विषयांतर कर डालते हैं, जिससे संवाद खंडित हो जाता है। ऐसा आकस्मिक परिवर्तन संवाद को विलक्षण चमत्कार प्रदान करता है। तारतम्य को तोड़कर वे पाठक/प्रेक्षक को ऐसा झटका देते हैं कि संवाद स्वतः एक स्थिति से दूसरी स्थिति को लाँघते चले जाते हैं। उदाहरण के लिए *लहरों के राजहंस* में कामोत्सव की तैयारी के बीच श्यामांग के संवाद, अलका का स्वप्न-विवरण, बुद्धं शरणं गच्छामि का नेपथ्य स्वर नाटकीय संरचना को एक स्थिति से दूसरी स्थिति में ले जाते हैं। समय-समय पर तारतम्य टूटता है, किन्तु विच्छिन्नता की विभिन्न स्थितियों में चेतना के सूत्र बने रहते हैं। चेतना के भी सूत्रों को जोड़ने में राजहंस, छाया, मृग आदि संदर्भों से निर्मित संवादों की बहुत बड़ी भूमिका दिखाई देती है। नंद की चेतना में मृत हरिणशावक की छाया बार-बार उभरती है। *आषाढ़ का एक दिन* में मेघ के इर्द-गिर्द बुने संवाद व्यक्तिगत जीवन में और उसके बाहर की स्थितियों का घात-प्रतिघात चित्रित करते हैं। इनमें वाह्य परि-स्थितियाँ आंतरिक स्थितियों को कई बार दबा देती हैं किन्तु अवसर पाकर वे उभर

आती हैं। ठीक किसी नाटकीय क्षण में किसी प्रसंग को चेतना के तल पर लाना और फिर लुप्त कर देना *आधे-अधूरे* नाटक के संवाद शिल्प में विशेष रूप से देखा जा सकता है। उसमें नाटकीय स्थिति के अनुरूप ही बातें इतनी उखड़ी-उखड़ी-सी हैं कि एक पूरा क्रम बनाने के बजाय वे डूबती-उतराती चली जाती हैं—एक का स्थान दूसरी बात ले लेती है और बात घूम-फिर कर उसी जगह आ जाती है।

संवाद-संयोजन की इन विधियों से राकेश ने पात्र के द्वंद्व, उसके अवचेतन और अन्तर की गहराइयों को ही नहीं, शाब्दिक प्रवंचनाओं को भी व्यंजित करने का प्रयास किया है। *आषाढ़ का एक दिन* में राजपुरुष, अधिकारी वर्ग तथा प्रियंगुमंजरी का दम्भ और निष्ठुरता भी उनकी संवाद-योजना में ढलती गई है। कालिदास का द्वंद्व, विलोम का व्यंग्य, मल्लिका की पीड़ा—सब संवादों की बुनावट में मुखर हुई है। रंगिणी-संगिनी और अनुस्वार-अनुनासिक के संवाद एक विशेष शैली में बद्ध होने के कारण ही आंतरिक विसंगति को उद्घाटित करते हैं। किन्तु पात्र की अंतश्चेतना की, उसकी धूर्तता, काइयाँपन और दुराव-छिपाव की जैसी मुखर अभिव्यक्ति *आधे-अधूरे* में हुई है, वैसी अन्यत्र दुर्लभ है। सिंहानिया और सावित्री के संवाद बड़ी कुशलता से दोनों के चारित्र्य को उभारते हैं। इसके लिए लेखक ने दोनों के संवादों को दो अलग-अलग दिशाएँ दी हैं। असल में दोनों में से हर एक के पास कहने के लिए अपने अंतर्मन की बात है जिसमें एक-दूसरे को सुनना-समझना कहीं शामिल नहीं है—स्त्री—उस विषय में सोचा आपने कुछ/पुरुष दो—किस विषय में ? (मुँह चलाता)/स्त्री—वह जो मैंने बात की थी आपसे कि कोई ठीक-सी जगह हो आपकी नज़र में तो— ।/पुरुष दो—बहुत स्वादिष्ट है ।/स्त्री—याद है न आपको ?/पुरुष दो—याद है। कुछ बात की थी तुमने एक बार। अपने किसी कज़िन के लिए कहा था—नहीं तो वह मिसेज़ मल्होत्रा ने कहा था। तुमने किसके लिए कहा था ?/ स्त्री—(लड़के की तरफ देखकर) इसके लिए।

स्पष्ट है कि यहाँ सिंहानिया का स्वार्थ, भोगवादी दृष्टिकोण, आग्रह और मानसिक विकार सावित्री के आगे एक ऐसी दीवार खड़ी कर देता है कि संवाद की स्थिति के लिए जो मानवीय सम्बन्ध अपेक्षित होते हैं, वे कहीं जुट नहीं पाते। पात्र परस्पर बात तो करते हैं, किन्तु उनमें संवाद की दिशाएँ

अलग-अलग हैं। इस विसंगति को उभारने के लिए राकेश ने दो विभिन्न दिशाओं में सोच रहे पात्रों की बातचीत को शब्दों के छद्म प्रयोग के द्वारा अपूर्व कलात्मक संस्कार प्रदान किया है। आज का मानव जिस अंतर्विरोध की स्थिति से गुज़र रहा है उसमें मानवीय भावना के सूक्ष्म तंतु बुरी तरह क्षत-विक्षत हो चुके हैं। फलत: शब्द निरर्थक हो गए हैं या वे धोखा देने लगे हैं। *आधे-अधूरे* के संवाद भी मानव-चरित्र की उसी विसंगति को उभारते दिखाई देते हैं—स्त्री—यहाँ बैठ। सच-सच बता, तुझे वहाँ किस चीज़ की शिकायत है ?/बड़ी लड़की—शिकायत किसी चीज़ की नहीं ।/स्त्री तो ?/बड़ी लड़की—खास बात कोई भी नहीं ।/तो ?/बड़ी लड़की—और सभी बातें खास हैं ।/स्त्री—जैसे ?/बड़ी लड़की—जैसे सभी बातें।' स्पष्ट है कि इस संवाद में एक सुनिर्धारित शब्द योजना के आधार पर नाटककार शब्दों के बीच छिपे अर्थ को उजागर कर पात्र के अंतर्मन के दुराव को प्रकट करने का प्रयास करता है। मन की कोठरी में अपने को बन्द कर जीने वाले पात्र संवादों का प्रयोग अभिव्यक्ति के बजाय दुराव के लिए करते हैं—इससे अभिधा अर्थहीन हो जाती है और अनकही बातें अर्थवान् हो जाती हैं। संवाद को चारित्रिक विशेषताओं में ढालना राकेश को खूब आता था, इसलिए महेन्द्रनाथ की तल्खी, सावित्री की टूटन, बड़े लड़के की आक्रामकता—सब संवादों में साकार होती है। भाषिक सामग्री एक होते हुए भी इसीलिए कोई दो पात्र एक जैसे संवाद नहीं बोलते। कालिदास और विलोम, अम्बिका और मल्लिका, सुन्दरी और अलका, सिंहानिया और महेन्द्रनाथ अपने व्यक्तित्व में जितने अलग हैं उतने ही अपने संवादों की भंगिमा में भी। अम्बिका जैसा ठोस चरित्र है, वैसे ही ठोस उसके संवाद भी हैं जिनमें कहीं तरलता नहीं। विलोम अपनी मुँहफट प्रवृत्ति के कारण कालिदास को उखाड़कर रख देता है। जहाँ एक ओर उसकी वाणी में खल पात्र की-सी कटुता है, वहीं उसके तीखे संवाद जीवन के अर्द्धसत्यों को भी झलकाते हैं। वह अम्बिका और विशेषत: मल्लिका के उस भाव पक्ष को उभारता है जो उनके द्वारा अनकहा रह जाता है, क्योंकि अम्बिका कालिदास का सीधा सामना नहीं करती और मल्लिका 'ऐसे महत्त्वपूर्ण क्षण में' अपने स्वार्थ को प्रकट नहीं होने देना चाहती। *लहरों के राजहंस* में श्यामांग की चिन्तनशील विक्षिप्तता, सुन्दरी का अहं, नंद का

उलझाव विशिष्ट संवादीय संरचना के द्वारा प्रकट हुआ है। आक्रोश में पिसता आदमी जब विवशता का अनुभव करता है तो उसके पास केवल शब्द रह जाते हैं। *आधे-अधूरे* में अलग-अलग पात्र शब्दों की जैसी मार करते हैं उससे उनके सामूहिक चरित्र की कुढ़न, झल्लाहट और तल्खी व्यक्त हुई है।

संवाद के रंगमंचीय तत्त्वों के प्रति भी राकेश पूरी तरह जागरूक थे। उनके नाटकों में संवाद दृश्य, क्रिया, लय, गति आदि से जुड़े होने के कारण रंग की अमित संभावनाओं को लिए हुए हैं। उदाहरण के लिए मल्लिका आषाढ़ की धारासार वर्षा और उसमें भीगने के सुख का वर्णन करती है; उतनी देर अम्बिका केवल शारीरिक क्रिया करती है और बीच में केवल कोई इक्का-दुक्का शब्द बोल कर ही रह जाती है। मल्लिका कहती है—तुमने सुना नहीं माँ, राज्य उन्हें राजकवि का आसन देना चाहता है।—तो अम्बिका उसकी बात को अनसुना कर देती है। अम्बिका की उपेक्षा उसे खलती है; वह फिर अपनी बात को दुहराती है, और उलाहना देती है—तुम कितनी निष्ठुर हो माँ!—और अम्बिका का हृदय कहीं गहरे में ठेस खाकर रो पड़ता है। यह वह स्थिति है जहाँ भाव शब्द न बनकर दृश्य और क्रिया बन जाते है। इसी प्रकार श्यामांग के अपने मस्तिष्क की उलझन और पत्तियों के उलझाने की क्रिया दोनों एक ही स्तर पर घटित होती हैं। अग्निकाष्ठ को हाथ में लिए हुए भी दीपक को न जला पाना भी कुछ ऐसा ही है। देवी यशोधरा के भिक्षुणी बनने की सूचना पर सुन्दरी का मदिरा-कोष्ठ के पास जाकर चषक को भरने लगना भी अपने में सार्थक क्रिया है। दर्पण का टूटना नाटक में ऐसी क्रिया के रूप में घटित होता है जो अभिव्यंजना में शब्दों के बीच चरम परिणति बन जाता है। जहाँ तक आधे-अधूरे का प्रश्न है, उसमें पूर्णतः क्रिया-व्यापार से युक्त भाषा है। महेन्द्रनाथ का फ़ाइल पीटना, छोटी लड़की का जले टोस्ट को कोयला कहकर थू-थू कर प्लेट में थूकना, बड़े लड़के का पैड पर सिंहानिया का कार्टून बनाना आदि कार्य नाटक को अर्थ प्रदान करते हैं। सावित्री का जगमोहन के पास जाने के लिए सजना-सँवरना, गले की माला को उँगली में लपेटना और झटका लगने पर उसका टूटना, कंघी से सफेद बालों को ढकना आदि भी ऐसे क्रिया-व्यापार हैं जो कहीं अकेले और कहीं शब्दों के साथ जुड़कर नाटक के केन्द्रीय अर्थ से जुड़ जाते हैं। यह दूसरी बात है कि ये क्रियाएँ रंगमंच

पर घिसी-पिटी लगें, पर जैसी भी हैं, एक जागरूक लेखन की अंग ज़रूर हैं।

राकेश के संवाद जिस प्रकार क्रिया से जुड़े हैं उसी प्रकार दृश्य से भी। उनका बिम्ब विधान, दृश्य विधान और रंग-परिवेश रंगमंच को ठोस आकार प्रदान करता है। शब्द की मुख्य भूमिका मानते हुए वे नाटक को एक श्रव्य माध्यम मानते हैं[10] और दृश्य तत्त्व को भी शब्द की ही परिणति स्वीकार करते हैं। उनके नाटकों में ऐसे स्थलों की कमी नहीं है जहाँ शब्द और दृश्य का समन्वय है, शब्द दृश्य बिम्ब उभारता है, अथवा जहाँ शब्द के स्थान पर दृश्य हावी हो जाता है। *आषाढ़ का एक दिन* में एक के बाद दूसरे अंक में उजड़ता घर, क्रमश: मिटते भित्ति चित्र अपनी अर्थवत्ता ग्रहण करते जाते हैं। अंत में कालिदास का मल्लिका के द्वार पर लौटना, फिर वहाँ से मायूस होकर लौट जाना और महेन्द्रनाथ का फिर से अपने घर चले आना अपनी विशिष्ट मुद्राओं के कारण मूक दृश्य की सार्थक योजना करता है। कई-शब्दहीन स्थितियों में शब्दों से पहले और बाद का मौन अपनी अर्थवत्ता में कितना सक्षम होता है, इस बात को भी राकेश भलीभाँति जानते थे। पात्र के मौन को भी कहीं क्रिया और कहीं दृश्य से जोड़कर उन्होंने अपूर्व प्रभाव पैदा किए हैं। एक और प्रकार का मौन वहाँ है जहाँ शब्द चुक गए हैं, केवल दृश्य रह गया है, जैसे आधे-अधूरे नाटक में छोटी लड़की जब अपने पास पढ़ाई की सामग्री की शिकायत करती है तो घर में खामोशी फैल जाती है। यह खामोशी एक जीवंत एहसास दे जाती है—घर के कटु यथार्थ का। बड़ी लड़की जब माँ से यह पूछती है कि वह कौन-सी चीज़ है जो वह संस्कार के रूप में इस घर से ले गई है तो उसके प्रश्नों की बौछार भी खामोशी पैदा करती है। जिनसे प्रश्न पूछा गया है, वे उत्तर एक-दूसरे की आँखों में खोजते हैं और फिर उत्तर का स्थान केवल मौन दृश्य ले लेता है, जिसकी संरचना नाटककार ने इस प्रकार की है—काफ़ी लम्बा वक़्फ़ा। कुछ देर बड़ी लड़की के हाथ स्त्री की बाँहों पर रुके रहते हैं और दोनों की आँखें मिली रहती हैं। धीरे-धीरे पुरुष एक-की गर्दन उनकी तरफ़ मुड़ती है।...बड़ी लड़की जैसे अब भी अपने सवाल का जवाब चाहती, अपनी जगह पर रुकी, उन दोनों को देखती रहती है। पुरुष-एक...दो-एक पल असमंजस में रहने के बाद अनजाने में ही अखबार को

---

10. *मोहन राकेश : साहित्यिक और सांस्कृतिक दृष्टि*, पृ. 91

गोलकर दोनों हाथों से उसकी रस्सी बटने लगता है, आदि। इससे भिन्न मौन की क्रियात्मक अभिव्यक्ति मल्लिका के शब्द-बाहुल्य और अम्बिका की नि:शब्दता के बीच दिखाई देती है। वहाँ शब्द सुने जाकर भी अनसुने रह जाते हैं। यह स्थिति नाटकीय तनाव को वहन करती है, इसलिए प्रभाव डालती है। वस्तुत: ऐसे स्थलों पर मौन अनकहे शब्दों और रिक्त स्थानों के द्वारा भाषा की क्षमता जगाता है। भावना की अतिशयता, अन्यमनस्कता, उपेक्षा और इच्छा नि:स्तब्धता में बदल जाती है और यही निस्तब्धता फिर संवाद की ओर ले जाती है।

मंच पर ध्वनि के रूप में शब्द की अपनी एक शक्ति होती है। राकेश ने अपने 'शब्द और ध्वनि' लेख में लिखा है कि 'नाद के आरोह-अवरोह में शब्द का आन्तरिक नाटक निहित है।' वे अपने संवादों में लय का ऐसा संयोजन करते हैं कि अभिनेता के बोलने के लहजे, स्वर-शैली, आरोह-अवरोह सब मिलकर एक अतिरिक्त अर्थ देने लगते हैं। यह लय तत्त्व शब्द के बाह्य संयोजन की ही देन हो, ऐसी बात नहीं—उनके संवादों की लयात्मकता आन्तरिक अनुभूति और संवेगों पर आधारित है। जहाँ कहीं भावना की तीव्रता है वहीं लय है, जो संवादों को एक निश्चित ढाँचे में परस्पर जोड़ती है। नाटक *आधे अधूरे* के संवाद लय-संयोजन के कारण भी अपनी क्षमता अर्जित करते दिखाई देते हैं। इसीलिए उनमें अद्भुत वाग्प्रवाह है। एक उदाहरण लीजिए—बड़ी लड़की—तो तू सोचता है ममा जो कुछ भी करती है यहाँ.../लड़का—मैं पूछता हूँ क्यों करती है? किसके लिए करती है?/बड़ी लड़की—मेरे लिए करती थी।/लड़का—तू घर छोड़कर चली गई।/बड़ी लड़की—किन्नी के लिए करती है।/लड़का—वह दिन-ब-दिन बदतमीज होती जा रही है।/बड़ी लड़की—डैडी के लिए करती है।/लड़का— उनकी हालत देखकर रहम नहीं आता?/बड़ी लड़की—और सबसे ज्यादा तेरे लिए करती है।/लड़का—और मैं ही शायद घर में सबसे ज्यादा नाकारा हूँ।'

घात-प्रतिघात, प्रतिसाम्य, अभिकल्प, पुनरावृत्ति आदि के द्वारा लय-संयोजन अनेक स्थलों पर हुआ है; किन्तु यह नहीं सोचना चाहिए कि सभी संवाद एक ही लय में निर्मित हैं। स्थितियों के बीच कभी कोई एक लय टूटती है और उसका स्थान दूसरी ले लेती है। *आषाढ़ का एक दिन* में अनुस्वार-अनुनासिक, रंगिणी-संगिनी, विलोम-कालिदास के संवादों की अपनी-अपनी

लय है। प्रारम्भ में मल्लिका का लम्बा संवाद एक लय उठाता है, किन्तु अम्बिका का मौन और उपेक्षा उसमें एक विसंवादी स्वर घोल देती है। 'बीज नाटकों' में संवादों की संक्षिप्ति और धीमापन, उखड़ा-उखड़ी बातों और सन्दर्भों की विविधता में लय का एक ही अभिकल्प बनता-मिटता जाता है।

मंचीय दृष्टि से राकेश के तीनों नाटकों के अन्त में आये संवादों की रंगीयता पर प्राय: आपत्ति की जाती है। वस्तुत: इस अपरिहार्यता के प्रति वे विवश थे। कालिदास के लम्बे संवाद क्षण में उसके सारे अतीत को उधेड़ते हैं, और साथ ही उसके अपराधभाव और विवशता की विसंगति को भी। भिक्षु आनन्द के सामने नंद का कथन और बाद में उसका स्वगत द्वंद्व को उभारता है। *आधे-अधूरे* के अन्त के संवाद में क्रिया-व्यापार कम, परिस्थिति और पात्र का विश्लेषण अधिक है। इन संवादों की कुछ सीमाओं के बावजूद भी उन्हें सहसा अनाटकीय अथवा अरंगमंचीय नहीं कहा जा सकता क्योंकि उनमें गति और लय का अद्भुत उत्कर्ष है। तीनों नाटकों केअन्त के लम्बे संवादों की एक बड़ी उपलब्धि यह भी है कि वे भाव-निवृत्ति प्रदान करते हैं और प्रेक्षक पर एक समग्र प्रभाव डालते हैं। वस्तुत: उनमें गति, द्वन्द्व, चिन्तन, चेतना और आत्म विश्लेषण की ऐसी समन्विति दिखाई देती है कि वह नाटक को पूर्णता प्रदान करती है। पूर्ववर्ती सन्दर्भों से जुड़कर ये लम्बे संवाद नेपथ्य में घटी घटनाओं और इतिवृत्तों को ही नहीं जोड़ते, संवेदनाओं को भी जगाते हैं। नाटककार का संवादीय कौशल इस बात में भी है कि वे अन्त में नाटक के दृश्य, प्रसंग और स्थिति में एक ऐसा मोड़ देते हैं और उसे दो-एक संक्षिप्त संवादों से ऐसी संवेदना प्रदान करते हैं कि सब कुछ एक नई क्षमता ग्रहण कर लेता है। *आषाढ़ का एक दिन* में अन्दर से बच्ची का रोना, *आधे अधूरे* में महेन्द्रनाथ का लौट आना, ड्योढ़ी में फिसलना और लड़के का 'देखकर डैडी देखकर' कहते हुए उसे बाँह थामकर लाना ऐसी युक्तियाँ हैं जो पूर्ववर्ती लम्बी संवाद-योजना की ऊब मिटा देती हैं।

जगदीश चन्द्र माथुर पूर्ववर्ती और परवर्ती नाटक की कड़ी थे, मोहन राकेश को परवर्ती नाटक का प्रेरक कहा जा सकता है।

आषाढ़ का एक दिन : पुनर्मूल्यांकन

सुकृति मिश्रा[*]

आषाढ़ का एक दिन मोहन राकेश द्वारा 1959 के लगभग ऐसे समय में लिखा गया, जब हिन्दी साहित्य में अच्छे नाटक न के बराबर लिखे जा रहे थे। ऐसे समय में राकेश जी द्वारा *आषाढ़ का एक दिन* लिखा जाना एक तरह से नाटक के क्षेत्र में लम्बे समय से पड़े सूखे में आषाढ़ की पहली बारिश की ही तरह था। जब यह नाटक लिखा गया तब से लेकर आज तक देशों-विदेशों में न जाने कितनी बार इसका मंचन हो चुका है। वैसे तो मोहन राकेश ने बाद में भी *आधे-अधूरे, लहरों के राजहंस* और *पैरों तले ज़मीन* जैसे कई नाटकों की रचना की लेकिन उनमें *आषाढ़ का एक दिन* सर्वाधिक लोकप्रिय हुआ। नाटक के प्रकाशन के समय राकेश जी ने हिन्दी रंगमंच के सम्बन्ध में अपने कुछ विचार व्यक्त किये थे जिनमें उन्होंने कहा था—''हिन्दी रंगमंच के विकास से निःसन्देह यह अभिप्राय नहीं कि अत्याधुनिक सुविधाओं से सम्पन्न रंगशालाएँ, राजकीय या अर्ध राजकीय संस्थाओं द्वारा जहाँ-तहाँ बनवा दी जाएँ, जिससे वहाँ हिन्दी नाटकों का प्रदर्शन किया जा सके। प्रश्न केवल आर्थिक सुविधा का ही नहीं एक सांस्कृतिक दृष्टि का भी है। हिन्दी रंगमंच को हिन्दी भाषी प्रदेश की सांस्कृतिक पूर्तियों और आकांक्षाओं का प्रतिनिधित्व करना होगा। रंगों और राशियों के हमारे विवेक को व्यक्त करना होगा। हमारे दैनंदिन जीवन के राग-रंग को प्रस्तुत करने के लिए, हमारे संवेदों और स्पन्दनों को अभिव्यक्त करने के लिए जिस रंगमंच की आवश्यकता है वह पाश्चात्य रंगमंच से कहीं भिन्न होगा।[1] ''

---

[*]सुकृति मिश्रा काशी हिन्दू विश्वविद्यालय में शोध अध्येता हैं। सूफ़ी काव्य धारा और आधुनिक साहित्य पर उनके 20 से अधिक आलेख प्रकाशित हैं। कविताओं के लिए मुक्तिबोध स्मृति सम्मान से सम्मानित हैं।
1. *आषाढ़ का एक दिन*, मोहन राकेश, भूमिका, पृ. 3

अर्थात् लेखन को लेकर राकेश जी का मुख्य उद्देश्य कहीं-न-कहीं हिन्दी भाषी प्रदेश के लोगों के संवेदों और स्पन्दनों की अभिव्यक्ति ही थी, जिस पर यह नाटक बिलकुल खरा उतरता हुआ दिखाई देता है। नाटक की भाषा, देश-काल वातावरण और पात्रों को देखने से एक नज़र में यह नाटक ऐतिहासिक-सा प्रतीत होने लगता है और ऐसा लगता है कि नाटककार ने इतिहास की किसी घटना को नाटक के रूप में दिखाया है या किसी समसामयिक समस्या की पड़ताल इतिहास में जाकर की है। लेकिन वास्तव में यह ऊपरी तौर पर आभास मात्र होता है, ऐसा है नहीं। पात्रों के नाम और देश-काल-वातावरण ऐतिहासिक जैसे प्रतीत होते हुए भी वे ऐतिहासिक नहीं हैं और नाटक में उठाये गये मुद्दे ऐतिहासिक या किसी एक देश-काल वातावरण के न होकर हर देश, काल और वातावरण में पैदा होने वाले मुद्दे हैं। नाटक में गम्भीरता, रोचकता उत्पन्न करने के लिये, विश्वसनीयता बढ़ाने के लिये नाटककार ने इस प्रकार के कथानक को उठाया है।

मोहन राकेश के नाटकों की एक प्रमुख विशेषता यह है कि उनके नाटक घटना प्रधान न होकर चरित्र प्रधान होते हैं। यह बात उनके सभी नाटकों के साथ लागू होती है। *आषाढ़ का एक दिन* भी ऐसा ही नाटक है जिसमें घटना या कथानक बहुत विशेष नहीं है। यह नाटक अपने चरित्रों और उनके संवादों के कारण उत्कृष्टता को प्राप्त करता है। जिस तरह से कहानियाँ अपने प्रारम्भिक दौर में कहने और सुनने की पद्धति से लिखी जाती थीं, उनमें कहना ही सब कुछ होता था, सांकेतिकता और व्यंजनात्मकता का अभाव रहता था, लेकिन कहानियों के विकास के साथ-साथ उनमें परिवर्तन हुआ। अब कहानियाँ कहती कम हैं और व्यंजित ज्यादा करती हैं। आज की कहानियाँ कम-से-कम शब्द में अधिक-से-अधिक अभिव्यंजित करती हैं। उनमें संकेतों और भावों से अधिक और शब्दों से कम-से-कम काम लिया जाता है और ऐसी ही कहानियाँ श्रेष्ठ कहानियों की कोटि में रखी जाती हैं। नाटक का विकास भी इसी क्रम में हुआ। पुराने नाटकों में कुछ भी व्यक्त करने के लिये संवादों का सहारा लेना पड़ता था, वे सीधे और सपाट अर्थों वाले हुआ करते थे लेकिन जैसे-जैसे नाटकों का विकास हुआ उनमें सांकेतिक सूक्ष्म अर्थअभिव्यंजना भी बढ़ी। ऐसे नाटकों

में मोहन राकेश के नाटक अग्रगण्य हैं। कम-से-कम संवादों में अधिक-से-अधिक अर्थव्यंजना इनके नाटकों की प्रमुख विशेषता है। संकेतों, हाव-भाव, परिस्थितियों को दिखा सम्पूर्ण मनोदशाओं और बातों को कह जाना मोहन राकेश की अपनी विशेषता है।

आषाढ़ का एक दिन नाटक में भी नाटककार का यही कौशल नाटक को एक उत्कृष्ट नाटक के रूप में स्थापित करता है। नाटक का शीर्षक *आषाढ़ का एक दिन* ही स्वयं में गम्भीर अर्थव्यंजना लिये हुए है। नाटक का प्रारम्भ और अन्त दोनों आषाढ़ की वर्षा के साथ ही होता है। नाटक के प्रारम्भ में ही अम्बिका घर में धान फटक रही है, बिजली बीच-बीच में कौंध रही है। अम्बिका बार-बार झरोखे में देख, लम्बी साँसें ले रही है। और उधर मल्लिका आषाढ़ की पहली बारिश में भीगी हुई, गीले वस्त्रों में काँपती हुई अन्दर आती है और कहती है—

‘‘आषाढ़ का पहला दिन और ऐसी वर्षा माँ...ऐसी धारासार वर्षा कि दूर-दूर तक की उपत्यकाएँ, भीग गयीं...और मैं भी तो! देखो न माँ कैसी भीग गयी हूँ’’[2]।

इसके आगे वह अम्बिका से कहती है—

‘‘तुम्हें पता था मैं भीग जाऊँगी। और मैं जानती थी कि तुम चिन्तित होगी, परन्तु माँ...’’ (द्वार के पास मुड़कर अम्बिका की ओर देखती है)

‘‘...मुझे भीगने का तनिक खेद नहीं। भीगती नहीं तो आज मैं वंचित रह जाती।’’[3]

यह आषाढ़ का पहला दिन केवल वर्षा ऋतु की पहली बारिश नहीं है वरन् यह मल्लिका के जीवन रूपी आषाढ़ की भी पहली बारिश है। उसके जीवन में पहली बार प्रेम की बारिश हुई है जिसमें वह बिना कुछ सोचे-समझे खुले भाव से भीगना चाहती है, वह उसमें डूब जाना चाहती है। वह उसका अनुभव करना चाहती है चाहे वह भीगना भविष्य में उसके लिये कष्टकर ही क्यों न साबित हो। जिस तरह आषाढ़ ऋतु में पहली वर्षा होती तो बहुत ही

---

2. वही, पृ. 8
3. वही, पृ. 9

सुखद है लेकिन उसमें भीगने से बीमार होने की सम्भावना ज्यादा रहती है, वह हानिकारक हो सकती है। उसी प्रकार मल्लिका का भी अपने जीवन रूपी आषाढ़ की प्रथम वर्षा में भीगना सुखद तो बहुत है लेकिन साथ ही साथ वह उसके लिये हानिकारक भी हो सकती है। लेकिन मल्लिका बिना भविष्य की परवाह किए उसमें खुलकर भीगना चाहती है, उसमें जीना चाहती है और भीगती भी है। यद्यपि यह बात उसकी माँ अम्बिका को पता है और इसी कारण वह चिन्तित भी है। मल्लिका भी यह बात जानती है कि माँ चिन्तित है और यह भीगना भविष्य में उसके लिये हानिकारक होगा। लेकिन फिर भी उसे भीगने का तनिक भी खेद नहीं है। वह उस सुख से वंचित नहीं होना चाहती, चाहे उसके कारण भविष्य में उसे कितना भी दुःख झेलना पड़े। नाटक मल्लिका के इसी आषाढ़ के पहले दिन में भीगने से प्रारम्भ होता है और यही भीगना सम्पूर्ण नाटक का मूल भी लगता है, क्योंकि अगर मल्लिका प्रेम की पहली बारिश में भीगती नहीं तो कथा आगे नहीं बढ़ सकती थी। इसीलिए नाटक में आषाढ़ की वर्षा को बड़ा महत्त्व दिया गया है।

ऊपरी तौर पर देखने पर ऐसा लगता है कि नाटक कालिदास और मल्लिका की कहानी कह रहा है। लेकिन वास्तव में नाटक केवल मल्लिका की ही कहानी कहता है, क्योंकि उस एक दिन का प्रभाव केवल और केवल मल्लिका के जीवन पर ही पड़ता है। उस एक दिन का भीगना मल्लिका के पूरे जीवन को प्रभावित करता है। उसके प्रेम की खबर समस्त ग्राम प्रान्तर में ही नहीं दूर अन्य ग्राम प्रान्तरों में भी अपवाद का कारण बन जाती है। स्वयं मल्लिका की माँ अम्बिका भी बहुत दुःखी, नाराज़ और चिन्तित रहती है। नाटक का अन्त भी मल्लिका के उसी एक दिन भीगने, उसके भावना में जीने का ही परिणाम है, जबकि उस प्रेम में वह अकेली नहीं रहती। भीगती तो वह कालिदास के साथ ही है लेकिन उस भीगने का कालिदास के जीवन पर कोई प्रभाव नहीं है। ये बात अलग है कि उसके जीवन में फिर भी अनेक अच्छी-बुरी परिस्थितियाँ आती हैं लेकिन वह उस भीगने का परिणाम नहीं होतीं।

नाटक में मातुल, निक्षेप और स्वयं मल्लिका को भी यह विश्वास है कि कालिदास के उज्जयिनी न जाने का कारण केवल उसका मल्लिका से प्रेम है। इसीलिए मातुल उसके उज्जयिनी न जाने की बात मल्लिका को बताने आता है

और निक्षेप भी यही कहता है कि—

निक्षेप—मातुल का या किसी का भी आग्रह उनका हठ नहीं छुड़ा सकता। (मल्लिका को अर्थपूर्ण दृष्टि से देखता है। मल्लिका की आँखें झुक जाती है) केवल एक व्यक्ति है, जिसके अनुरोध से सम्भव है वे यह हठ छोड़ दें।

(अम्बिका निक्षेप की अर्थपूर्ण दृष्टि और फिर मल्लिका को देखती है)[4]

और आगे भी वह कहता है—'उस कटुता को केवल तुम ही दूर कर सकती हो!' मल्लिका को भी ऐसा विश्वास है कि कालिदास के उज्जयिनी छोड़कर न जाने के निर्णय के पीछे कहीं-न-कहीं वही है, अत: वह केवल उसी के कहने से जा सकता है। जबकि अम्बिका को यह बात पूरी तरह से पता है कि कालिदास के इस निर्णय के पीछे मल्लिका कहीं भी नहीं है, वह मातुल से कहती है कि—वह व्यक्ति आत्मसीमित है। संसार में अपने सिवाय उसे किसी से मोह नहीं है।[5] आगे भी वह मातुल से कहती है कि—मैं तुम्हें विश्वास दिलाती हूँ कि वह उज्जयिनी अवश्य जायेगा।[6]

आगे चलकर अम्बिका की बात सत्य भी साबित होती है। मल्लिका का भ्रम तब टूटता है जब मल्लिका कालिदास से कहती है कि मैं जानती हूँ कि तुम्हें कोई भी रेखा घेर ले तो तुम घिर जाओगे। मैं तुम्हें घेरना नहीं चाहती।

मल्लिका—मेरी आँखें इसलिए गीली हैं कि तुम मेरी बात नहीं समझ रहे... विश्वास करते हो न कि मैं तुम्हें जानती हूँ? जानती हूँ कि कोई भी रेखा तुम्हें घेर ले तो तुम घिर जाओगे। मैं तुम्हें घेरना नहीं चाहती। इसलिए कहती हूँ, जाओ।

कालिदास—तुम पूरी तरह नहीं समझ रहीं मल्लिका। प्रश्न तुम्हारे घेरने का नहीं है। (मल्लिका शब्दों की चुभन अनुभव करके भी अपनी स्वाभाविक मुद्रा बनाए रखने का प्रयत्न करती है...) मैं अनुभव करता हूँ कि यह ग्राम-प्रान्तर मेरी वास्तविक भूमि है। मैं कई सूत्रों से इस भूमि से जुड़ा हूँ...यहाँ से जाकर मैं अपनी भूमि से उखड़ जाऊँगा।[7]

---

4. वही, पृ. 33

5. वही, पृ. 25

6. वही, पृ. 28

7. वही, पृ. 46

जब कालिदास कहता है कि प्रश्न तुम्हारे घेरने का नहीं मल्लिका, उसी समय मल्लिका को यह आभास होता है कि वह गलतफ़हमी में थी या वह गलत सोच रही थी लेकिन वह इसे ज़ाहिर नहीं होने देती। दर्शकों और पाठकों को भी इसी समय सच का आभास होता है नहीं तो इसके पहले वह कालिदास के उज्जयिनी न जाने का सही कारण नहीं समझ रहे होते हैं। यहीं पर ऐसा आभास होता है कि वह 'आषाढ़ का एक दिन' केवल और केवल मल्लिका के जीवन के लिये था। कालिदास के लिये नहीं और उसका कोई प्रभाव भी कालिदास के जीवन पर नहीं पड़ता। इसलिए नाटक मूलतः मल्लिका का है, कालिदास का नहीं।

मल्लिका को नाटक का प्रधान तथा मूल पात्र कहा जा सकता है। यह नाटक ऐसी मल्लिका की कहानी कहता है जो अपना निर्णय, अपने जीवन का निर्णय स्वयं लेती है और बिना किसी को आरोपित किये हुए परिणाम भी भोगने के लिए तैयार है और भोगती भी है। मल्लिका को पता है कि वह जो कर रही है उसके परिणाम भविष्य में उसके लिये गलत साबित हो सकते हैं, लेकिन जो सुख उसे अपने मन के अनुसार जीने में, अपने निर्णय के अनुसार जीने में प्राप्त होता है, वह सुख उसे अपनी माँ या अन्य लोगों के अनुसार जीकर भविष्य में सब कुछ अच्छा होने पर भी नहीं प्राप्त होता। वह अम्बिका से कहती है—'...मुझे भीगने का तनिक खेद नहीं। भीगती नहीं तो आज मैं वंचित रह जाती।...चारों ओर धुआँरे मेघ घिर आये थे। मैं जानती थी वर्षा होगी। फिर भी मैं घाटी की पगडण्डी पर नीचे-नीचे उतरती गयी।[8]

आगे भी जब अम्बिका कालिदास और मल्लिका के सम्बध में फैल रहे अपवादों के सम्बन्ध में मल्लिका को बताती है कि लोग क्या कह रहे हैं तो मल्लिका बोल उठती है—क्या अधिकार है उन्हें कुछ भी कहने का ? मल्लिका का जीवन उसकी अपनी सम्पत्ति है, वह उसे नष्ट करना चाहती है तो किसी को उस पर आलोचना करने का क्या अधिकार है ?[9]

अम्बिका जब उसके निर्णयों को लेकर ज्यादा परेशान हो जाती है और

---

8. वही, अंक 1, पृ. 9
9. वही, पृ. 14

कहती है कि मैं जानती हूँ कि आज तुम पर मेरा कोई अधिकार नहीं है तब भी मुझसे यह सब देखा नहीं जाता और बार-बार मल्लिका को समझाने और उसका निर्णय बदलने, आँखें खोलने का सुझाव देती है, फिर भी मल्लिका यही कहती है—तुम्हारे दुःख की भी बात जानती हूँ। फिर भी मुझे अपराध का अनुभव नहीं होता। मैंने भावना में एक भावना का वरण किया है। मेरे लिये वह सम्बन्ध और सब सम्बन्धों से बड़ा है।[10]

इस तरह हम देखते हैं कि अपने अनेक विरोधों के बावजूद मल्लिका अपने जीवन के निर्णय स्वयं लेती है और अपने अनुसार अपना जीवन जीती है। यद्यपि बाद में उसके निर्णय गलत साबित होते है और वह दुःख झेलती है, लेकिन वह फिर भी सन्तुष्ट है, क्योंकि ऐसे जीवन का वरण उसने किसी के कहने से नहीं वरन् स्वयं किया था।

नाटक की सबसे बड़ी व सबसे महत्त्वपूर्ण बात मल्लिका का अपने जीवन के निर्णय स्वयं लेना है। यह नाटक का एक ऐसा पक्ष है जो नाटक को स्त्री-विमर्श के एक श्रेष्ठ उपन्यास *दिव्या* की श्रेणी में खड़ा कर देता है। प्रसिद्ध युवा आलोचक प्रोफ़ेसर आशीष त्रिपाठी के अनुसार *दिव्या* उपन्यास का मुख्य उद्देश्य स्त्री को निर्णय का अधिकार प्रदान करना है। उनके अनुसार आर्थिक रूप से आत्मनिर्भर होने के बाद भी स्त्री तब तक स्वतंत्र नहीं हो सकती जब तक निर्णय का अधिकार न हो।[11] *दिव्या* उपन्यास में भी दिव्या अपने जीवन का निर्णय स्वयं लेती है भले ही उसे लम्बा संघर्ष करना पड़ता है, लेकिन वह स्वतंत्र तो है। इस आधार पर विचार करने पर मल्लिका भी दिव्या की छोटी बहन ही नज़र आती है।

आषाढ़ का एक दिन नाटक को पढ़ते समय यशपाल के उपन्यास *दिव्या* की नायिका दिव्या और भीष्म साहनी के नाटक 'माधवी' की नायिका माधवी निरन्तर ध्यान में बनी रहती हैं। यद्यपि मल्लिका दिव्या और माधवी से काफ़ी भिन्न है फिर भी कहीं-न-कहीं निर्णय के स्तर पर उनमें स्पष्ट रूप से समानता दिखाई पड़ती है। दिव्या जीवन के प्रारम्भ में ही एक निर्णय लेती है जिसके

---

10. वही, पृ. 15
11. प्रो. आशीष त्रिपाठी, शोध-निर्देशक, हिन्दी विभाग, काशी हिन्दू विश्वविद्यालय।

कारण वह दुःख पाती है लेकिन आने वाले भविष्य में वह अनेक सशक्त और सही निर्णय लेती है, जिससे अन्ततः वह एक सशक्त और स्वतंत्र नायिका के रूप में उभरकर सामने आती है। वहीं माधवी शुरू से लगभग अन्त तक पुरुषों के हाथों की कठपुतली बनी रहती है, लेकिन नाटक के अन्त में जब वह गालव, ययाति और अन्य सबको छोड़कर जाने का निर्णय लेती है तो वह एक स्वतंत्र और सशक्त नायिका के रूप में उभरती है और उसका यही निर्णय सम्पूर्ण नाटक पर छा जाता है। और इधर मल्लिका भी अपना जीवन स्वयं ही चुनती है तो निर्णय के स्तर पर तीनों समान तो हैं लेकिन अन्य दृष्टियों से देखा जाये तो मल्लिका अन्य दोनों नायिकाओं के समक्ष कमज़ोर सी प्रतीत होती है। क्योंकि उपन्यास और नाटक के अन्त में दिव्या और माधवी जहाँ अत्यन्त सशक्त और मज़बूत नज़र आती हैं, वहीं मल्लिका अन्त में टूटी बिखरी हुई और लाचार सी नज़र आती है। पाठकों व दर्शकों के मन में मल्लिका के लिए करुण भाव ही उपजता है। इसका कारण है मल्लिका का केवल भावों के स्तर पर ही जीना। नाटक की शुरुआत में भी वह भावों के स्तर पर ही जी रही थी और नाटक के अंत में भी जब वह सत्य को पहचान चुकी थी तब भी वह भावनाओं में ही जीती रह जाती है। उसके चरित्र में कोई विशेष बदलाव नहीं दिखाई पड़ता; अगर कुछ बदलता है तो वो है परिस्थितियाँ, मल्लिका वहीं पर ही स्थिर रह जाती है। और एक बार फिर आषाढ़ की तेज बारिश में कालिदास उसे छोड़कर चला जाता है और वह देखती रह जाती है।

मोहन राकेश ने प्रायः अपने सभी नाटकों की नायिकाओं को अन्त में ऐसे ही टूटती बिखरती और कमज़ोर होती हुई सी दिखाया है। *आधे-अधूरे* और *लहरों के राजहंस* में भी सावित्री और सुन्दरी अन्ततः टूटी-बिखरी हुई ही नज़र आती हैं। *आधे-अधूरे* को पढ़ते समय लगातार ऐसा महसूस होता रहता है कि जैसे हो न हो सावित्री मल्लिका की अगली पीढ़ी है, जिसने मल्लिका की तरह केवल भावना के स्तर पर जीना कम कर दिया है और वह केवल एक कालिदास के ही भरोसे अपना पूरा जीवन नहीं काट सकती। एक से असन्तुष्ट हो वह दूसरा विकल्प खोजती है लेकिन छोड़ वह भी नहीं पाती और अन्त में टूटी हुई सी नज़र आती है जो कि मोहन राकेश की नायिकाएँ प्रायः नज़र आती हैं।

मोहन राकेश के नाटकों के सभी पात्रों में एक अजीब सा बिखराव दिखाई पड़ता है। *आषाढ़ का एक दिन* के भी प्राय: सभी पात्र अन्तत: टूटे हुए ही दिखाई पड़ते हैं—मल्लिका, कालिदास, मातुल, अम्बिका, विलोम सभी। कालिदास जिसने अपने जीवन में वो सब कुछ प्राप्त किया जो उसे चाहिए था लेकिन फिर भी वह उस जीवन से असन्तुष्ट ही है और अन्तत: पलायन कर जाता है। मातुल, जो कि अजीब से लिजलिजे और चाटुकार स्वभाव वाला व्यक्ति है। कालिदास के कारण वह भी जीवन में वे सभी सुख प्राप्त करता है जिनकी उसे इच्छा थी, लेकिन अन्त में वह भी कह उठता है—मुझसे कोई पूछे तो मैं कहूँगा कि राजाप्रसाद में रहने से अधिक कष्टकर स्थिति संसार में हो ही नहीं सकती।[12]

नाटक में दो ऐसे पात्र हैं जो यथार्थ की भूमि पर जीते हैं अम्बिका और विलोम। अम्बिका, जो कि वृद्ध महिला और मल्लिका की माँ है वह अनुभव की ज़मीन पर यथार्थ को महसूस करती है और उसी को देखना और उसी के आधार पर जीना पसंद करती है। वह भावना को केवल छलना समझती है और मल्लिका को बार-बार समझाने का प्रयास करती है। नाटक को पढ़ते हुए ऐसा महसूस होता है कि अम्बिका भी मल्लिका की ही भाँति कभी भावनाओं में जिया करती रही होगी, लेकिन जीवन के कठिन अनुभवों ने उसे यथार्थ द्रष्टा बना दिया होगा। नाटक में जब मल्लिका उससे कहती है कि तुम कालिदास के बारे में पूर्वाग्रह से ग्रसित हो, उसके बारे में उदारतापूर्वक क्यों नहीं सोचतीं तो अम्बिका कह उठती है—

अम्बिका—मेरी वह अवस्था बीत चुकी है जब यथार्थ से आँखें मूँदकर जिया जाता है।[13]

आगे भी जब मल्लिका उससे कहती है कि मैंने भावना में भावना का वरण किया है तो अम्बिका तिलमिला उठती है और कहती है—

अम्बिका—और मुझे ऐसी भावना से वितृष्णा होती है। पवित्र, कोमल और अनश्वर, हुँह !

---

12. *आषाढ़ का एक दिन*, मोहन राकेश, अंक-3, पृ. 89
13. वही, अंक—1, पृ. 25

मल्लिका—माँ, तुम मुझ पर विश्वास क्यों नहीं करतीं ?

अम्बिका—तुम जिसे भावना कहती हो वह केवल छलना और आत्मप्रवंचना है ।...भावना में भावना का वरण किया है !...मैं पूछती हूँ भावना में भावना का वरण क्या होता है ? उससे जीवन की आवश्यकताएँ पूरी होती हैं ?...भावना में भावना का वरण हुँह ।[14]

जीवन के कठोर अनुभवों ने अम्बिका को इतना यथार्थ द्रष्टा बना दिया है कि भविष्य में क्या होने वाला है उसे पता है। कौन-सा व्यक्ति क्या कर रहा है और वह आगे क्या करेगा अम्बिका की अनुभवी आँखें उसे भी पहचान सकती हैं। मातुल और मल्लिका कालिदास के उज्जयिनी न जाने से परेशान हैं लेकिन अम्बिका को पूरा विश्वास है कि कालिदास उज्जयिनी ज़रूर जायेगा। वह कहती भी है—मैं तुम्हें विश्वास दिलाती हूँ कि वह उज्जयिनी अवश्य जाएगा।[15] और फिर उसके जाने से मना करने का कारण बताती हुई वह कहती है कि उसे मल्लिका या अन्य किसी का प्रेम नहीं रोक रहा है बल्कि उसके न जाने के पीछे भी कारण वह स्वयं है। वह स्वयं को ही महान साबित करना चाहता है और कहती है कि—सम्मान प्राप्त होने पर सम्मान के प्रति प्रकट की गयी उदासीनता व्यक्ति के महत्त्व को बढ़ा देती है।[16] हमारे ऊपर समस्याएँ आती हैं या अचानक आ जाती हैं तो हम उसे झेल लेते हैं लेकिन अगर हम देख रहे हैं कि समस्या आ रही है, हमारे साथ बुरा होने वाला है फिर भी हम कुछ नहीं कर पा रहे हैं। यह कुछ न कर पाने की मजबूरी समस्या से कई गुना ज्यादा घातक होती है। नाटक में अम्बिका को साफ़-साफ़ दिख रहा है कि निकट भविष्य में क्या होने वाला है। वह देख रही है कि मल्लिका, जो उसके जीवन की एकमात्र अमानत है उसका जीवन किस प्रकार गहरे खड्ड में धँसता जा रहा है। फिर भी हताश और निराश होकर देखने के सिवाय वह कुछ कर ही नहीं सकती। यही हताशा और निराशा उसे शारीरिक और मानसिक रूप से तोड़ देती है। अन्त तक वह शारीरिक रूप से तो टूट ही जाती है साथ ही मानसिक रूप से भी वह अत्यधिक

---

14. वही, पृ. 15
15. वही, पृ. 28
16. वही, पृ. 28

चिड़चिड़ी हो गयी है और नाटक के अन्त तक यही हताशा और निराशा उसके प्राण भी ले लेती है। अन्तत: टूटती वो भी है।

नाटक में देखने पर ऐसा प्रतीत होता है कि मल्लिका और अम्बिका के चरित्र एक-दूसरे से बिलकुल भिन्न हैं। जहाँ मल्लिका केवल भावनाओं में जीती है, वहीं अम्बिका केवल और केवल यथार्थ में ही जीती है। लेकिन फिर भी ऐसा लगता है कि नाटककार ने यदि नाटक को वहीं समाप्त न करके और आगे बढ़ाया होता तो मल्लिका की परिणति भी अम्बिका में ही होती। जीवन के कटु अनुभव मल्लिका को भी भावना के कोमल स्थल से उठाकर यथार्थ की कठोर ज़मीन पर खड़ा ही कर देते, इसलिए ऐसा कहा जा सकता है कि मल्लिका भावी अम्बिका ही है और अम्बिका का भूत मल्लिका है।

विलोम नाटक में एक ज़रूरी और प्रभावशाली पात्र है जो नाटक में जगह-जगह चीज़ों को अधिक स्पष्ट करता है। एक नज़र में देखने पर विलोम खलनायक सा नज़र आता है लेकिन केवल ऐसा दिखता मात्र है। उसकी वाक्पटुता और स्पष्टवादिता के कारण ऐसा लगता है, क्योंकि वह स्थान-स्थान पर कड़वा सच बोलकर कालिदास की कलई खोलता चलता है। स्पष्टवादिता और यथार्थ दृष्टि में कहीं-कहीं वह अम्बिका के करीब नज़र आता है। बस अन्तर इतना है कि उसकी स्पष्टवादिता और यथार्थवादिता में धूर्तता दिखती है और अम्बिका में अनुभव और गम्भीरता। वह भी वही देखता है जो अम्बिका। अन्तर बस इतना है कि अम्बिका कम बोलती है और वह स्पष्ट रूप से बोल देता है। कालिदास और विलोम की बातचीत से पता चलता है कि विलोम भी पढ़ा-लिखा है और कभी वह भी कविता किया करता था—

विलोम—छन्दों की अभ्यास वृत्ति मेरी नहीं है।

कालिदास—मैं जानता हूँ तुम्हारी वृत्ति दूसरी है। (क्षण भर उसकी आँखों में देखता रहता है।) उस वृत्ति ने सम्भवत: छन्दों का अभ्यास सर्वथा छुड़ा दिया है।

विलोम—आज निस्संदेह तुम छन्दों के अभ्यास पर गर्व कर सकते हो।[17]

'आज निस्संदेह तुम छन्दों के अभ्यास पर गर्व कर सकते हो' इन बातों

---

17. वही, पृ. 39

से विलोम में भी खेद का भाव व्यक्त होता है। अपने पात्रों के नाम चयन में भी मोहन राकेश ने बड़ी सावधानी रखी है। जैसे कि विलोम, जैसा उसका नाम है उसी तरह वह कालिदास से बिलकुल विपरीत खड़ा भी होता है। कालिदास जितना ही मितभाषी और अस्पष्टवादी है, विलोम उतना ही ज्यादा बोलने वाला और स्पष्टवादी है। लेकिन विलोम को नाटक का खलनायक नहीं कहा जा सकता, क्योंकि नाटक में नायक तो है ही नहीं तो खलनायकत्व का सवाल ही नहीं उठता। जिस प्रकार कालिदास की अपनी मानवीय कमज़ोरियाँ हैं, उसी प्रकार विलोम में भी अलग तरह की अपनी मानवीय कमज़ोरियाँ हैं। जहाँ नाटक के प्रारम्भ में कुछ एक-दो बार कालिदास नायक की तरह दिखता, लेकिन बाद में बहुत ही कमज़ोर और स्वार्थी व्यक्ति सिद्ध होता है, उसी प्रकार विलोम भी नाटक के प्रारम्भ में खल सा दिखता है लेकिन नाटक का अन्त होते-होते उसके वही गुण उसकी कमज़ोरी नज़र आने लगते हैं और पाठक और दर्शकों के मन में उसके प्रति कठोरता कुछ कम होने लगती है और वह कालिदास से ज्यादा भोला चरित्र नज़र आता है, यद्यपि चरित्र के स्तर पर कमज़ोर दोनों ही हैं। नाटक का अन्त विलोम के लिये भी लगभग वैसा ही है जैसा नाटक के अन्य पात्रों के लिये, वह भी टूटा हुआ ही नज़र आता है।

नाटक के प्रारम्भ में ही नाटककार ने राज्य कर्मचारियों और हरिणशावक के माध्यम से सत्ता के चरित्र को उजागर किया है। नाटक के प्रथम अंक में मल्लिका अम्बिका से पूछती है—

मल्लिका—ये कौन लोग हैं माँ ?

अम्बिका—सम्भवत: राज्य के कर्मचारी हैं।

मल्लिका—ये यहाँ क्या कर रहे हैं ?

अम्बिका—जाने क्या कर रहे हैं।...कभी वर्षों में ये आकृतियाँ यहाँ दिखाई देती हैं और जब भी दिखाई देती हैं, कोई-न-कोई अनिष्ट होता है। कभी युद्ध की सूचना आती है, कभी महामारी की।[18]

दोनों के संवादों से पता चलता है कि राजव्यवस्था ऐसी है कि राजकर्मचारी जिसको कि शकुन और खुशहाली का प्रतीक माना जाना चाहिए वे अपशकुन

और अनिष्ट के सूचक माने जा रहे हैं। ऐसे राज्य में सत्ता के चरित्र का सत्य क्या होगा निम्न संवाद ही उसे स्पष्ट कर रहे हैं। हरिणशावक की कथा आगे इसी चरित्र को और भी स्पष्ट करती है। जब कालिदास दन्तुल से कहता है कि तुम बाहर से आये हो इसीलिए तुमको अपराधी नहीं मान रहे हैं तो दन्तुल कहता है कि—

दन्तुल—तो राजपुरुष के अपराध का निर्णय ग्रामवासी करेंगे। ग्रामीण युवक, अपराध और न्याय का शब्दार्थ भी जानते हो।

इन संवादों से यह स्पष्ट हो जाता है कि न्यायप्रणाली या न्याय व्यवस्था आम जन से इतनी दूर है कि ऐसा समझा जाता है कि आमजन अपराध और न्याय का अर्थ भी नहीं समझ सकता। राजसत्ता और आम आदमी में इतनी अधिक दूरी है कि कालिदास को निरन्तर यही डर लगा रहता है कि वहाँ पहुँचकर मैं अपने ग्राम प्रान्तर से दूर हो जाऊँगा। सब छूट जायेगा और मैं अपनी ज़मीन से उखड़ जाऊँगा। और बची-खुची पोल भी रंगिणी और संगिनी के माध्यम से खुलकर सामने आ जाती है।

नाटक में साहित्यकार और सत्ता या कलाकार और सत्ता के प्रश्न को मुख्य रूप से उठाया गया है और दिखाया गया है कि किस प्रकार साहित्यकार या कलाकार के आगे बढ़ने या प्रसिद्धि पाने के लिये सत्ता का सहयोग अनिवार्य हो जाता है। वह कितना ही बड़ा साहित्यकार या कलाकार क्यों न हो लेकिन वह प्रतिष्ठित तब तक नहीं हो पाता जब तक उसके सिर पर सत्ता का वरदहस्त न हो। नाटक में निक्षेप कहता भी है—योग्यता एक चौथाई व्यक्तित्व का निर्माण करती है। शेष पूर्ति प्रतिष्ठा द्वारा होती है। कालिदास को राजधानी अवश्य जाना चाहिए।[19] आगे भी निक्षेप कहता है—मल्लिका अवसर किसी की प्रतीक्षा नहीं करता। कालिदास यहाँ से नहीं जाते हैं तो राज्य को कोई हानि नहीं होगी...परन्तु कालिदास जो आज हैं जीवन भर वही रहेंगे—एक स्थानीय कवि! जो लोग आज *ऋतुसंहार* की प्रशंसा कर रहे हैं, वे भी कुछ दिनों में उन्हें भूल जाएँगे।

इससे पता चलता है कि सत्ता किस प्रकार किसी को कवि-कलाकार

---

19. वही, पृ. 33

बना देती है और उसी का सहयोग न मिलने से किस प्रकार वह समाप्त हो जाता है। तो कोई भी कवि कलाकार कितना भी स्वान्त: सुखाय क्यों न लिखता हो। कम-से-कम यश और प्रतिष्ठा की आकांक्षा तो उसमें होती ही है और यही लालच देकर धीरे-धीरे सत्ता उसे अपने पक्ष में ले लेती है और अपना बनाकर उसकी ज़मीन से उसे दूर कर देती है। नाटक का यह पक्ष नाटक का एक अतिमहत्त्वपूर्ण पक्ष है, जो कलाकार की मजबूरियों और सत्ता की चाल को स्पष्ट करता है।

इस प्रकार हम देखते हैं कि *आषाढ़ का एक दिन* नाटक में नाटककार ने मल्लिका के प्रेम के माध्यम से अनेक महत्त्वपूर्ण चरित्रों और मुद्दों को उठाया है।

आषाढ़ का एक दिन का रचना सार

आषाढ़ का एक दिन की कथा मल्लिका और कालिदास के सम्बन्धों के इर्द-गिर्द बुनी गयी है। तीन अंकों के इस नाटक का रंग-स्थल मल्लिका का घर है। पहले अंक का प्रारम्भ बरसात की आवाज़ों के बीच होता है। पर्वत प्रदेश के एक साधारण ग्रामीण घर में एक चौकी पर बैठी अम्बिका छाज से धान फटक रही है। तभी वर्षा में भीगकर आयी मल्लिका का प्रवेश होता है। मल्लिका अम्बिका की पुत्री है। मल्लिका ने कालिदास के साथ आषाढ़ की पहली बरसात में भीगने का आनन्द उठाया है, इसलिए वह अपने इस सौभाग्य पर मुग्ध है। मल्लिका कालिदास से भावनात्मक रूप से प्रेम करती है जो पवित्र, कोमल और अनश्वर है। अम्बिका कालिदास को नापसन्द करती है, क्योंकि वह भावनाओं में निमग्न रहने वाला एक अव्यावहारिक व्यक्ति है। उन दोनों के वाद-विवाद के बीच ही कालिदास आते हैं। उन्हें किसी राजपुरुष के बाण से घायल हरिण शावक की चिन्ता है। राजपुरुष दन्तुल भी अपने उस शिकार को खोजते हुए वहाँ पहुँच जाते हैं। कालिदास और दन्तुल में वाद-विवाद होता है। कालिदास हरिणशावक को लेकर चला जाता है। दन्तुल अपने राजपुरुष होने के अभिमान में चूर है, परन्तु जब उसे ज्ञात होता है कि जिस व्यक्ति से वह तर्क-वितर्क कर रहा था वह *ऋतुसंहार* के प्रसिद्ध कवि कालिदास हैं तो उसका स्वर और भावभंगिमा तुरन्त बदल जाती है। सम्राट चन्द्रगुप्त के आदेश पर आचार्य वररुचि उन्हीं को लेने वहाँ आये थे। वह उनसे क्षमा माँगने को भी तैयार है। इस सूचना से कि कालिदास को राजकीय सम्मान का अधिकारी समझा गया है मल्लिका प्रसन्न हो जाती है, परन्तु अम्बिका पर मानो इस सबका कोई प्रभाव ही नहीं पड़ता। बचपन से कालिदास के पालक उनके मातुल इस राजकीय सम्मान के प्रति कालिदास

की उदासीनता से क्षुब्ध हैं। इस पर अम्बिका मातुल से कहती है कि वह उज्जयिनी ज़रूर जाएगा क्योंकि कालिदास लोकनीति में निपुण है। कालिदास जानता है कि सम्मान मिलने के बाद उसके प्रति उदासीनता प्रकट करने से व्यक्ति का महत्त्व और सम्मान ज्यादा बढ़ जाता है। निक्षेप कालिदास की मन:स्थिति को समझता है परन्तु इस अवसर को खोने के पक्ष में वह भी नहीं है, इसलिए वह मल्लिका से अनुरोध करता है कि वह कालिदास को समझाये। विलोम, जिसका व्यक्तित्व कालिदास के व्यक्तित्व से नितान्त विपरीत है, उसे आशंका है कि उज्जयिनी का नागरिक वातावरण, राज्य सत्ता की सुख-सुविधाएँ, आमोद-प्रमोद में कालिदास जैसा व्यक्तित्व कहीं खो न जाए, उसकी रचनाशीलता को कोई क्षति न पहुँचे। विलोम के मन में जो शंका है वही कालिदास के मन में भी है। उज्जयिनी जाने-न जाने की दुविधा का कारण यही शंका है। परन्तु मल्लिका के मन में इस प्रकार की कोई शंका नहीं। उसे कालिदास की प्रतिभा पर विश्वास है। यहाँ रोक कर वह उसे स्थानीय कवि नहीं बने रहने देना चाहती। उज्जयिनी जाकर उसके अनुभवों में विस्तार हो, राजकीय सुख-सुविधाओं के बीच अपने अभावों को भूलकर साहित्य रचना में वह लीन हो जाये, उसकी कीर्ति दूर-दूर तक फैले, इसी अभिलाषा से वह कालिदास को उज्जयिनी जाने के लिए मना लेती है।

दूसरा अंक कालिदास के जाने से कुछ वर्षों के बाद का है। घर की स्थिति गिर गयी है। अम्बिका अस्वस्थ है। आर्थिक अभावों की पूर्ति के लिए मल्लिका को काम करना पड़ रहा है। मल्लिका आज भी कालिदास से उसी प्रकार जुड़ी है। राजधानी से आने-जाने वाले व्यवसायियों के माध्यम से वह उनकी रचनाओं को मँगवाकर पढ़ती रही है। उसे यह सन्तोष भी है कि उसके स्नेह और आग्रह के कारण ही कालिदास राजधानी जाने के लिए तैयार हुए थे। निक्षेप की बातचीत से इस बात की सूचना मिलती है कि कालिदास अब पहले वाले कालिदास नहीं रह गये हैं। वहाँ के वातावरण के अनुरूप अब वे सुरा और सुन्दरी में मग्न रहने लगे हैं। गुप्त साम्राज्य की विदुषी राजकुमारी प्रियंगुमंजरी से उन्होंने विवाह कर लिया है। वे अब कश्मीर का शासन भार सँभालने वाले हैं और इसी यात्रा के बीच वे अपने इस ग्राम प्रांतर में भी कुछ

समय के लिए आ रहे हैं। उनका नया नाम मातृगुप्त है। राजसी वेशभूषा में एक घुड़सवार के दर्शन निक्षेप को होते हैं। उसे विश्वास है कि वह राजपुरुष और कोई नहीं बल्कि स्वयं कालिदास ही हैं। यह सूचना मल्लिका को विचलित कर देती है। इसी अंक में प्रियंगुमंजरी का आगमन होता है। वह जानती है कि कालिदास के मन में मल्लिका के लिए अथाह स्नेह है। उसे मालूम है कि कालिदास की समस्त रचनाओं की प्रेरणास्रोत मल्लिका और यह परिवेश ही है। उसे आश्चर्य होता है कि राजधानी से इतनी दूर होने पर भी मल्लिका ने कालिदास की सभी रचनाएँ प्राप्त कर ली हैं और पढ़ भी ली हैं। वह मल्लिका के घर का परिसंस्कार करना चाहती है। उसकी इच्छा है कि मल्लिका किसी राजकर्मचारी से विवाह कर ले तथा उसके साथ उसकी संगिनी बन कर रहे। मल्लिका दोनों प्रस्तावों को अस्वीकार कर देती है। कालिदास मल्लिका से बिना मिले चला जाता है।

तीसरे अंक में घर की अस्त-व्यस्त और जीर्ण-शीर्ण स्थिति मल्लिका की स्थिति में आये दुखद परिवर्तन को व्यक्त करती है। मातुल मल्लिका को सूचना देता है कि कालिदास ने कश्मीर के शासन की ज़िम्मेदारी त्याग कर संन्यास ग्रहण कर लिया है। मातुल के जाते ही कालिदास का प्रवेश होता है। वह भग्नहृदय और विवश है। वह बताता है कि यहाँ से जाने के बाद वह सुख-सुविधाओं, आमोद-प्रमोद, साहित्य-सृजन में व्यस्त भले ही रहा हो परन्तु कभी भी अपने ग्राम प्रान्तर और मल्लिका से अलग नहीं हुआ। अपने पुराने अनुभवों को ही वह बार-बार अनेक रूपों में पुनः सृजित करता रहा है। उसकी मौलिकता धीरे-धीरे समाप्त होने लगी। जिन लोगों ने सदा उसका तिरस्कार किया था, उपहास किया था, उनसे प्रतिशोध लेने की कामना से ही उसने कश्मीर के शासन की ज़िम्मेदारी सँभाली। परन्तु अब वह इस कृत्रिम जीवन से थक चुका है। अतः शासक मातृगुप्त के कलेवर से संन्यास लेकर वह पुनः कालिदास के कलेवर में लौट आया है। अब वह यहीं इस पर्वत प्रदेश में ही रहना चाहता है, मल्लिका के साथ अपने जीवन को पुनः आरम्भ करना चाहता है। इस बातचीत के बीच-बीच में द्वार पर दस्तक होती रहती है, परन्तु मल्लिका द्वार नहीं खोलती। इस वक्तव्य के दौरान कालिदास

को एक बार भी यह विचार नहीं आता कि उसके उज्जयिनी जाने और वहाँ से वापस आने की दीर्घ अवधि में मल्लिका को किन-किन कठिनाइयों का सामना करना पड़ा होगा। सहसा अन्दर बच्ची के रोने की आवाज़ और विलोम के प्रवेश से उसे वास्तविकता का ज्ञान होता है। अब उसे अनुभव होता है कि इच्छा और समय के द्वन्द्व में समय अधिक शक्तिशाली सिद्ध होता है और समय किसी की प्रतीक्षा नहीं करता। कालिदास एक बार फिर मल्लिका को छोड़कर वहाँ से चला जाता है। विवश मल्लिका एक बार फिर उसका जाना देखती रहती है।

रचना और रचनाकार का परिचय

आषाढ़ का एक दिन मोहन राकेश द्वारा लिखित प्रसिद्ध नाटक है जिसमें राजसत्ता और कलाकार के द्वंद्व को बेहद संवेदनशीलता से उभारा गया है। इसके लिये मोहन राकेश महान कवि–नाटककार कालिदास के जीवन के प्रसंगों का सहारा लेकर द्वंद्व को धार देते हैं। इसका प्रकाशन 1958 में हुआ और अपनी आधुनिक संवेदना के कारण इसे हिन्दी का पहला नाटक भी माना जाता है। इस नाटक की लोकप्रियता प्रकाशन के 60 वर्ष बाद भी बनी हुई है और प्रतिवर्ष देश–विदेश में नाटक मण्डलियों द्वारा इसके अनेक मंचन होते हैं।

मोहन राकेश की प्रमुख प्रकाशित पुस्तकें निम्न हैं—

उपन्यास : अंधेरे बंद कमरे, अंतराल, न आने वाला कल

कहानी संग्रह : क्वार्टर तथा अन्य कहानियाँ, पहचान तथा अन्य कहानियाँ, वारिस तथा अन्य कहानियाँ, नए बादल, मोहन राकेश की संपूर्ण कहानियाँ

नाटक : आषाढ़ का एक दिन, लहरों के राजहंस, आधे अधूरे

डायरी : बकलम खुद, मोहन राकेश की डायरी

यात्रा वृत्तांत : आखिरी चट्टान तक

निबंध संग्रह : परिवेश

अनुवाद : मृच्छकटिक, शाकुंतलम

संपादन : सारिका, नई दिल्ली

सम्मान

- वर्ष 1968 में मोहन राकेश को 'संगीत नाटक अकादमी पुरस्कार' से सम्मानित किया गया था।

हिन्दी गद्य में अपना खास स्थान बनाने वाले मोहन राकेश को अधिक आयु नहीं मिली। उनका जन्म अमृतसर (पंजाब) में 8 जनवरी 1925 को तथा 3 जनवरी, 1972 को नई दिल्ली में आकस्मिक निधन हुआ।